U0129361

詩　河

林明理著

文　學　叢　刊

文史哲出版社印行

國家圖書館出版品預行編目資料

詩河 / 林明理著. -- 初版 -- 臺北市：文史哲
出版社, 民 111.05
　　頁；　公分 --（文學叢刊；458）
　　ISBN 978-986-314-603-2（平裝）

863.4　　　　　　　　　　　111007083

文 學 叢 刊　458

詩　　河

著　　　者：林　　　明　　　理
出 版 者：文 史 哲 出 版 社
　　　　　http://www.lapen.com.tw
　　　　　e-mail：lapen@ms74.hinet.net
登記證字號：行政院新聞局版臺業字五三三七號
發 行 人：彭　　　正　　　雄
發 行 所：文 史 哲 出 版 社
印 刷 者：文 史 哲 出 版 社
臺北市羅斯福路一段七十二巷四號
郵政劃撥帳號：一六一八〇一七五
電話886-2-23511028・傳真886-2-23965656

定價新臺幣六八〇元 彩色版一七八〇元

二〇二二年（民一一一）五 月 初 版
二〇二二年（民一一一）八月增訂再版

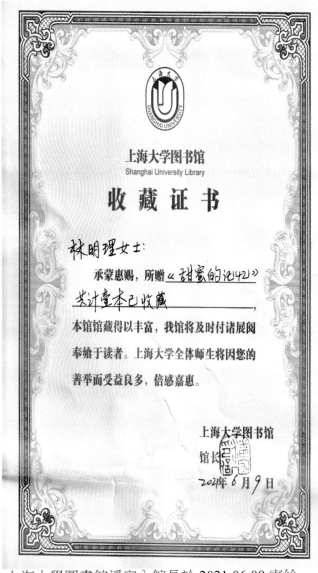

上海大學圖書館潘守永館長於 2021.06.09 寄給
林明理著《甜蜜的記憶》收藏證書,特此感謝。

賀明理新書《詩河》出版

光與影

LIGHT AND SHADOW

童心未泯的	young at heart
太陽	all morning the playful sun
一個早上	just keeps
就這樣	opening his eyes
張眼	squinting
瞇眼	closing his eyes
閉眼	opening his eyes again
張眼	and enticing the poet
撩撥詩人	to write a poem
寫一首關於	of life
生命的	
詩	

2022.4.14 於芝加哥

賀明理新書《詩河》出版

河流穿過

鳥飛過空中
血管繞行體內
生命穿過世間
總有停頓的時候

只有這河
日夜滔滔不絕
穿越大地

如同擁有一個
永不涸竭的
源頭

A RIVER RUNS THROUGH IT

birds flying in the sky
blood vessels winding
　　throughout the body
lives passing through the world
all have their limits

only this river
keeps surging
day and night

with a seemingly
inexhaustible
source

2022.4.14 於芝加哥

4 詩 河

詩 河

目 錄 contents

（一）散文暨新詩（Prose and poetry）

（二）新詩評論（Poetry review）

附 錄

12 詩 河

1. 當陽光照耀達娜伊谷

當陽光照耀達娜伊谷
群魚不慌不忙
從曾文溪上游
游經山泉和吊橋
在微風裡
蝶鳥飛舞

山美村的天空純藍
種種和諧的聲響
是我心靈的歡呼
啊，所有鄒族人
都曾那樣祈禱
每一條溪徑都純淨
鯝魚悠游
在可愛的黎明之中

－2021.10.23

註：「達娜伊谷」Tanayiku 是鄒族語，意指「忘記憂愁的地
　　方」，也是聖地。在阿里山鄉山美村族人的同心協力下，
　　全村對達娜伊谷進行封溪保育；最後高山鯝魚（俗稱苦花
　　魚）復育有成，因而成為鄒族人的驕傲。

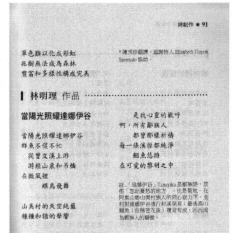

　　　－刊臺灣《笠詩刊》，第 346 期，2021.12，頁 91。

林明理的攝影及畫作（此畫由臺灣的「國圖」「當代名人手稿典藏系統」Contemporary Celebrities' Manuscripts）存藏於臺北）

2. 富岡漁港冥想

　　一個涼風的早晨，沐浴在珍貴的陽光及廣大的雲層底下，湛藍的海水看似上帝之筆，其實是礦物質折射的陽光，讓海水如天空般一樣藍。那數十條支流匯集的太平洋，視野所及盡是鋪上光彩的波浪。

　　富岡漁港又稱加路蘭港或臺東港，在臺東市與卑南鄉交界的附近，南方接壤卑南溪出海口，北方與花東海岸山脈相伴。海水在防坡堤盤旋，在碼頭邊追逐。真想化身雲朵，投影在島嶼的深海處，在波濤下。東岸的洋流帶來養分，孕育

出一大群魚，有些魚回到沿海紅樹林孕育下一代，有些在海灣和河谷間流動，在極端環境中存活或漂流向大海、陷入滅種危機。

這裡早期為小漁村聚落，但近些年來由於東海岸觀光事業興起，綠島、蘭嶼亦為特有觀光景點，使得富岡漁港的古老故事熠熠生輝，讓異鄉遊子們朝思暮想。

一艘粉紅的天王星遊艇正等待出航，彷彿數十億光年之外，將每條天線都整合為一個縮影，讓我順利地拍到其美麗的身軀；而那出航的聲音是漁夫世代的傳唱，我的感動是漁港保持隨性而安的激情。

我願是一朵雲，目光順著盈盈的海水，穿越時空，隨著起伏的沙浪，從遠古來，隨一瓣風來，泛出一種不可複製的微光。靜靜地聽鳥聲啁啾，往返礁岩之上，只留下黃昏移步出海。當落霞與眾鳥齊飛，漁夫又紛紛拋下錨，用繩子拴住船頭，穩住船後，隨浪飄盪……

是啊，富岡新村，交織著岸上漁夫的歸宿和依海而生的融洽。一位八十二歲，在社區的緩坡處拄著枴杖，向我徐徐走來的大陳義胞，告訴了我：「我來自浙江省大陳地區的魚山島，當年跟著部隊撤退到臺灣。我沒有回過大陸，就在這裡當個漁夫，直到退休。」沒想到他答得這般自然。我露出笑容。

在初次相遇的富岡，我仔細聽，漸漸才聽個明白。他的眼睛裡蓄滿汪洋，散發著恬淡的光芒！當我轉身離開時，那蔚藍海岸遼闊，像睡著般安詳。我曾想過：天空大得無垠，何必在乎一個人是否出人頭地。在我暮年時，我將以寧靜的站立等待。對於歸隱山林的文人來說，萬物如同幻影，但求心境平和。我喜歡美國詩人佛羅斯特寫的《造物主的笑聲》，

是首意境清新開闊之作：

　　那是在遠方那座無變化的森林，／我高興的發現了造物主的蹤跡，／不過我知道我追尋的不是真神。就在日光開始漸漸暗下來之際／我忽然聽見了我須聽見的一切；那聲音已伴我度過了許多歲月。詩人投入其所熱愛的詩歌和藝術之中，遠離世俗的存在更能展現一種樸實無華、寓意深刻的詩性光芒。今夜月光迷濛，展卷細讀，回憶富岡的樣貌，也是一種美的吹拂。－2020.12.30 完稿

－刊臺灣《馬祖日報》副刊 2021.05.12，及畫作 1 幅，攝影作 3 張。

攝影作／林明理

3.四格山風情

　　一個涼風的清晨，驅車直往傳說中的四格山——它源於
卑南族語「檳榔四格」，位於臺東卑南鄉頂岩灣，是由菲律賓
海板塊與歐亞大陸板塊推擠造成的小山，在日據時期曾劃為
軍事基地設置砲台。雖然海拔高度僅四百一十公尺，卻是當

地人才知道的私房秘境。

　　沿途只見一大片粉紅、耀眼的泰國櫻花充盈在枝葉交錯的山谷中……路的兩旁整潔而靜謐，大喬木、樟樹、小灌木、月桃等等不勝枚舉；在晨光下，感恩著水露的滋潤。

　　友人提著背袋和裝水的寶特瓶，邊走邊說道：「我們夫妻大約每隔一兩週就來爬山，在上面的涼亭觀賞銀河很不錯，只要看過一次，就一輩子都忘不了。」我不由得羨慕起來，他也抑制不住得意，接著說道：「有時運氣好的話，還可看到老鷹，還有綠島和蘭嶼。」

　　當我們往步道裡走，東邊的天際頓時變得金光燦燦，我們邊走邊聊、緩緩地爬上山頂。我簡直不敢相信這裡有多美，有多驚喜：用通俗的字眼來思量這座山，那就等於用字輕浮或難以理解。不過，我可以說，從山頂向四下眺望，我聽到遠方的風聲，呼喚著，音弦如此悠然，飄漾在卑南溪口濕地……都蘭山的影像在鏡頭中逐步靠近，而我自己卻目不暇給地在時空中慢移。

　　由於靠近太平洋，在海風吹拂下，那海岸山脈末端的更遠處，我看見無聲的雲朵圍繞著綠島的孤寂。看到利吉惡地形、中央山脈稜線、知本主山，還有臺東平原全都通過令人驚異的三百六十度視界的極致，在太平洋和山巒之間，美得輝耀，像一座兀立的老城堡那樣典雅！

　　那天或許正值蝴蝶繁殖期，我相信除了深山高地，別處少有此景，眼下卻在這裡樹叢間遇見了。只見步道上盡是展翅中的雌紅紫蛺蝶、紫斑蝶、小紅蛺蝶等多種美麗的蝶影……就連一隻人面蜘蛛在枝枒間專心地編織，也很讓我動容。

　　歸途，一樣得踏著兩百多個階梯的人行棧道走下山，雖然如此，卻有著說不完的奇趣。從樹林的空隙處，我仍可見阿美族的庇護聖山──都蘭山閃著聖潔的目光，比藍天還清澄，深深浸潤著我的心田，也不可分地貫穿在這片土地上的愛與和諧之中。

　　驀然回首，我在山徑上驚喜發現一隻翠翼鳩。好個甜蜜的魔力畫面！讓這片山野化作了五月，忽而，牠變成桐花，讓我的心都溫柔起來。又來了一隻樹鵲飛出巢洞，在電線桿上大聲鳴唱，而我也想藉著林中一棵萌芽新綠的老楓樹，輕輕繞過耳邊的蟲鳴鳥囀……喔，好期盼下次再登上四格山的涼亭，看看那一條宏壯的卑南溪入海處，看看蘭嶼的容貌，就像看一本讀不厭的書，也讓我留下許多彌足珍貴的影像及一段難忘的記憶。

　　－2021.05.03 完稿

－刊臺灣《青年日報》副刊，2021.06.27，及攝影作品 3 張。

攝影：林明理

4.紅石部落拾趣

　　在微雨初歇的清晨，在一條赭黃色的蜿蜒山徑和歡樂的亮光下，枯葉在微風中沙沙作響。偶遇花斑鳩在相思林間活潑跳躍，咕咕－咕的叫聲像第一道曙光中不朽的名曲，在我心中喚起跳躍的喜悅。一隻紅嘴黑鵯立在樹梢，用熱切而認真的聲調說：「歡迎，歡迎，我的朋友。」牠一邊發出歡快的叫聲，一邊拍拍翅膀飛走了，勾起我最遙遠的童年記憶。

　　我在步道上看見綠色樹叢之間，隱約可見那蔚藍色的天空，隱沒在龐大的樹叢裡，彷彿細碎的月光從天際的隙縫間灑落而來；而相思樹林在原始環境中堅忍不拔地向上生長，就像是一個個奇妙的象徵——入口旁那座布農族勇士石雕的外貌，粗獷、挺拔、健壯。儘管他在一塊平坦的草地上孤伶伶地閃著光，但我卻非常清楚地知道，含蓄、寧靜而純樸，

凝聚著族群的力量，那就是我見過紅石部落的樣貌。

當四季的風吹過關山鎮紅石步道（舊稱「相思林步道」），它開始訴說了這裡曾經有老布農人帶來了大自然的生活智慧，客家人帶來了燒炭技術……這些故事仍在這塊土地上悠悠地講述著，像一首沉思的船歌。對當地族民來說，它是熟悉的，是記憶裡美好的一部分；過去這裡為中央山脈東南側重要的伐木和燒炭重鎮，如今剩一塊碑刻，遍懸著歌頌紅石部落的美譽，在山風的迴旋間。

沿著階石蜿蜒於山稜線之上，途中不時可見鳳蝶、人面蜘蛛、孟宗竹末梢上的烏頭翁或調皮的松鼠出沒，開闊處，還可鳥瞰關山鎮縱谷的綠野平疇和綿延的海岸山脈。

是什麼聲音？試圖喚起我在這純淨的山中閱盡故事與傳說的美妙？啊，我忽然想起了閱讀「拉瑪他星星」的感覺，恍惚中，天邊映出他永不膽怯的雙眼，在這片相思樹林開花的季節，他曾經是生活於日據時期海端鄉一帶的布農族人，最後如一顆星一閃而逝。如今，溪流在他身後緩緩地流向遠方，而高空中的月亮，寧靜無聲，依舊溫暖地照耀整個部落。

我汎過通往部落的月光，還有林道的古木和安詳的溪流。我看見自己站在紅石部落，彷若隔世。當布農族未經雕鑿的歌聲再次響起，山野的百合已然入睡，所有的花樹說出午夜的秘密，蟲鳥野獸，還有泉石都默念著故鄉的名字；寂靜的部落，載著往日的歷史和明天的月光，雙眼輕閉著，歌

裡永遠縈繞著一條故鄉的小河，它就像一首詩曲，擁有一切的悲傷和歡樂。而我，怎麼也忘不了，漫步山林，領受紅石步道的明淨，風就是從那兒吹起的。於是，我明白了，每當風兒吹起，那熟悉的歌聲又回到我身邊的時候，就會撩撥我的思念，還有家鄉——嘉南平原的一片綠野。

－2021.04.27 完稿

－刊臺灣《青年日報》副刊，2021.07.11，及攝影 2 張。

攝影作／林明理

5. 漫遊達魯瑪克

　　再次沿著大南圳溪橋走來，谷水潺潺，煙霧在晨光中舞動。我看見了葉落翩翩並向利嘉溪左岸的河階地揮了揮手，彷彿它奏出了一支歡迎的曲調，如此平和、寧靜又充滿著希望。

　　佇立於觀景涼亭，在微雨方歇的群山之中，風低吟著思念，細膩地編織出歷經磨難、數度被迫遷村的魯凱族的記

憶……夾雜著古老的溫暖。但我明白，這裡的魯凱族需要的不僅僅在狹小的土地上建屋而居，而是一步步勇敢地找回往日神采，活出達魯瑪克的驕傲。

蜿蜒的山路旁，每一個化石、每一條溪流都是窺視過去歷史的窗口。如果我用心傾聽，就會聽見部落的歌聲在飛翔，在山谷的內部。風雕刻出曾經被時間侵蝕的痕跡，也會繼續守護部落起源的祕密。

我的心輕輕地掠過緩緩流瀉的水聲。步行在林徑裡，一隻紅嘴黑鵯穿著紅鞋淘氣地在枝上跳躍；而陽光卻愛上紫斑蝶，對牠盈盈地閃著鑽石般的光芒，在花瓣上。

我看到玉米田中搖擺的小薊，紫色的小絨球和大自然的新綠纏繞成多彩多姿的顏色，像一片聖者照料的土地。轉角處，有間裝置藝術的小屋，看板上標示著「小朋友的多肉植物」，讓我不禁佇望著；那可愛的想像力，像個小詩人一樣。我看到大南國小校園裡彩繪的牆，的確充滿驚喜，像是童謠中大象去旅行的地方。

這座看似毫不起眼的村落，景致卻十分秀麗，因為它周遭有山脈、丘陵、瀑布、野溪、吊橋，還有一座日據時期建造的水力發電廠，水質清澈，也是我常來健行尋幽之處。

它是個在荷蘭據臺時代即已列名的魯凱族部落，卻因一場大火毀於一旦。經歷一場巨變，政府就將卑南鄉大南村（諧音像大難村），更名為東興村，又稱達魯瑪克。走過風風雨雨，如今，我看到入口的牆壁彩繪著陶甕、百步蛇和太陽等魯凱族的裝飾

圖紋。我看到有些年輕人願意返鄉回到部落從事社區營造的工作。我看到文化園區的草坪上有許多族人正舉行一場棒球賽，旁邊的孩童、家人邊拍手邊開懷地笑⋯⋯我不知道為何喜歡這裡的一切，但這裡的一片和諧都令自己鍾情。

近午，我在一間雜貨店旁的麵攤愉快地用餐；離去時，陽光既溫柔又暖和。我願向部落的守護神祈禱，猶如每次讓我感動的心跳。因為部落是需要被書寫、關懷的；如同我在部落的聖小德蘭堂前看見一個小女孩，眼裡閃爍著如星星般燦麗的光芒。女孩對我回頭一笑，看起來很純真自然。啊，我只有一個願望，願主的恩惠慈愛與達魯瑪克同在，願那小女孩乘著夢想去飛翔！　－2021.01.27 完稿

－ 刊 臺 灣
《青年日報》
2021.05.23，
及攝影作 2
張。

攝影作╱林明理

6. 遊賞烏石鼻山海

　　在一個暖和的夜晚，我忽而想起了烏石鼻，恰似隨風盪漾的船，靜靜倚在月光的海洋上。於是，我乘著一葉扁舟，回到那入海的港邊，所有星子都在海波上一起舞踊……而月亮漫過烏石鼻聚落的東南側，海面散布著倒映的星空，撩撥我的思緒。

　　我願是天上翱翔的大冠鷲，在我選擇的方向俯瞰，好像整片天空只屬於我一人。有時，在石寧埔溪口待到各種海鳥休息之後，才回到一個純淨的天堂鄉居。正因這裡一邊是山、一邊靠海，我總愛在深夜開始傾聽，風兒訴說著早期阿美族群聚而居的故事，耳畔有松鼠和山鳥伴唱，偶爾還有大冠鷲族群在崖邊發出鳴聲。

在這片寧靜的天地裡，湛藍的海水，彷彿就來自湛藍的天宇。啊，只要閉上眼，就能看見島嶼和海洋間，那最遠處是地表上最難以忘懷之景。就像此刻，星空絢爛，晚風反覆地吟唱著一首古老的曲調……而海岸邊緣是忘憂草。霎時間，我的心裡發亮，原來，那岬角竟是如此親切！屹立的雄姿讓我八方顧盼。

我看到前方有海岸沙灘，舟影點點，浪花似飛揚的裙襬，構成一幅最美的圖案；這裡雖然沒有漁港建設，卻有深海的天然岬角港澳。我看到在早市用餐的老人，充滿人情味。看到婦人販賣自製的醃漬品，有最原民的味道；看到烏石鼻社區入口，一整排彩繪圍牆，充滿了幻想與童趣，描繪阿美族人天性樂觀，環境的美麗、街道的樸素，都讓我有一種時空靜滯的感覺，觸動我的記憶。

當我越過高聳的岩石看向遠方，可隱約看到三仙台和跨海步道橋的一絲身影。我可以想像，這一片海域孕育出多麼豐富的物種，充滿著多彩季節的旋律；而每年七月豐年季，阿美族人會在此地退潮時相約到海岸旁撿拾海瓜子及附著在礁石上的蛤蜊等，那是何等歡樂的悸動，又是多麼令人欣慰的一刻。

我的目光繼續凝視著烏石鼻漁港，這裡雖然很美，卻腹地不大；不是來過多次或是當地的族民，是難以窺得其全貌的。這座以清澈著名的海岸在二○○九年時曾名列於漁業署所舉辦的十大魅力漁港之中，那星羅棋布的海蝕溝和潮池，

讓人永不單調。更令人驚奇的是，這裡的海岸是全臺灣面積最大的柱狀火山成岩體，在潮汐之間，有許多潮間生物和海生植物在狹縫中生存著，遂成為最自然、最值得守護的漁港之一。

現在我明白，當一切都靜止下來，如一片雪花落進我的詩裡……我願坐上星夜的橋畔，像一朵堅強的花，溫存地伸向無垠的天空，為大地而歌；那烏石鼻海岸又發出邀請的召喚，而群聚的星辰仍宴飲著這一季迷人的月色。　　－2021.04.30 完稿

　　－刊臺灣《青年日報》副刊，2021.09.05，及攝影 2 張。

攝影作／林明理

7. 吉拉米代遊蹤

　　當我憶及海岸山脈的最高峰痲荖漏山山腳下吉拉米代（Cilamitay）這個部落時，其中大部分的思緒，都是獨自漫步在富里鄉之豐南社區的山林間——一座不可多得的桃花源

之中，距離塵世煩囂約有數十里之遙。

首次踏進部落，是在一個涼爽的早晨。遠眺一片綠油油的梯田，體會著這座始終保持與自然共生的部落，何以能榮獲聯合國世界旅遊組織「二〇一六全球百大綠色旅遊地選拔」的殊榮？

看哪，那座山靜靜地睡著，可以說是環繞我周遭的一個焦點，反映著造物者聖神無限的美善，它有點像一幅只勾勒出美人輪廓的畫。那超過千頃由族民合力築建而成的百年水圳，年復一年地流經河川，灌溉了梯田、果樹、森林和聚落，很難不被來訪的旅人所感動。

當太陽高高升起，我看到盤踞在山坳凹凸處的濃霧漸消，退入林中；而翩飛的鷺鷥群在附近的一個峰頂下遂成了傳說中「大地的使者」，也選擇在此腹地愜居。我踮起了足尖，只能用廣角鏡拍到東邊樹林上更高、更遠的山脈間為牠們飛翔的主要範圍，而且我還幸運地望見牠們棲息在田埂中的一角。

在路上，適巧遇到一位返鄉祭祖的中年族人告訴我，「吉拉米代」在阿美族語意為「生根」，代表村人的祖先決定在此生根落戶。那族人繼續說：「我小時候就常在這裡的溪邊戲水，就算遠在繁華的臺北，也想回到這裡。」於是，我扶著欄杆，跟著拾級而下，發現溪水清澈見底，蜿蜒曲折地流過。一隻紅嘴黑鵯在枝頭呱呱叫，幾隻野蜂正在花叢結成的槳果旁忙進忙出……彷彿時間永恆停留在此奇妙的一刻。

　　走過了兩個小山洞，再往前，便聽到部落的風為我歌唱的聲音，群雀在次森林後方的遠處鳴叫。從這裡可以依稀望見峽谷地形和中橫公路上的景觀有點類似，所以有「小天祥」之稱。相傳，這裡鄰近山上有六條於日治時期開鑿的水圳，當地人稱為「吉哈拉艾」。而當年因日本政府建設花東鐵路時，大量徵調阿美族從事勞役，因而造成許多族人遷徙到海岸山脈，也就這樣出現了吉拉米代。那時看似杳無人煙的豐南社區，隔了一世紀，後代的族人經過復育種植了良米，在美人山麓下，遂成豐富的文化景觀。

　　我深信，美麗的吉拉米代，雖然僻靜，但絕不孤獨。它是上帝遺落人間的唯美插畫。或許我們易於忘記有些純樸的族民看顧我們的農田，他們也毫無區別地看顧花東的水源和森林，而眼前只不過是許多秀麗的風景區所見光華景象中的一小部分，但在我心底已烙印著族民對土地深耕的恩澤與我的感激之情。　－2021.04.08 完稿

－刊臺灣《更生日報》副刊，2021.09.17，及攝影 5 張。

林明理攝

8. 富岡漁港冥想

那是在遠處靜伏著青山的漁港，
我高興的發現一艘粉紅遊艇正等待出航，
不過我將湧上來的喜悅
變成斷斷續續世代漁夫的傳唱，
並跟著哼唱在
初次相遇的富岡新村的廣場——
我忽然看見了它的眼睛裡蓄滿汪洋，
散發著恬淡的光芒，在巨大的寧靜中，
而那蔚藍海岸，像睡著般安詳…
…連海鳥都沒有驚擾它。 －2021.02.19 作

> **註** 富岡漁港為臺東第三大漁港，富岡新村
> 又名大陳新村，居民多數打漁為生。

8. Musing at Fugang Fishing Port

Lin Ming-Li

At the fishing port surrounded by distant green hills,
I was happy to find a pink yacht waiting to sail,
But I turned the rising joy
Into a fishermen's song singing from generation to
generation,
And hummed along
At the square in Fugang New Village where we first met—
Suddenly I saw its eyes full of sea water,
Radiates the light of tranquility
And the blue coast was as peaceful as in sleep...
...Not even the seabirds would disturb it.

Translator：*D. William Marr*，非馬譯

詩與翻譯　　　　　　　　　　　　　　　　　　秋水

富岡漁港冥想

⊙ 林明理

那是在遠處靜伏著青山的漁港，
我高興的發現一艘粉紅遊艇正等待出
航，
不過我將湧上來的喜悅
變成斷斷續續世代漁夫的傳唱，
並跟著哼唱在
初次相遇的富岡新村的廣場——
我忽然看見了它的眼睛裡蓄滿汪洋，
散發著恬淡的光芒，在巨大的寧靜中，
而那蔚藍海岸，像睡著般安詳…
…連海鳥都沒有驚擾它。

（注．富岡漁港為臺東第三大漁港，富
岡新村又名大陳新村，居民多數打漁為
生。）

Musing at Fugang Fishing Port

⊙ Lin Ming-Li

At the fishing port surrounded by
distant green hills,
I was happy to find a pink yacht waiting
to sail,
But I turned the rising joy
Into a fishermen's song singing from
generation to generation,
And hummed along
At the square in Fugang New Village
where we first met ——
Suddenly I saw its eyes full of sea
water,
Radiates the light of tranquility
And the blue coast was as peaceful as
in sleep...
...Not even the seabirds would disturb
it.

（Translator：Dr. William Marr）

－刊臺灣《秋水詩刊》，第 188 期，2021.07，頁 77。

攝影作：林明理

9. 行經鯉魚潭

　　當陽光落在倒影的山坡，霧氣在谷裡徘徊聚合時，和風吹過花東縱谷風景區的最北端，在銅文蘭溪和荖溪之間奏響了屬於自己的旋律。突然，萬木輕搖著霞光，黎明之杖正閃熠熠地叩醒酣睡中的櫻草。

　　再往遊客中心一步，我驚奇地四處張望，就像遠空之鷹，在山嶽間自由穿行，聽森林的呼吸，雛鳥的輕啼。我在經國

梅園久久沉思,在綠蔭的沉默裡,我開始細讀風中的故事。

傳說,最早活動於壽豐鄉的太魯閣族,因攀登至山頂往下看,潭的形狀恰如一隻鯉魚躍入湛藍的水面,因而將此地命名為「鯉魚潭」;它的原名「大陂」,阿美族稱為「巴鬧」,之後因東傍鯉魚山而盛名。更稀奇的是源自地底湧現的泉水,終年清澈,是花蓮境內最大的內陸湖泊。

看哪,這蕩蕩湖水,像鑲滿寶石,閃閃耀耀。風兒也頻頻翹首,在這條環湖小徑上緩行。隨之躍起的鳥聲,隨時間來回飛旋……沿途的雕塑藝術品高低錯落地分布在諾大的園區,在我們即將分別的時刻,已放在我心裡好好珍藏著。

我看到春天瞇著眼,編織著停車場一隅小貓的夢。在蟲鳥唧唧嗚嗚的陽光裡,群山依依,鮮鮮河水,是如此淨潔,多麼欽羨!當廣場前播放的熱門音樂在我面前清晰起來,春天便開始變得意味深長了。

噢,如果眾人之主聽得見我真切地祝禱,而地域也不再有距離,就讓這山谷捲起回音吧。在這裡,時間彷彿不存在,只剩下風的氣味、雨的溫度和土地的顏色。我倚欄冥想,如果還有再次瓦解時空的兩個點,或是能夠改變人生的機會的話,人們最想要的會是什麼?

印度哲學家泰戈爾這樣寫著:「思想掠過我的心上,如一群野鴨飛過天空。我聽見它們鼓翼之聲了。」是的,在這風

景區的峰巒裡，有我的呼吸；溪流裡，有我的情感。我相信每一個傳說，也相信每一次邂逅。在偉大的時間裡，因有了譜寫的詩篇，或是在旅途上偶遇的驚喜，所有的風景都成了我人生的一部分；能夠像這樣，享受片刻的慵懶帶來的安寧與和平，細品光陰，簡直妙不可言。

那日傍晚，歇宿在富里國小對面的民宿。翌日清晨，享用老闆娘手作的蘿蔔乾、地瓜稀飯等美味的早餐後，便散步到附近的富里車站；它是米鄉的新地標，曾獲得香港建築師學會兩岸四地建築設計大獎。微雨中，遠遠仰視，白色雲霧舒捲著，如縷縷飄帶纏繞著青山，帶給我詩意畫境般的感動。

花蓮鯉魚潭，石雕公園、羅里盛府

綠園梅園

花蓮詳里重厚站，微雨的早晨

2021.10.21 更生日報 副刊

當山風拂過，四季流轉。我願繼續聽風、聽雨呢喃，歌咏著偉大與渺小；我願登高遠眺，讓心回歸自然，耳中飄蕩的是鷹的高歌，還有那撥動著我靈魂的山水秀色，總是那麼雋永卻歷久彌新。

　　—2021.03.17完稿

—刊臺灣《更生日報》
副刊，2021.10.21，
及攝影作 4 張。

林明理畫作（此畫由臺灣的「國圖」「當代名人
手稿典藏系統」）存藏於臺北）

10. 金龍湖冥想

　　似乎從三年前起，便喜歡上這個美麗的湖泊幾近葫蘆形
的靜謐。這座湖又稱「大武水庫」，位於大武溪和朝庸溪的凹
地之間。十分奇妙的是，無論四季如何更迭，它永遠超出了
我單一的想像和緬懷，讓我毫無理由地來，又隨時將其影像
回旋在我心中。

　　我喜歡清晨時分，立足湖畔的步道，四周早已渲染出流

光溢彩，聽蟲鳴入耳，聽風講述著過去、現在、未來。今年三月穀雨後，群雀及松鼠聚集在野花、樹林、山巒的周邊；那雲兒撩撥著悠悠歲月，還迭掛著滿眼的綠與湖面泛起的亮光。

信步走在環湖小路上，我樂於找尋些新的植物，也豎耳聆聽葉的絮語，以及輾轉傳來欣逢的回響。偶然低首，一群鳳蝶翩然在一片娟美的綠野，風跟著紫花飛舞起來。當我喜愛這一切，看樹影倒映在水上，看小白鷺輕輕掠過……點亂水底交舞的沉水型植物，讓湖面更顯得光耀。

我聽見野鳩輕輕地低喚，與唧唧的蟲兒密約。涼亭下，想起去年春天，曾經有絲絲的雨，一陣風過，流動在百草上，而枝上的雀兒也唱出我心中的歌。如今週遭的茄冬、火刺木、鐵蘇等植物，還有小雨蛙聲，又再次親切地靠近了。我繼續向前走去，像陽光裡的羊，把腳步放慢。

一條彎路連接不盡，鄰近的農田、肥沃的土地上，有許多停棲在牛背上的白鷺悠遊其間，那份溫馨的感覺，彷若時光重現，童年的舊夢重溫。於是，一個記憶，便慢慢在此佇足。

我曾經到過許許多多的湖，卻全沒有這麼多自然的蒼翠，除了山間鳥囀的清響，沒有任何喧嘩煩囂。每當十一月間，候鳥南遷過冬時，在我眼睛深處，時時期待著蒼鷺、小水鴨，還有高蹺、小白鷺來此溼地整理羽翼、覓食。記得俄羅斯純藝術派詩人費特曾在〈春季情思〉詩裡前段這麼寫著：

來自遠方的各種鳥兒，／又飛向冰消雪化的河岸，／溫

暖的太陽高空輝耀，／期待著香氣撲鼻的鈴蘭。

　　這就是吸引我想像的主要動機之一。如果不是詩歌啟發了我，因受觸動而對大自然的偉力深信不疑，也許我永遠不會進行這番思考。歸途下山時，趁著紅雲還在天邊，我也在暫歇的老樹下暢懷呼吸。從山的一隅眺望太平洋，幾隻舢舨，白濤閃耀，碎在浪峰的盡頭。一隻鷹飛起，懸在崖邊的天空，點點水鳥化成細浪漂漂，流入相連的大地，又慢慢飄散了。

　　是啊，雲不曾改變其顏色，我的思念也未見停歇，在金龍湖與和風一起散步的季節，紅蜻蜓也翩翩飛舞在水中枝椏的向陽處。彷彿中，那隻小白鷺不知何時又悄悄飛來，並不遠去；而我默默地遠眺海和一簇八角梅，金龍湖的影子映照其上。－2021.03.18 完稿

－刊臺灣《中華日報》副刊，2021.05.18，及林明理畫作 1 幅。

林明理攝

11.和風吹遍鯉魚潭

和風吹遍鯉魚潭
在銅文蘭溪和荖溪之間奏響了旋律
我看到群山依依，河水鮮鮮
是如此淨潔，令人欽羨
在綠蔭的沉默裡
我開始細讀風中的故事

傳說，有太魯閣族人攀頂往下看
——發現潭的形狀如鯉魚躍入水面
而源自地底湧現的泉水，不溢不竭
我驚奇地四處張望，像遠空之鷹
在山嶽間自由穿行
聽森林的呼吸，雛鳥的輕啼

當陽光落在倒影的山坡
春天瞇著眼，編織著小貓的夢
在這裡，時間彷彿不存在
只剩下風的氣味、雨的溫度
和土地多彩的顏色，——
喔，我還聽見小白鷺鼓翼之聲了

－2021.3.20 完稿

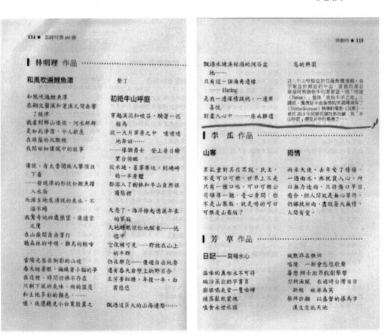

－刊臺灣《笠詩刊》，第 342 期，2021.04，頁 111。
－刊臺灣《笠詩刊》，第 343 期，2021.06，頁 114。

畫作及攝影
作:林明理(此
畫由臺灣的
「國圖」存藏
於臺北)

12. 記憶裡的笆札筏

　　似乎自日據時期起,位於南迴線最大的的排灣族村落就
以日本國北方鄉村的地名「大鳥」命名,但排灣族先民稱本

地區為「笆札筏」，意指沼澤或小盆地，現今族人仍偏愛以此為名。我平日就愛走訪部落，並且在整整七年間，對這份探索從來沒有停止過，恰如初次看到這個面向太平洋、背倚大武山的部落，我的感官便深受感動；周圍那麼多彩繪的圖騰都印在我的心上，如一首首詩般，讓我無限貼近。

霎時，一群烏頭翁在碟型的衛星接收器旁，雀躍地向我叫道：「早安，我的朋友！」閉上眼，滿耳精彩。於是，我輕柔地繼續走，來到種滿花果的鄉路、四周是閃爍躍動的影像。我發現牆壁上的圖騰都具有故事性、教育性或趣味性，讓我不禁駐足流連。對我來說，能像這樣欣賞美麗的事物，總能讓我樂此不疲樂在其中。

關於笆札筏部落的由來，有一種說法是，村落附近的山型似大鳥展翅；而排灣族先民原居於恆春半島一帶，為了尋覓土地，遷移至大鳥溪上游北側台地定居，後來因部落內紛爭，部分族人往海邊遷移，便形成現今的部落。在這片土地上，族人擁有勤奮、刻苦耐勞的特質，多半以務農為生；但也有幾戶自八八風災起就開始見證人間滄桑，如今仍住在大鳥國小旁的公有地中繼屋，飽嘗無家可歸之痛。

在流連漫步之時，我繼續看看附近的田野、樹林，最遠處的海幾近湛藍，與天空完美地交融。倚在社區圖書館前大樹下，我感到在這浩瀚的星際間，樸實無華的族人彼此互助，並能與自然和諧相處的豐富意涵。

　　比如我在巷弄中看到的第一個畫面，是一個安裝物件的木匠。他那善良的眼神，與妻兒一起幹活，讓我印象深刻。我對孩子們專注的學習頓時充滿了感動。當這對小兄妹凝視著擦身而過的我，雙眼都奇特地睜大了；但我只能回首微笑、揮揮手......陽光正好落在族人身後屋宇的邊緣上。彷彿中，他們的團結與愛使整個小屋充滿了光芒，而部落的孩子就像閃閃發亮的小星星，眼裡散發著希望、熱情和夢想。我深信，他們倆都愛自己的家人和身邊的風、雲、水和大海的旋律。

　　是啊，把百步蛇當祖先的排灣族孩童，他們的純真是永遠不會被神拋棄的。回憶笆札筏部落，無論是從當地的生活經驗與影像的紀錄，或是在傳說的描述裡，往往傳遞著一種排灣族族民堅忍不拔的精神，更多了一份敬佩和親近。此刻，

山要睡了。風又把我帶回這樣一個擁有幸福溫馨的部落裡來......那令我欣慰的校園、紅土操場上奔躍嬉戲的孩子，所有畫面都如月光迷濛，讓我久久沉醉於記憶之中。

－2021.05.27完稿

　－刊臺灣《青年日報》副刊，2021.07.25
　及攝影作 4 張，林明理畫作 1 幅。

攝影：林明理

13. 徜徉知本山水間

　　選擇一個涼風的日子，我從知本樂山的產業道路驅車直來。當晨光輕撫白色的「勇男橋」，但見逐一被照亮的峰巒倒影，有如畫屏，美不勝收；在影落溪間，我感到宇宙齊聚此刻，清風拂來，我已幻成林中鳥，昂首停駐在溪畔等待蜂蝶穿梭、與我嬉遊。

　　沿著山路漫步，有時抬起頭來，看天上的浮雲，看遠處涓涓溪流注入大海；或索性蹲下來，聽風輕唱，水流淌於風中。當我從一座木棧道攀爬而上，終點是原名「白玉瓏」的白玉瀑布時；它正從五十公尺高的山崖直躍而下。瞬間，水花四散……佈滿水氣的山林，還輕吻著昨夜微雨。風徐徐地穿過樹梢，一簇簇羽狀的蕨綠得發亮，滴著孤寂。

　　突然，一隻獼猴開溜在懸崖絕壁。一隻紫嘯鶇在岩石上
對著空谷鳴啼。可能是正當繁殖季節，原本只會發出刺耳叫
聲的牠，這回倒像是個聰明的秀才，吟唱著不絕的詩句以吸
引異性的青睞，把我都逗笑了！在這裡，時間有了更綠更慢
的模樣；而蟲鳴鳥叫，是最悅耳的交響曲。

　　這一刻，我不想談文學、談人生，我只暗戀岩壁上晶瑩
的露珠，也被草尖上成群的紫斑蝶正舒坦地吮吸著花蜜而深
受感動。我想，再沒有比大自然更忠實的朋友了，它永遠帶
給我許多樂趣、啟示和希望。

　　在這裡，時光很恬淡，不用刻意去探索內在世界的隱密
維度。天空如此高遠，每一種生物都在林間享受大自然的陽
光、雨露和靜謐的呼吸。我熟悉這裡的每一片樹林和野鳥輕
喚的聲音，在此處或彼處。瞧，又有一隻紅鳩在枝上跳躍，
又迅速飛走……一隻白鶺鴒像個俏皮的歌者，如此親切地靠
近。或者，說得更遠一點，說那忽閃而過的大冠鷲，說在山
間默默站立的老樹。我還看到有一些老農人在泥地上裡鋤
草、剪枝或播種，並來回山路、快速運送蔬果。

　　在我的認知裡，部落的生活多半並不富裕，然而其文化
卻有許多美麗而豐富的內涵。對族人來說，人與土地密不可
分，才是最重要的。返抵山下的卡地布文化園區時，已近中
午。這是附近卑南族居民集會活動的重要場所，我曾見過他
們在七月小米收穫祭時，在此地豎立標杆，並舉辦馬拉松、

婦女編製花環等競賽活動；勇士們還會身著傳統服飾表演舞蹈，展示卑南族人的團結與英勇。

　　我不得不承認，鳥是大自然中最神奇的歌者。在山水間，鳥就像是我的風箏，不管我走多遠，都有一根線繫著我的視野，讓我跟著在高處飛行。而我在知本卡地布部落的街角回望，便看見部落的花朵靜靜開放。彷彿中，風將我溫暖地包圍；在相遇的感動裡，我忘記了語言。

－2021.03.27 完稿

　　－刊臺灣《青年日報》副刊，2021.05.30，
　　　及攝影作 2 張。

影及畫作：林明理此畫由臺灣的「國圖」
「當代名人手稿典藏系統」存藏於臺北

14. 池上漫遊

聽說，在池上蒼翠山嶺下有一條水圳，是當地阿美族人
和來自鳳山、恆春移民於西元一八七八年合力開鑿而成的；
多年來幾經整建、美化，池上環圳已成為自行車道沿線最美

的風景之一。當大地上的蟲、鳥和繾綣的風都歡喜地圍了攏來，就對它們說說話；而我也來到它的跟前，領受山巒、草地、溪流，成為永恆不朽的感覺。

該圳進水口位於卑南溪上游左岸的「新興堤防」，是池上地區近些年來最大的灌溉工程。多少歲月過去了，萬千流水流走百年來許多事，但唯一不變的，是它依然走向遼闊與蔚藍，也留給後代一些值得緬懷的景物。

當我站在堤防旁一個名為「種子」的裝置藝術前四下眺望，對此地山水的讚美，語言實在是多餘的，而田野的白鷺鷥是一首精緻的詩。霎時間，讓我聯想到李白在〈白鷺鷥〉詩裡寫道：「白鷺下秋水，孤飛如墜霜。心閒且未去，獨立沙洲傍。」不禁昂首對著牠喊道：「喂！請告訴我，你的伴侶在哪兒呢？」

牠繼續緩緩地飛，說：「今天我沒有伴侶，正想飛往這水圳的引水源──它在新呂溪出口──接卑南溪左岸。」這時候，一旁的大水車用洪亮的聲音說道，「要記得快點回來跟我敘舊啊。飛吧，飛吧！我的朋友，一旦到達咱們的母溪，我就會把歲月流過的回憶都記起來了。」

再度漫步到鄰近的池上圳生態園區，像個操縱著方向盤的船長，享受每一個當下，並謙卑地向大自然學習。我想起了破冰而出的鯨魚，是夏季北極海沿岸最獨特的景觀，但在這裡靜聽水聲的曼妙或者觀賞排灣族藝術家尼誕・達給伐歷

利用竹、鐵製作成的水鳥、竹棚等，每一件作品盡是順應人與自然的一種和諧之美。那一刻，不禁讓我俯下身來，細數水畔的風情，一片，兩片……多得數不清。

這一天，順道探尋池上火車站旁的一個日據時期形成的大埔部落，居民大多為阿美族，原本因地表為河床地，亦稱溪埔。入口的彩繪牆下方，最漂亮的要數那鳳蝶了，牠們輕盈而愉悅地飛舞著，每一隻都光豔動人。部落裡的小孩、老人處處給人以溫馨親切的感覺，而石雕的地標顯然是一個扛著山羊的阿美族勇士和他相伴的愛犬，通體諧和，並予人以族人純樸、樂觀的氣質。

那些彩繪牆真正迷人之處，乃是超越物質或財物之上，因為族人畫出自己部落的傳統，傳承祖先的藝術文化力，這就讓我快樂地待在部落裡而不覺時光已消逝。歸途，只是在岑寂中諦聽風中的感動以回答它：「再見了，池上——米故鄉。感恩擁有如此美好的旅遊景點，也期許當地族民的農業發展得更豐饒。」

－2021.05.13 完稿

－刊臺灣《青年日報》副刊，2021.07.18，

　及畫作 1 幅，攝影作 2 張。

攝影作：林明理

15. 瑞穗部落拾穗

　　今夜夜色靜美，窗外的小葉欖仁樹上鳥聲消失，顯出星空下點點燈火。我突然聽見一聲撒奇拉雅族語，覺得這聲音就來自我身邊。恍惚中，我回到那一個陽光燦爛的日子裡，佇望著車過北回歸線的瑞穗鄉，那一幕幕湧現的鄉景，在回首的夢中，如畫般呈現在眼前，鮮活的湧上心頭。

　　入山谷的那一刻越發寧靜，細碎鳥聲中又帶點蟲鳴，還有山茶花種子繁殖、秀姑巒溪的聲響。當我漫步在黃昏的瑞穗牧場，在夢幻似的油菜花田裡，我聽到輕微的風中絮語，兒時的一些幻影，又從記憶裡升起，就像回到從前曾經待在田野的身旁。我總喜歡在露天咖啡座前點上一杯茶飲或在觀覽台上遠望優閒吃草的乳牛群，還觀看駝鳥奔跑的逗趣模樣。

　　但這回我沒多停留，因為我早聽說撒奇萊雅族的祖先歷經荷蘭、清軍、日本統治時期的進逼和激戰，倖存的族人為了躲避追殺，一度隱藏自己的文化和語言融入阿美族的生活中，直到二○○七年正月才成為第十三個臺灣原住民族。這段史實贏得許多文人發自內心的感慨，而其祖先留下的歷史遺址，也豐富了文化內涵。

　　於是我身不由己加快步伐來到牧場附近的掃叭石柱，據說，這裡早期原是撒奇拉雅族人的耕地，現是舞鶴村的一處考古遺址。霎時間，風在兩根石柱間來回不停地訴說來自遠古的故事……就好像遠方的鯨歌哼著一首傳遞波段的訊息。原來此處遺址是屬於新石器時代，距今已有三千多年了；其旁邊有個只有數百人口的馬立雲部落。有一撒奇萊雅族族人說，那根比較矮的石柱，原本是橫臥的，由花東縱管處規劃為觀光園區後，才將石柱改為直立。他們在此世居耕種、也會在慶典時身著傳統服飾舉辦活動。

　　在部落裡，周遭靜得出奇，沿途但見溪水潺涓，柚香四溢。清風徐來，那樹蔭間錯落的陽光灑在一隻紅鳩的臉上，美得真真切切。我放慢腳步，鏡頭也沒有挪開，直覺牠就像等候馬車的小公主。我噗哧笑出聲來。

「是的，這裡有的是重返自然的聲音。」我帶著率直口氣說；並從部落的歌聲裡聽到為我輕輕吟詠，禁不住感到欣喜。揮手告別時，我仔細聽，漸漸才聽個明白。原來風兒用撒奇拉雅語告訴我：「haymawen！再見了！」而我把這記在心中，直到對岸蒼山頂上的一抹斜暉快要消失了，才驅車返回家園。

印度詩人泰戈爾在《漂鳥集》裡寫道：「在心靈的展望中，遠處近若咫尺。」此刻，我只想把我這顆心看過瑞穗鄉的感懷描繪出來，讓這趟旅遊漫步時充盈心間的種種快樂，作為冥思遐想的紀錄，也是珍藏心底的念想。

—2021.
03.31
完稿

—刊臺灣《青年日報》副刊，2021.09.19，及攝影作 3 張。

林明理：攝影作

16. 當月光漫舞時

　　一個微風的早晨，我們驅車前往大竹部落，這裡高居於大武鄉北端的山脊邊緣、台九線省道旁的山坡上。到達溪蒲橋之後，沿著有排灣族勇士雕像的村路，就看到一大片被採收後的紅藜田，周圍有樹林環繞——陽光燦然，空氣清涼。

　　緩緩回首，橋下的水紋中點點光亮，那深深的山影裡，隔著一片曠野，順著山坡的一條路，我瞥見兩隻帶有沙沙聲的綠鸚嘴鵯迎賓式地「古哩－古哩」鳴唱著。渾身羽毛都膨了起來，在背光之處，身影新綠又溫柔。

　　這個住民約莫一百一十人的排灣族小村，他們的祖先大多由屏東縣繞過大武山北側東進來到此地。我看到右側有一排永久屋，想必是在縣政府及各方協力下，為百姓的苦難所留下的一段歷史見證。

　　傳說，這裡曾是矮黑人的棲息地，我走到村子的盡頭，像尋寶似的，沉湎於自己的冥想。疏影橫斜在老橋和民居的流水旁，向我殷殷低語。

　　我看到有族人圍在青年會館前，湊近細看，全部是老人。也許是那片彩繪牆吸引了我，驅使我上前去打聽一些訊息。我向一位老人求教：「請問這是誰畫的？好漂亮哦！」他十分驕傲地說：「那都是社區的年輕人畫的。我們這裡得等到七月收穫季時才熱鬧！」揮手向他們道別後，我覺得傳說總歸於一團謎題，但此刻明晰的卻是族人歡樂同聚的聲音。再往前去，便見到一小片紅藜田，掛著一些五彩繽紛的花穗。我折返回來，發現有許多戶人家門前都鋪著曬乾的紅藜，空氣中有一股說不出的清香。

　　我看到遠處隆起的山巒鬱鬱森森，而身後的陽光卻特別明亮。一群公雞正昂起頭展示著雄赳赳的姿態，一群鴨、鵝在池裡嬉遊、追逐。愈往前走，我看到彩繪著頭目的帽子、陶器和百步蛇、族人和小米等壁畫。是啊，家鄉孕育著我們唯一知道的生命形式。印象深刻的是，大鳥國小愛國埔分校旁有一面斑駁的牆，畫著可愛又充滿靈性的褐林鴞和領角鴞。

　　週日的上午，空蕩蕩的操場上佈滿濃淡不一的樹影。這些表達排灣族文化與傳統的壁畫，讓我每次凝視，都在臉上及心裡泛起微微的喜悅，由衷地祈禱神給部落的孩子們添上一股力量。

今夜，當月光漫舞時，我願是棲息在大武山下的貓頭鷹。像天上的星辰，俯覽共享部落雄壯的歡樂。德國詩人里爾克曾寫下：「當最後的聲響早已沉寂，／寧靜顯得既深邃又寬廣，／繁星僅是諸多的話語／訴說著唯一的黑暗。」我抬起頭，聆聽部落的歌聲……它永遠沉靜而年輕；我的眼眸忍不住一再瀏覽，像浮雲般深情。

－2021.04.11 完稿

－刊臺灣《青年日報》副刊，2021.06.13，及攝影 2 張。

林明理攝影及畫作（此畫由臺灣的
「國圖」「當代名人手稿典藏系統」）
存藏於臺北）

17. 曙光裡的閃爍

　　天邊那顆最後的晨星已逝，杳無人跡，我凝視遠方的綠
島——遠方似前又後，在加路蘭對岸擱淺，懸宕於黎明破曉

之前，而灰藍的山巒似海洋，枕在曙色中。在一排錯落有致、狀似小鐵琴的音符裡，緩緩移步，那壯闊的黃金海正引出懷古思緒。

站在被風吹得彎彎的平灘上，我看見幾隻舢舨，飄浮在海面中閃閃躍動。自己影子開始延展，伸到蒼海，又落到腳前。那捕捉我目光的，是黎明前的短暫黑暗。無需過度期待或匆忙醒來；只要跟太陽同步，晨光下，便充滿了欣喜且悠然。

當雲霞釀成了酒紅，穿梭的烏頭翁回看低矮小灌木，枝頭的露珠未乾，就停在草坡上。從船型漂流木等裝置藝術到特殊的海蝕景觀，從涼亭到花鳥，我感到浪鼓一聲喚起的清音是多麼柔和，彷彿置身在史詩場景般夢幻。

我把疊疊青山的風逐入連雲的小船，一輪太陽頂著暈環，正堅韌地升起。

當晨曦輕輕暈染山頭，一片雲帶著一種穿過黑暗直立海心的獨走，停駐島嶼上方片刻。那片金黃中有裊裊的歌聲，浪似白梅，偶爾有一陣清風掠過。

噢，美麗的福爾摩沙攜著不可分割的斜灣直到綠島彼岸，那樣的湛藍與柔和，透射著溫情的目光──而昂首的我面對逐漸明朗的天空，像幸福的歸帆，鐘聲一樣激盪……

　　我從畫中走來，在這麼廣闊的靜謐中，我不禁循著灣邊，轉入對面的老街小巷。據說，當地族人常到鄰近的小溪洗頭髮，在阿美族語中，洗頭髮叫作 karo，遂以「洗頭髮的地方」為加路蘭部落的社名。當地平線第一道黎明向酣睡中的森林歌唱，聽，那地母懷裡有喜樂的心音，那祖靈庇護的──是讓所有的言語和歌聲能促進多元族群融合。

　　我愛都蘭山麓下的大自然，愛那些傳說中的傳說。我懷念加路蘭部落老教會前有個八十歲阿美族阿嬤告訴了我，她的祖先已在此居住上百年的歷史和出海補魚的故事。一隻黑冠麻鷺緩緩地接近教會的草地，讓我依依的流連。那拐彎的街道盡頭，有片彩繪牆也記錄了阿美族生活方式的樣貌。這讓我忽然記起，幾乎遺忘一個流逝的跫音自千里外傳了回來，又消失很遠很遠了。那曾經飛翔的夢忽然湧到心頭，在柔風中飄動。

　　我想起了腦海中的畫面，那是蘿蔔糕在爐灶上，香味四溢。每逢佳節，我常吮吸著那怦然的氣味。此刻，貼進大地的風是甜的。彷彿勤奮的母親仍輕煽著柴火……而曙光隱現，透過半開的木門，還有夢中雞啼聲。噢，童年，還有我故鄉的小河。那些記憶已成斑駁，我不得不重新刷新──在這加路蘭黎明的光耀中。

　　－2021.04.13 完稿

—刊臺灣《青年日報》副刊，
2021.06.20，及林明理畫作
1幅，攝影作1張。

林明理畫作（此畫由臺灣的「國圖」「當代
名人手稿典藏系統」）存藏於臺北）

18. 池上漫影

　　黎明時分，萬物沉睡於水藍之內。我踏著晨曦，從池上
鄉大坡池到禾田生態區，從鄰近的部落再到國小校園。沿著
這些舊路來去徘徊，我看見大地正慢慢甦醒，歌雀撲爍於樹
林，恰如森林小夜曲或愛情的弦音，藏匿於濃密幽謐間。

　　忽然，竹林間，一聲雞啼，劃破了寂靜。讓我忍不住張
開雙臂，擁抱這片跟我家鄉一樣，藍得敞亮熱情的天空。尤

其是一條筆直的伯朗大道，兩旁盡是些深淺不一的綠或金黃，像是造物者經過留下的腳印。

我進而發現，這裡被譽為「翠綠的天堂路」，應不是虛幻的。遠方是連綿起伏的山脈，淡藍色山體與綠色浪海成了一幅和諧優美的景象；而這條大道像是跨過連接山與天兩端的「眾神小徑」，粗獷黑直的柏油路，走在上面，是一種享受。

偶而駐足於大樹下，聽一曲歌，或點杯咖啡，常能感受到瀰漫在這裡的浪漫氣息。周遭萬物似乎是寧靜的，只有向日葵花田中有蝴蝶的影子閃動，那些疊影，活在詩中。看哪，哼著山歌的稻花上，停著一隻藍蜻蜓，戲水飛空，四面屏風從跟前遛過。

在大坡池橋畔和綿延的田疇之間，一行白鷺驀地飛起，如幻夢。又有一片雲被風帶來了，泊在山坳之處。恍惚中，遠方有輛自強號火車奔馳而過；時光宛若停止——兒時的舊事依然清晰，我仍奔跑在田野，做著夢。夕陽躺在我臂彎，五分車的背影，無限延伸。

我穿過田野阡陌，步上振興部落（Muliyaw）的入口處，高高圓柱地標旁，有座阿美族勇士雕塑的小聚落；站在高處，還可遠眺到中央山脈和花東縱谷遼闊的稻田。這裡的族人崇尚自然，熱愛傳統文化；加上不加修飾的淳樸，更是部落的魅力所在。印象深刻的是，萬安國小振興分校校內留下一幅法國畫家（Julien Malland Seth）的藝術壁畫，畫出阿美族少女的純真與凝視，讓我慢慢地領受著記憶中的美好。

　　我願是隻蒼鷺，立身於這片由新武呂溪所沖積而成的平原，諦聽繽紛四季的風。看這怡人之鄉，看這山清水秀，並愛上它廣袤無邊的博大。我願是那棵老樹下玩耍的孩童，在我選擇的方向，微笑地歌著，好像整片天空屬我一個。那輕快的白雲，群山和寧靜的沃土……都在我的血液中搏動。

　　今夜，我將停泊。許是聲聲的故鄉的風，讓我細細傾聽，顯露田野的輪廓。在我的回首中，我偶爾也做著旅人的夢，溪流在田間跳著舞，原民也唱出心中的歌。歌裡飽含著透徹的靈魂，沒有任何虛妄，也突破語言的隔閡。我常驚訝於它如何經歷千年仍為族人所傳頌？雲不曾改變其顏色，我的思念也未見停歇——在池上與風一起漫遊的季節。

－2021.04.14 完稿

－刊臺灣《中華日報》副刊，2021.06.25，及林明理畫作 1 幅。

林明理攝

19. 初抵牛山呼庭

穿越溪流和峽谷，騎著一匹棕馬
從一大片草原之中　噠噠噠地奔回……
——像個勇士　登上昔日瞭望台俯瞰
從水璉、蕃薯寮坑，到磯崎的一半身體
都溶入了樹林和牛山自然保護區裡

天亮了，海洋撩起億萬年來的寥寂
大地睡眼惺忪地醒來……恍惚中
它依稀可見——野放在山上的牛群
仍在那兒——優遊自在玩耍
還有春天岩壁上的野百合
正芳香酣睡。年復一年，白雲悠悠

飄過這巨大的山海邊際……
飄過水璉溪經過的河谷盆地……
只有這一個海角邊緣──Huting
是我一邊深情凝視，一邊用喜悅
刻畫入心中──一座永難遺忘的樂園

註. 牛山呼庭位於花蓮縣豐濱鄉，名字取自於鄰近的牛山，這裡的溪谷原是阿美族牧牛的草原區，而「呼庭（Huting）」意指「放牧牛羊之地」；據說，獲奧斯卡金像獎的美國導演馬丁（Martin-Scorsese）執導的電影《沉默》，曾於 2015 年間到花蓮取景拍攝，而「牛山呼庭」便是片中的場景之一。

─2021.04.29 完稿

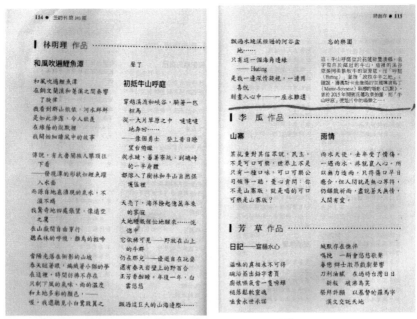

畫作：林明理（此畫由臺灣的「國圖」存藏於臺北）

20. 都歷遊蹤

選擇春末最後一個節氣的清晨，驅車來到成功鎮都歷（Torik）海灘。一霎時，金色的浪花翻滾跳躍，陣陣風兒捲起潮浪，年復一年的阿美族兒女，守望著這片海域；讓我再一次發現那不可錯過的日出，彷若天地間只剩下我和獨自吟唱的風。

從這裡眺望——上方，只有一片柔和的雲彩似乎在飄

動、鋪展，又似乎在彌散。下方——只有山巒、岩石，隱約起伏晃蕩著。數百年過去了，它仍是阿美族每年舉行海祭、漁獵及撿拾螺貝之處。若是夕陽下退潮水淺時，沿著黃金沙灘漫走，就會浮現出一座清澈無瑕的「天空之鏡」。恍惚中，他們仍手牽手圍成大圓圈，回應著祖靈的召喚，在夏末月亮升起的光裡，歌詠著古老的舞曲；而我找到夕陽最後深情地一閃，並沉醉在星空樂曲中。

跟著風的腳步走進部落入口，便看見一片椰林中的傳統茅屋，空氣裡瀰漫著一股淡淡的楓樹、檸檬、百香果等混合的味道。信義國小操場前，一棵老樹上有紅鳩在鳴囀，幾隻野鴿停在不遠處咕咕咕咕地又叫又跳，一群飛燕無聲地飛翔……只有部落裡的狗兒溫馴地在巷道臥躺打盹或四處走動。

沿著一條緩坡的小徑，一側散落著幾十戶人家，屋牆塗畫著族人織布和捕魚的傳統文化，另一側栽植著數行大樹、花煙草、向日葵、百合花等植物。遠處，天地相交的地方依稀可見海岸山脈的雲霧。這回，懷著格外強烈的情感，再一次找尋當地阿美族生活樣貌和其中的幸福。

原來，月桃是這部落的生命之一，婦女們擅長編製器物、草蓆、製作醬食品，也擅長藤環手作等工藝。在東岸都歷遊客中心休憩時，我向浩瀚穹蒼仰視，大海依舊在那兒！搖曳波浪中，有膠筏、小漁船在緩緩移動。巍峨的建築入口旁，睡蓮開了，美不勝收；有時蓮莖上一隻歇息的蜻蜓飛起，宛若預告幸福的閃現，又像是萬物靜止的終點。我在這依山傍海的景色中，找到生命中自在的歡愉。

延著我的傘尖看去，遊客中心周圍有一大片綠油油的草皮，如果你能看到廣場前的許多雕塑、裝置或展示館裡的影像等作品，如果你能親耳諦聽他們像天使般歌唱，熱情地舞蹈與接待，我相信，你也會發現都歷部落族人勤於淨灘、栽種無毒農作是多麼良善；都歷的點點滴滴，都是腦海中幸福的記號。

每當微風吹拂時，只要用耳朵，就能聽見那片大海在地平線閃著一種天藍的純淨……既不喧囂，也不矯飾的聲音。我願大海的歌聲迴盪成亙古不變的記憶，我願原鄉孩童的純真質樸與部落的活力永遠不息。　—2021.04.20 完稿

—刊臺灣《中華日報》副刊，2021.07.31，及林明理畫作 1 幅。

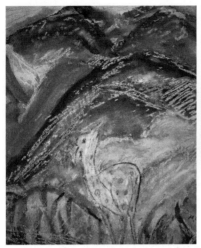

林明理攝影及畫作（此畫
由臺灣的「國圖」「當代名人手
稿典藏系統」Contemporary
Celebrities' Manuscripts）存藏於臺北）

21. 都蘭的夜思

當地平線第一道晨光向酣睡中的森林歌唱，都蘭
（Adulan）在海岸山脈的雲霧下甦醒。隱隱的朝霞出了天際
線，我和西天的雲朵聚在都蘭鼻的珊瑚礁群。據說，很久很
久以前，以漁獵維生的阿美族就是在都蘭鼻登陸上岸，但此
時四野望去，盡是空寂的淡藍色。

一株株月桃在莖頂生出串串的花苞，紅艷的果實如暮春
黃昏的嬌羞，綴在山野。真想擁有這片靜謐的秘密王國，然
後輕輕地——超越時間的界線；在金光的都蘭灣旁，聽浪花

拍擊礁岩的湧動，看雲霧濛濛地屯在谷中。我的足下有岡巒，由高而低，或趨緩或聳立。

風在遼闊的草原與一片種植草海桐、林投、白水木等各自繁衍的灌木叢上徘徊不前。這裡有的是遠山凝寂，時而彌望，時而歡容；直到有一個相當模糊……渺渺小小的回音默喚了我，也就開啟了再次偶得的悠悠旅思。

驅車彎入東河鄉阿美族發源地──都蘭山步道，我一邊看到部落的面容，一邊聽風講述遠古的故事。層層枯葉篩落著四季的足音，而我像是遙遠年代在曠野中頻頻回首的梅花鹿，在眾神的沉默中漫過。恍惚中，霧像宿鳥般，將夢之翼繫在歌瀑上；棲身在步道上的青剛櫟、大葉楠、九芎等林木深藏著我的思想。風告訴我，三千五百多年前已有阿美族在此生活，每年六至八月中，族人都會在部落裡舉辦為期幾天的豐年祭活動。

我一面將自己一部分的情感，漫步於森林之中，一面拿著紙筆，在「都蘭小棧」前選取一處適合拍照的角落坐下來；這裡原是土銀的都蘭林管處，後由東管處代管，經過整修後交由一個藝術團體認養。從周遭山巒歸來的風，把塵世──卸下，還給它最美的樣子──安靜從容。我已然看見太平洋彼岸……即使像這樣站在咖啡屋旁一個小小的角落，也隱約可見遠方綠島的樣貌。我想起了有位駐站的阿美族藝術家對我們笑了笑，以木片烘製成手寫的「心經」；那專注的背影，顯盡了阿美族人熱愛鄉土的情懷。

　　陽光從葉縫間輕俯下來，但見一隻烏鶖返影遁入山中，群山的鳥聲低迴……在我感動的時刻，只聞微風向甜美的花兒殷勤問候。幾隻大花蝶正在小棧的石階上追逐逗鬧，還可看到一隻大冠鷲從山頂邊緣掠過。霎時間，我迷醉了，也感到清心的安慰。

　　今夜，月光如水，灼灼星光在彼處璀璨。遠處幾聲犬吠，擊破四周靜默。我從孤寂的海洋凝視記憶裡的小徑。啊，多麼美麗的風中之花，舞蹈於部落的向晚。且讓我的思念飛回那安謐平和的天地，我在晨霧中等待，等待朝陽依然徐徐爬上都蘭廣袤的山梁。　　　　　　　　　－2021.04.23 完稿

－刊臺灣《青年日報》副刊，2021.06.06，
及林明理畫作 1 幅，攝影作 1 張。

畫作及攝影作：林明理
（此畫由臺灣的「國圖」存
藏於臺北）

22. 利嘉日出即景

　　天方破曉，原野經過一夜的好眠，決定探出頭來，迎接
飛來的小燕子……風替它加冕了片片草葉的芬芳，游進靜謐

中。驅車來到卑南鄉利嘉部落，挾著天光的雲朵在呂家溪北側停留，盛開的花旗木和蜿蜒的山徑讓週遭景物都恬然自足。

走進利嘉步道，山巒一片綠意，白雲在輕輕歡唱著——中央山脈東南山腳下，呂家溪北側的一畝畝果樹正甜蜜地生活。我歡喜，因為我看到池邊的紅蜻蜓與蜜蜂穿梭；濃密的樹林中，蝶群在草葉間飛逐嬉戲。一隻鳳頭蒼鷹幼鳥好奇地到處瞅瞅，旋即又飛上林梢……我感知，在森林某個棲息處，牠展翅宛如天使。

這翠色的原始混合林，已歷經無數風霜的考驗；動人的部落傳說，讓蒼老的時光都慢慢甦醒過來，連挺拔的老樹也動容。後山是比夕陽還娟秀的樹林，前面是幾隻紅嘴黑鵯、烏秋覓食的悅音。風卻在部落的沉思中細訴著卑南族的生命故事，而原古的歌聲像流水，徐徐緩緩，不經意地在我身邊迴響。

所到之處都會聽見輕柔的蟲鳥、青蛙的鳴曲；涓涓滴流，都是詩意。這些珍貴的時刻，在這片充滿生機的土地中，我燦然地笑了，繼續享受復歸自然的樂趣。原來利嘉這美麗的名字，有「在肥沃的土地上長出茂盛的姑婆芋」之意，它是僅次於知本和南王的卑南族第三大聚落。

進入狹小的林道小路，和風歇在樹梢，世界已沒有喧囂和騷動，花木還滿綴著露珠；我的繆斯翩然而來，不再沉默。風依然輕微地掠過我小小的方舟，泛成音符……那舞動的旋

律，隨著時間的轉動，越發像是一首悠揚清亮而又濃厚渾重
的古調。歌聲越過山腳的碧綠樹林，越過利嘉部落的屋脊……
令人動容。

　　這是一條長達三十多公里的林道，原是卑南族大巴六九
部落的獵場和農墾地，後用做伐木古道，如今已不再砍伐森
林，但族民更用心守護著這座有歷史的森林。再驅步向前，
還可觀賞彩蝶區、竹筍園、藥用植物園、生態農場等景緻。

　　回到部落的活動中心時，已是近午。道路兩旁的彩繪壁
畫盡是以鮮明的色彩勾勒出卑南族傳統祭儀的特色。一輛小
貨車嗖的一聲開過，劃破了靜寂。忽然，聽見了族人歌唱的
聲音，循著路去探頭瞧瞧，但見一群老人正在準備吃中餐及
歡唱卡拉 OK，交織成族民相處融洽的氛圍，歌聲就像溫柔
金光環繞部落。

　　於今，偶爾也會想起那些老人和部落小孩，還有一些溫
馨的往事。是啊，我又體驗一次難忘的畫面。看著窗外細雨，
一幕幕回憶……遂成了動畫。我怎能遺忘相遇的悸動？而明
天，陽光仍在林間跳舞，那利嘉鄉景的光華，在大氣之中，
寂靜如秋。

－2021.04.24 完稿

—刊臺灣《中華日報》副刊，
2021.08.25，林明理畫作
1 幅及攝影作 2 張。

攝影作：林明理

23. 夏日的小時光

　　初夏時節，在臺東大學「鏡心湖」湖畔觀賞黃昏的天色，校園的樹林深處，空氣瀰漫著睡蓮和沿階草的清香。我常獨自在這裡遐思，拍照；風和日麗舒心，濛濛細雨也浪漫；春暖花香的日子更好，全都交給天氣及隨心所想來決定。校園寧靜，微風清新，所有的學子都正在習得必要的知識；天空湛藍、靜謐，使阿勃勒步道的黃花顯得格外美麗，那是因為背景有大片綠意陪襯與白色羽毛般的浮雲潔亮，而不遠處的

雞蛋花在增色添彩，還有清涼的蓮池裡有紅蜻蜓停留在綠葉間。

　　然而，更令人驚喜的是，湖畔的倒影竟多了一群黑腹濱鷸！這些遠方來的嬌客不知飛越多少旅程，又飛過多少荒地和濕地，才在這兒現身，在岩石上棲息。牠們泛起點點漣漪，暈開了我心中最美的期待；而這溶溶蕩蕩的湖面，像鑲滿寶石，光芒閃耀……波紋被時聚時散的蝴蝶盪向四方，卻透射出沉靜的本然。此刻，我想起了上次前來偶遇的那隻蒼鷺，牠穿越層層綠林，靜靜地飄行，穿過湛藍的天空，消失在起伏的山頭；想起了三隻小野鴨優游逐蒲翻藻的萌樣，湖畔留下的所有美好的畫面一覽無餘，歷歷在目。

　　在這夏日的小時光裡，湖面似透鏡，雲終於落下來，彷如重溫一個夢。我踮起腳尖，按下快門的一瞬，已帶來了小小驚喜；因為細碎的陽光是背景，風總是靜靜地吹拂。緊鄰在側的金字塔型圖書館近在咫尺也看得好生壯觀，它在二○一六年獲國際圖書館協會聯盟評選為全球八座最獨特圖書館之一；在廣闊的藍色與綠色交映下顯得格外寧靜，寧靜得完美無瑕。直到一隻斑鳩咕咕地叫喚著我，剛要轉身離開，我尋覓的眸已瀰漫著淡淡的離愁。

　　歸途前，前往鄰近的知本的卡地布文化園區，它是卑南族居民集會活動的重要場所。風兒倚在園區內的瞭望台，訴說著部落的歷史和故事，訴說著聯合豐年祭記憶的痕跡……一種令人神往的聲音，清晰可聞地說：「喔，我的朋友，卡地

布是卑南族語，是『在一起』或『團結』的意思。」我的心
如此欣喜。面對著區內的祖靈屋和聚會所等傳統建築，彷彿
中，我看到它豎立起一種精神圖騰，每當小米收穫後，彩色
的樂音高揚而靈活，宛如彩蝶般翩翩，燃燒著族人團聚的希
望。我欲張開雙臂，擁抱這部落保有的傳統文化和年祭時歡
樂歌舞的神采。

　　每次來到卡地布部落，總會到一個巷弄裡的店家用餐，
吃一大碗阿嬤煮的米苔目，並陪她閒話家常。我覺得像這樣
品嚐一碗手工米食，就是尋常又單純的幸福。願部落的孩子
像一束希望的光芒，勇敢追逐夢想。道別時，涼風習習，空
氣中瀰漫著遍植於山坡的洛神花濃郁的芬芳。

－2021.05.06 完稿。

－刊臺灣《青年日報》副刊，2021.07.04，及攝影作 3 張。

24.夜雨遐思

　　午夜，雨聲是靈動的，恰如天地的使者，輕輕敲打夜的寧靜。院落內那棵日本紅楓，已然褪綠變紅，新萌的葉芽在路燈照射下，猶如一首長詩，不禁讓我思緒翻飛，跳躍到那日踏尋部落的回憶中。

　　跟著風的腳步，又回到達仁鄉土坂村的入口，我看到一個叫做「巴里」的勇士得到了無上的尊崇。當地的排灣族在兒時已經聽過這個故事，他右手拿著能追擊獵物的茅，左手執著代表大力士的刀，無時無刻地保護村子裡的排灣族子民免受惡靈的侵害；這光耀的故事在此地的排灣族或其他古老的傳說都帶給了我悠然遐思。恍惚中，溫煦的陽光把巴里勇

士的身影照得栩栩如生。

沿著土坂派出所緩緩走入寧靜的大街小巷，走過這個被譽為毛蟹的故鄉，山壁上有許多毛蟹的石板裝飾，還有一幅幅原民傳統文化的彩繪壁畫。走過一座擁有八十三年歷史的土坂吊橋……我聽到了小米豐收季節時，族人齊聚在這橋頭吟唱著敬謝祖靈的歌謠；他們以歌聲接近天宇蒼穹，以歌激盪部落的幸福。

我繼續走過一座校門刻畫著排灣意象的國小，走過許多低矮的老屋平房，最後站在一處可眺望山巒及溪流的制高處，像個無畏的水手，被天空、大海、山巒的顏色所觸動，而我能感覺到當地族人大多有顆童心，且充滿了熱情和信念。

那日歸途中，順道彎進太麻里一座建校已超過一百二十年的「大王國小」，校內有多棵百年茄苳樹，在周邊圍牆上，也鐫刻著許多美麗的排灣族壁畫。它的名字源自當地的大王村，傳說，早期太麻里社酋長曾稱霸於太麻里等地，因而被尊稱為「大王」。我在大樹下靜靜聆聽小山丘呢喃，一點一滴地告訴我部落的故事，並享受著週末校園內恬靜的時光。

我覺得，無論穿越歷史還是呈現現代，歷史總是展開它有力的翅膀，飛過許多時代，同時會給後代所力求探索的那種認知本身帶來一些啟示；它與童話不同，並不以在有限的時間內飛到一個輝煌的世界為終點，而是繼續超越時間，走向一個未知的永恆。

在這場雨歇微涼、天上現出彎月的時候，不經意地拾撿片段的回憶，讓每次探尋部落的痕跡，深深淺淺地烙印在我的心上。有人說，某些時刻會永存不滅，那就是最美的時刻。倘若我側耳諦聽，就會聽到部落孩童的歌聲是如此的和諧美妙；他們仍以熱望擁抱未來，共譜生命的讚歌。我聽到了海波輕柔地撫慰著，夜已深沉，星叢又紛紛匯聚而來……風依舊常新，窗外老樟樹上的一隻黑冠麻鷺正在鳴叫著，島嶼也會歌唱。而聽雨，或在書房與大地對話，是我孜孜以求、隨性而至的快樂。

－2021.05.09.完稿

－刊臺灣《青年日報》副刊，2021.11.28，及攝影作 2 張。

攝影：林明理

25. 車過北回歸線

　　一個乍暖還寒的清晨，沿著台 11 線，越過長濱北段的八仙洞遺址及許多地方的橋樑。當車過花蓮豐濱鄉靜浦北回歸線標碑，許多遊客紛紛下車，停留在白色燈塔狀的地標周圍拍照。那一望無際的大海和海岸山脈，給了我難忘、沉靜的歡喜。

　　順著山路，車繼續奔馳。經過石梯坪的特殊岩岸，終於遇見芭崎休憩區，它是海岸公路上難得的制高點。站在瞭望臺向東眺望，太平洋的柔波，如被聖神塑成了宇宙最初的光芒；向南可腑瞰磯崎海灣、龜吼海岬、新社海崖和大石鼻山山頭。我的心在那一刻像巴拉峨巒溪流入大海一樣，盛滿了幸福。

　　坐在販賣部前的木椅上，點一杯熱飲、吃個月桃小米粽，或在觀景台下方，走一小段棧道……愈靠近山海，我的心情愈加愉悅，連枝上鳥兒都雀躍得嘰嘰喳喳，歌唱不停。

　　漫步在芭崎，永遠都不像塵世繁忙中旅人的行腳；它固然不像其他地景的鬼斧神工或千姿百態，但對我而言，它什麼都不缺，倒像是與時間相伴的巨人，自成充溢著生命的氣息，是絕佳的觀海景點之一。

　　之後，我們來到木瓜溪畔，一座走過一甲子的銅蘭國小。這裡的學生多半熱愛運動；細查，果然曾於六年前榮獲亞洲盃國際棒球錦標賽冠軍。學校許校長十分鼓勵孩子們去追逐自己的夢想，因社區內有許多織布、皮雕、山刀等在地產業工作室，學校也積極推展教學等才藝活動。

　　霎時，我在紅土操場裡邀約了部分童年，一下子就置身於孩童騎單車或玩球的笑聲裡。那些純真無邪的背影——像是草原的梅花鹿，輕快地跳躍著跑開。這使我憶起十九世紀德國詩人海涅的一首詩，其中的第一段曾深深吸引著我，以迄至今：

　　小妹，想我們童年時，／年紀小，多麼歡暢；我們爬進雞棚裡，在麥桿下面躲藏。

　　是啊，那兒時的嬉戲都過去了，一切蕩然無存，但這群小朋友的笑容又讓我的童年湧現了。我追問著：「嗨，你們是哪一族？」突然，其中一位男孩回頭應答：「我是太魯閣族

啦！」其他小朋友相顧而笑。

　　我看到校門口不遠的圍牆旁，有許多鐫刻著勇士打獵、射箭或婦女織布等圖案，像是傳承家族的紋樣，令人過目不忘。揮別鄰近的德姆南部落時，我期待下次能再回去看看，部落的歌永遠以其舒緩、溫柔的聲音，讓我忘情地把懷念放在心底；而存留心中的芭崎，寧靜延伸得無限悠長。

　　今夜，月光迷濛。我還不時沉酣在翠綠、灰藍的山影，以及那蔚藍海灣。我期盼那些孩童也像大樹一樣，無論在什麼樣的環境裡，都會努力地活出自己的一片雲天。

　　－2021.03.12 完稿

　　－刊臺灣《青年日報》副刊，2021.05.16，及攝影作 2 張。

攝影作：林明理

26. 穿過舊時光的瑞和站

　　我曾於夏蟬正熾時前來瑞和站，這裡曾是村民唯一對外的地方，如今已經沒有台鐵人員駐站，變得有些空蕩。環顧了一下，售票窗口上方還保存著站名，旁邊立有標示，可洽詢或購買冷飲、小點心等服務。

　　別看這小小的車站，卻有著豐富多元的人文歷史。它設立於一九二三年，一九八九年後改為招呼站，歸瑞源車站管轄，瑞源站因瑞和站獲得二〇二〇年交通部頒發的「金路獎」。

　　倘佯在這近百年的鐵道旁，偶爾聽到一聲蟬鳴，鳥語吱喳嘹亮。我看到一片綠色草地長廊上，貼滿了各式各樣經由追尋村民的集體記憶所連結而成的黑白照片，其動人的畫面及背後的故事，有種返樸歸真，耐人尋味之美。

　　令人懷舊的是，這些緊密相連的舊時代農村生活照，它們聚集而成一條時光走廊，在金色的天空下閃動，互相輝耀；

而那些老屋、陳年舊事、耕耘播種或婚嫁、結業合照的居民或鐵道員，也映著動人的光澤。如果我們用心去看，就會重新認識這塊土地上的回憶，就會了解它的紀念性及歷史性。

　　我信步走著，在一棵綴滿黃花的阿勒勃大樹下，清風徐來，涼爽而愜意。我看到號誌桿上掛著「七腳村」的鐵牌，特別引起我的好奇；也看到山巒之間，一條展開的軌道，兩旁綠林上方鑲著藍天白雲，悠悠緩緩，在鹿野鄉的田野山河間遊蕩。

　　在秀麗山色面前，我出神注目，遊思遠揚。是的，過去那些曾經走過大時代歲月的火車，如今藉由驛站的重生，已展現幸福和一片安寧。當暮色漸上，歸途，那時光驛站的靜，是回憶，也是展望，成為我內心的風景。

　　－2020.06.02 完稿

―刊臺灣《人間福報》副刊，2021.05.17，及攝影 1 張。

攝影作：林明理

27. 夏日泰源幽谷

　　在遠方馬武窟溪下游和東河橋下滿佈巨石的溪水之中，我將串起的驚嘆變成輕輕划進幽谷的小槳，直抵分別已久的泰源村。在那裡，有夢幻般的「小天祥」美如其名與綠意盎然的景緻。那清澈、悅耳的森林之歌重覆著歡快的音節——鳥鳴啾啾、迸湧的流泉，而蟬是最悅耳的音樂家。我愛上了

這古樸的村莊，一片片山高林密、山崖夾峙，像一首小詩那樣歌著。

我看見，那奇岩怪石沉浸在這靜謐的登仙橋畔，一群獼猴也在此地世居，在樹間穿梭或在橋樑上梳理毛髮，如同樂園。這是臺東海岸山脈南端的泰源盆地，沿溪而上的谷地，有著最乾淨的原水引入田間，使泰源村彷若世外桃源，不受外界紛擾，也是旅人寄託慰藉之地，連古老的東河橋都訴說著和我一樣懇切的話。在平緩的山稜線上，大多種植文旦、香丁、臍橙等，高處的農場還有棵千年茄冬老樹。每當清晨，雲霧繚繞，猶如仙境。

我在天空寫下它的名字，沿著路標在地圖上繼續探尋。車過北源橋、農場三號橋，村內有多處河階地形，村民多半務農。我看到泰源國小的圍牆凸顯了村裡的風土民情和人文特色，心裡時而愉悅，時而靜靜晃動，像一個快樂的孩童，來回在圍牆旁碎步走動，並轉身俯瞰村裡的教會。忽然聽見陣陣風琴聲，混和著讚頌主的歌謠，那曲調，充滿了溫暖，在山谷間縈繞……讓我不禁沉湎於自己的想像，那山巒之間的小村落，如此靜謐，又如此祥和。

我從不期待奇蹟，也不感嘆歲月如流，能誠實面對自己，真正去努力是唯一的信靠，恰如這北溪的回音，使我安詳無憂。歸途，陽光淺淺地鑲在台 11 線的海面上，而不羈的大海萌動我的心房。恍惚中，我聽見了一首歌，來自幽谷的清音，喚我從心的深處向它走去——並沉醉於繞耳的蟬鳴之中。

　　　　　　　　　　　　　－2021.05.18 完稿。

　　－刊臺灣《馬祖日報》副刊，2021.06.09，及攝影作 4 張。

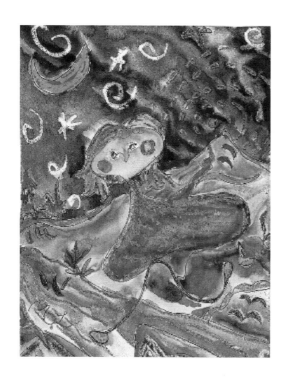

畫作：林明理
（本畫作由「當代
名人手稿典藏系
統」存藏於臺北）

28. 緬懷父親

　　一張陳年泛黃的舊照片，讓我重溫父親的愛。回憶帶著
我穿越平疇綠野，靜靜地走進了兒時舊夢。那裡蟲鳥爭鳴，
泉聲淙淙，油菜花田裡有彩蝶……都在呼喚我的名字。

　　記憶裡的故鄉，那些掛滿枝枒的粉紅或醬紫，那些迎風
招展的絲瓜花與豐美的樹葉裡，最精采的投影在水裡的天，

藍得更清澈，白得更透亮。每當夏蟬嘶鳴或小雨悄悄地來，父親慈祥的跫音，便把我喚醒了……瞬間，他的微笑掠過了我心靈深處的聖殿。那座西螺大橋一如往昔，像個魁偉的騎士，在風中矗立。恍惚中，我聽得見莿桐花樹哼著歌，故鄉的泥土是那麼廣漠而熟悉，每一星光都使我驚喜，每一市集的叫賣聲都讓我安寧。只要閉上眼睛，就能回到那些陽光璀璨的童年，只要撩起時間的面紗，就能看清父親永恆的慈顏。

曾就讀日本早稻田大學法律系肆業的父親，他的膝下有六子，有的曾在美國加州大學教書，有的任職臺北調查局站長、海軍上校、中學教師或自營公司等，直到四十五歲時，才有了我這個唯一的女兒。從最早的記憶起，他就是個精神富足和堅強不屈的人。四十九歲時，曾因肺癆病危，當時家徒四壁，只得靠母親外出工作貼補家用。

雖說我的父親一生並非順遂燦爛，但我深信，他對自己所愛的人一直是忠實的，也擁有悲憫世間苦難的善良。幸運的是，在他克服肺癆及氣喘的折磨後，便努力以赴。印象中，擔任過農會總幹事、土地代書四十年的父親，也喜歡閱讀文學，最終得以含飴弄孫，安享晚年。他用深邃溫柔的目光凝視這個世界，直到七十九歲辭世。

當我就讀女中收到父親的第一封信時，便深深打動了我的心，讀著它，不禁感到溫暖平靜。出嫁的那天，父親為我蓋上頭紗時，雙目微濕，就像早年我北上讀書闊別三年才見面一樣激動。那一刻，父親在我心靈注入的愛，教我難以忘懷。那年，我在大學教書，忽然聽到父親病逝的消息，感到

悲傷莫名。在喪禮上，我聽到教堂的管風琴聲響起，更強化我的痛苦，也回顧起父親生前的種種。父親對我從未有過責備，長年來時時鼓勵我，也為我一路苦學有成，頗感自豪。

而今，宇宙依然遼闊，而時間仍在那裡馳騁發光。當天鵝絨般的月光蔓延瀰漫，成為山巒上潔淨的煙霧，它慢慢照

進樹林，把我思念的心影投射到故鄉的懷抱裡……這時，遠方的濁水溪輝映著夜空的群星，我的靈魂也進入思鄉的深處。對我而言，父親就像一棵巨樹，是把溫暖傳遞給我的一束陽光。今夜，特別想起了父親，願他在天國聽得見我呼喚的聲音。　－2021.05.24完稿

－刊臺灣《青年日報》副刊，2020.08.08，及林明理畫作1幅。

林明理攝影

29. 富岡漁港剪影

　　這一次從海上歸來，坐在富岡之岸眺望太平洋柔柔的海波，遠山也斟滿了相思。我把雲霧撥開，便覺綠島和蘭嶼不再有距離；島嶼在頻頻傳遞相逢的驚喜，蟬聲唧唧不絕於耳，流響出意趣。

　　位於臺東市近郊，北方與花東海岸山脈相伴的富岡村，在這裡，一切都可顯現——風語，碼頭，燈塔，船影，都在不斷呼喚當地舊名「加路蘭港」或「臺東港」的輪迴；而時間卻重覆著像駝鈴般斷續的音旋。是第一道曙光把我的目光轉變成青鳥悠然遨翔於雲天，讓我的思想越過了彩虹深處，尋覓一個同我深情的眼眸的重疊。

　　我似一隻漂泊的秋鷺，輕輕地振翅在港邊，又依傍著防坡堤、聚落。突然眼前一片綠意，紫牽牛花開滿「富岡新村」，開在村民們將它稱為「小石浦村」的山坡小徑旁；那是因為當地的老漁民大多來自象山縣的石浦鎮漁山島。在靜謐花香的路上，驀然回首，我瞥見萬物沉睡於水藍之內，金陽照耀著我雀躍的心；視野所及，那飄閃的浪花恰如森林小夜曲或愛情的弦音，藏匿於大海的幽謐間。

　　啊，多麼美麗的風中之花，舞蹈於一個臨近富岡漁港的阿美族部落「巴沙哇力」的土地上，我在晨光中等待，等待朝陽徐徐爬上海平線。再一次遠離城市，向著巴沙哇力的純淨，深邃張望。恍惚中，聆聽到部落長老們對吟，當熊熊的營火升起，族人開始歌舞，溫暖了多少遊子的心；而族人的古老故事熠熠生輝，如星光照影，讓夜驚嘆。

　　在這座朝氣的海疆上，我不想拂拭什麼，只想像出航的聲音是漁夫世代的傳唱，而令人感動的是，富岡漁港保持隨性而安的激情。雖然它不是臺東縣的第一大港，但每逢觀光旺季時，遊客如織，視野所及盡是鋪上光彩的波浪。淡季時，這寂靜的水域，潮聲仍不被俗事所打亂，世間塵埃也在天水之外；漁民有的忙碌於油漆船底，有的忙於補修漁具。在我的記憶裡，即使不是旅遊旺季，那悅耳的潮聲，盈盈的海水，隨風飄來，總在小小的心舟泛成音符。

我喜歡美國詩人伊莉莎白・碧許寫的《在彼漁行》，它是一首能帶來幸福的圖彩之作：

　　特別是那隻／我每晚都在這裡遇見的海豹。／牠對我很好奇。也對音樂感興趣；／跟我一樣懂得享受全然的沉浸，／所以我曾經唱浸信會的聖詩給牠聽。

　　詩人以歌與大自然的對話，讓我感受到存在於詩背後的詩性光芒，是多麼的樸實無華。今夜，當海平線四周浪尖都成豎琴，我像候鳥般從海面穿出來，聽風訴說富岡村的滄桑與驕傲……但歸根結底，它還是因漁港而美麗，甚至創造了一個獨具海洋風格的漁港奇蹟。

　　　　　　　　　　　　　　－2021.05.26 完稿

　　－刊臺灣《青年日報》副刊，2021.08.01，及攝影作 2 張。

攝影作：
　林明理

30. 與鷺鷥的對話

　　盛夏之日，群山躺在田野之中，染上深淺不一的綠。在大自然的奇妙外表下，我想起了一些溫暖的記憶。我愛凝望——朝陽從海岸山脈頂著暈環堅韌地升起。我愛蒼穹下的紫薇，愛寺院所依附丹霞岩壁、亭台樓閣。我懷念童年街道裡挑擔兒的豆花伯、杏仁茶，那拐彎的路盡頭，一棵老桂花樹依舊挺立著，無數雪白的小花漫飄而落……校園的鐘聲忽近忽遠，刺桐花開滿百年老樹。

　　如今，我望著花間雨露，像布穀鳥掠過潺潺的小溪，搖曳在稻浪的縱谷平原。風在追問杳然的雲朵，遠近的野鳥在山林的背影裡掠過。沿著山徑，一群鷺鷥驀地飛起，畫面是

如此純淨，如此寬廣！在這金色的季節裡，敲響出最深邃的餘音和田野的吟唱。就在那田野上端，一群鷺鷥像縷縷飄泊的飛煙，牠們漸去漸遠……奮翅青空的身影使我顧盼。

牠們就像我久違重逢的朋友，又像山花般飄過梵林，多麼微妙，多麼靜寂，多麼像驚歎的休止音符！而我也慢慢明瞭，為什麼唐朝李白會寫下《白鷺鷥》這樣動人的詩句：「白鷺下秋水，孤飛如墜霜。心閒且未去，獨立沙洲傍。」因為，那最閃爍的飛翔，總是那樣閒靜瀟灑，那麼不諧於俗，深深烙印在我心深處，讓我想和牠們說說話。

記得今年二月初，在花蓮縣門諾醫院壽豐分院旁看到一個大魚塭，蒼鷺三三兩兩，惟有一群鷺鷥齊飛，撥亂了整個水面……留下溪口外一片明霞。最令我印象深刻的是，在太麻里三和海濱公園旁的一個黃昏，牠們自由又純潔的的身影又悄悄地來，永不疲憊地飛在海面上。我緩緩走向海邊，沿著沙灘唱吟，看雲絮的浪花，晶藍的濤聲……外界的一切喧囂不再，唯有幾艘船筏，奮力地駛向岸。哪裡來的這般風景，看牠們穿越山巒，在真實的海濤求取生存的影像，已化為我搏動的心音———是那樣地平和、跳躍、沉醉，心頭也跟著歡快光明。

然後我問道：「我的朋友，大地繫不住你的跫音，縱使度過無數個春夏秋寒。那定是你的投影，點點閃爍，充滿勇氣又自信，但你為什麼喜歡飛翔？」

　　「因為，」有一隻特別轉過頭來，笑著和我打了招呼，「我的朋友，我們飛來又飛去，飄泊本是宿命。而你又是為了什麼而來呢？」牠回答。

　　我望著牠們逐漸消失的亮點，在難以言喻的情緒中，遂溫柔地揮了揮手，說：「嗨～我也想像信天翁般飛得高、看得遠，成為大洋飄泊者。大地給予了我自由，總得繼續飛上青天。」是啊，因為有你們飛翔的身影，是那樣地充滿令人驚奇的喜悅，讓我更熱愛周遭的世界，也更懂得尊重大自然和懷有一顆感恩的心面對一切。

－2021.5.28 完稿

與鷺鷥的對話　　◎林明理

－刊臺灣《金門日報》副刊，2021.06.12，及攝影作 1 張。

攝影作／林明理

31.羅山村風情

夏風吹拂福爾摩沙，吹拂往日的遐想聯翩，心卻跟著風
兒飛馳，輕輕地越過花蓮縣富里鄉山麓，越過無數綠野平
疇……像隻自由歡快的黑鳥，一邊盡情飛翔，邊吹著高亢而
悠揚的曲調。「羅山村」以其溫暖而動容的身姿，讓我又重溫
一次舊夢。

今年春天，當地舉辦一場「縱谷原遊會」，將各式部落飲
食文化、生活工藝與音樂集結，激起我再度前往遊歷的興致。
猶記得，天空清澄而美麗，梯田與山巒互擁，而我痴迷於美
的純粹與清淨，痴迷於溪流的音韻和秀麗的山色。這是一處
火山斷層帶上的聚落，它的閃光時時在我的夢裡交織，就像
每一次惜別星辰的回眸。

　　回憶起多年前初識的那天，我曾在溫老太太土埆厝屋簷下歇息。那是一座紅磚老舍，古樸而懷舊；另有濃郁的手工豆腐，是用當地泥火山的鹵水代替石膏凝結而成，再以傳統老灶燒柴的方式，將豆汁慢火熬成豆漿，前後耗費六個多小時，才能製成獨有的「泥火山豆腐」。聽老太太這麼一說，不禁食指大動；那淡淡的豆香味兒，還有樸實的梅乾肉、菜脯蛋、青菜等，每嚐一口，都是幸福。

　　走入羅山村，大地如此純淨。當地村民投入所有的熱情，除了豐富周遭的山水生物，也打造出全臺第一的有機農業村。大約一百三十多年前，羅山村是平埔族居住之地，日據時期起，才有越愈來愈多的客家人搬遷至此。舊稱「笠子坑」的羅山村，早期的居民稱「大魚池」為「大埤塘」，是居民灌溉梯田的用水來源。

　　在瀑布附近的泥火山，當地人稱為「鹽坪」；因為噴出來的泥漿不但含有瓦斯，還帶有鹹味。此外，遊憩區裡還有羅山瀑布、木棧道、跨溪的拱橋、大魚池、露營區等。從大魚池的入口眺望，便可看見碧波盪漾的池面，朵朵綻放的蓮花，背景是一道瀑布飛流直下；而林中的朱鸝、斑鳩、斑文鳥和大白鷺是常客，生長在泥火山一帶的鹵蕨，更是珍稀植物。

　　繼續漫步到高處，極目遠眺，那溟濛純淨的山巒下，可看到花東縱谷間有一大片靜止的水秧田，好似仙境。我在山邊踱步，感覺自己也成了水鳥；時而酣睡於夢裡的小溪，時而歌吟於水田間。霎時，一隻白鷺掠過，畫出一道美麗的弧

線……讓我聯想到唐朝詩人王維在《積雨輞川莊作》裡寫下一段優美的詩句：「漠漠水田飛白鷺，陰陰夏木囀黃鸝。」我凝視，眼前如海的稻浪泛起一圈圈小小波紋。羅山有機村的色澤幽幽地閃爍！

我知道，溪流在舞蹈，天邊那片雲絮已伴隨著一小抹晚霞消融了。在蟲鳥唧唧的奏鳴中，世界在寬廣的目光中會變得更好，而我也將帶著這片鮮活風景，盡興踏影而歸。

-2021.05.29 完稿

－刊臺灣《青年日報》副刊，2021.08.29，及攝影 2 張。

攝影作：林明理

32. 日出美農村

拂曉之前，一輪望月伴著金黃朝霞，大地的一切逐漸明朗起來。一聲雞啼，劃破夜的寂靜。原來為卑南溪舊水道的堆積台地，今稱「高台」的美農村，橋畔的點點水光忽隱忽現；幾隻野鳥掠過，安然自得。

驀然，一隻白鷺立著，望向遠方；有斑鳩溪、萬萬溪通過其間。除了綠草萋萋、一片茂密的竹林，對岸還有幾隻放牧的黃牛，哞哞的叫聲，鼓噪四周的蛙鳴。輕輕地，這隻白鷺振翅飛走了，羽毛散落溪畔，彷彿幾絲村舍的炊煙。

　　我曾多次站在美農高台橋畔或穿過幽徑，看族民如何努力生活，畫出美農村一片富足；看這雨後的寧靜，諦聽各種花朵的歌聲。貼進大地的風是甜的，勤奮的農民輕握著鋤頭或彎著腰身採茶、工作著；而曉月彎垂，還有蟲鳴和雞啼聲……周圍是輕拂而過的蘆葦、花香、鳥鳴。我從未忘記故鄉熟悉的面容，在每一次回憶起的時候，我哼唱的歌聲如鵲鳥。

　　風徐徐地穿過美農村的每一條巷道、田裡的茶園、咖啡樹和釋迦園等農作物。我欣見風兒為我守候，訴說這片沃土有多麼靜好！它讓蛙聲、鳥聲、蝴蝶，從風中來，暫時淹沒了卑南溪河階上的每一寸喧囂。它讓一群紅嘴黑鵯，繞過山林與溪流，俏皮地停在一棵樹上，四周的音樂就此展開了。

　　當四季的芬芳由遠而近，美農村便時常在綠蔭間閃現，全都框進我的眼眸。在花蕾的影像投射於美農高台的光芒和野鳥飛舞於田野之中；它便抒情地揚起愉悅的歌謠。

　　我喜歡這裡的寧靜，彷彿聞到了家鄉的泥土味。百鈴花紅了，串錢柳、月桃花也陸續綻放。還有合歡和大葉溲疏，它們淋雨經霜，泛出深淺不一的顏色，讓我的眼睛閃爍著童稚的快樂。徜徉在山徑上，聽得見溪流輕輕哼唱故鄉的小調。從賞花到吟詠，從高台到橋頭，我聆聽紅毛草說話，也喜歡那些田野和搖閃而過的蜂蝶。

　　美農社區是卑南鄉飛行傘運動場之一，社區內有無毒農場、陶燒工作坊和客家人的美濃冰品等景點；而鄰近的花環

部落學校是卑南族人彼此學習的場域，偶有舉辦卑南族藝術創作及成果展等活動。

　　當晨光鋪滿溪谷，忽地，傳來了夏蟬的叫聲，使我的遐想更為生動活潑。有烏頭翁、紅鳩等野鳥掠過，抑或雀躍、抑或超然在天際遨遊。歸途，哼著山歌的紅毛草，瀰漫在空氣裡，捎來愉悅的信息……四面屏風從我跟前溜過。我像綠光裏的羊，把腳步放慢。只要用眼睛，就能看到這裡的樸素與純淨；只要用耳朵，就能聽見它既不喧囂，也不矯飾的聲音。在山巒的彼方，一條路連接無盡；當我回首的那一刻，美農村的光芒，穿越周遭的靜寂。　　－2021.06.01 完稿

－刊臺灣《青年日報》副刊，2021.08.15，及攝影作 3 張。

攝影作：林明理

33. 巴喜告抒情

　　第一次被巴喜告（Pasikau）唱出的頌歌所觸動，是在雨後朦朧的拂曉中。它正沿路走來，用古老而莊嚴的布農語向我熱切地問候：「Adu masial kasu？你好嗎？」我回答道：「我很好，我的朋友。」然後，很有默契地相視而笑。

　　天光漸亮。延平鄉桃源部落的布農人在鳥聲中醒來，美麗的洛神花在田野絢爛綻放，族民開始在土地上種植香蕉、鳳梨、翼豆等蔬果。這一刻，山巒在等待風的寄語、鷺鷥群的平行遨遊……而山野的蝴蝶是宙斯最精緻的巧思。

　　車過瓦剛溪，稍微在松楓橋停駐片刻，然後沿著這條路到巴喜告。居住在這裡的布農人約是一九四三年遷徙至此地

的後代；光復後，因村裡盛產桃、李等樹，而命名為桃源村。這是個迷你又充滿藝術氣息的部落，而桃源國小是布農族的原住民教育重點學校，尤以出色的原住民文化設計課程，備受各界矚目。

　　我喜歡在巴喜告悠然漫步，如伸向天空的長頸鹿，看千朵萬朵雲兒掠過，從綠油油的谷地到一片氣息清香的田野之中；喜歡諦聽布農人用優美的和聲演唱一首「祈禱小米豐收歌」pasi-but-but，對他們而言，這是既聖潔又莊嚴的祭歌，也是全世界獨有的歌謠。

風吹過這片族人用心守護、堅實的土地上，吹過每一戶家門，每一個街角……在這裡，時間彷彿靜止不動，黎明姍姍來遲，但山風清涼。當陽光照亮了整個中央山脈，照亮了桃源村、幅地小而整潔的桃源國小。我看到被鳥雀簇擁的校園裡有孩童在練球，佈告欄上貼滿小朋友天真的畫以及穿著傳統服飾的布農小女孩甜甜的笑容……讓我的心著實感動。

我看見周遭群峰崢立，雖然一片靜寂；但還是會有星光和歌聲、純樸和希望，還有巷道上布農人的笑語。村裡有許多勇士的木雕，都挺直站立著；還有一棟五十多年歷史的延平郵局，房舍牆面的彩繪別具特色。

信步到鄰近的蝴蝶谷，偶見紅嘴黑鵯在隱約的樹蔭裡活潑跳躍，我便止不住內心的喜悅。行至橋畔，眺望蔚藍色的雲朵，看白鷺鷥剪水，看鳳蝶、蜻蜓翩飛……恍惚中，我聽見了布農族耆老在尋找兒時記憶的低語。我聽見了小水潭的潺潺水聲向著桃源村，

循環往復。我聽到了山林任由季節的更迭，仍用深情的目光守望著。

而我深信百年以後，這美妙的山谷——在鹿野溪和鹿寮溪的中上游一帶，在山峰與溪谷之間，仍有族人歌舞著，恰似時光在歌唱。今夜，當新月斜掛在繁星的天邊時，部落的小孩在夜空下睡了，有溫柔的母親為他們蓋上了被子。我祈禱，狂野的風或沒由來的大雷雨，都離得遠遠的……只有窗外的月光，才能讓我重複地說出單純的想念。

－2021.06.03.完

－刊臺灣《青年日報》副刊，2021.09.12，及攝影作 2 張。

攝影及畫作：林明
理（此畫由臺灣的「國
圖」存藏於臺北）

34. 鯉魚山踏青

　　無論是微雨或和風麗日的清晨，我喜歡走在鯉魚山公園
的寧靜中，呼吸著樹林的氣息，聽蟬聲唧唧在古木的樹梢。
步道上，不見花紅柳綠或噴泉小橋，卻喚起了我親切的情感；
恰如這片木槿花開遍公園，樹鵲和烏頭翁唱出我最純粹的感
動。

　　拾級而上，景物越發明晰，蟲鳴繞繚耳邊。我願是那朵雲，重尋記憶裡青澀的童年；在山頂上如此飄然，歡悅的往事還有校園的驪歌聲，加深了我的思念。我穿過濁水溪畔去尋覓童年的天真，那夢裡的小河是個愛唱歌的小孩，音色細緻而堅韌，鳳凰木旁還藏有孩童們的笑聲。

　　當草叢裡的花斑鳩和溜下樹來嬉遊的小松鼠一同入鏡拍攝時，風的裙步跟著踏響了樹林，童年的記憶也化成一片片寧靜。我把縷縷晨光剪下，鐫刻在樟樹上，然後從山頂上俯瞰臺東市區；恍惚中，我看到了年代久遠的一些舊事，也看到了胡鐵花紀念碑、忠烈祠、碉堡和砲臺。若天氣晴朗，從這裡還可遠眺蘭嶼和綠島。

　　風悄悄地告訴我，這座山地質構造為卑南角礫岩，因其外形似鯉魚而得名，俗稱卑南山，馬蘭社阿美族人則稱之為「鯉魚山」。雖然高度約七十五公尺，卻是臺東市區的重要地標，也因「清臺東直隸州州官胡鐵花紀念碑」而多了些思古幽情。

　　歸途，晨間運動的兩位老人家不談颱風或天氣的好壞，只在百年老榕樹下散步或做做健身操，舒展一下筋骨。而我開始想像，自己好似一匹棕馬，走在原野上，在山坳間尋找，在彎曲的步道或小山村裡尋找；在翻飛的歲月裡，在臨海的沙岸尋找，尋找那一座曾是馬蘭阿美族傳說中提起的海上的大魚「Kinafaragaw」，他們取其音，後轉音為「baragau」，稱之為「鯉魚山」之地。

　　最近才豁然明白，原來馬蘭社於日據時期即為臺東平原人口最多的阿美族部落，族人曾三度遷徙，在古拉斯•馬亨亨頭目率領下，由鯉魚山東南山麓遷至現今的馬蘭部落。我循著指示尋訪到這聚落的舊貌，細讀其地名的由來與諸多傳說，如今這座公園已換成耀眼的地標；那步道沿途樹林的每次顫動，都是美麗的靜默，也是我永遠的凝思。

　　讓我登高遠眺，記住這裡的景物，也讓心回歸自然；它有著古文化的痕跡，也有獨特的地理風貌。讓我用一首歌同它道別，如逆光飛翔的瓢蟲——從空中俯瞰如魚形的鯉魚山，它是臺東市區最大的綠地，其公園連結著舊臺東火車站，也鄰近臺東鐵道藝術村（簡稱「鐵花村」），是市民最佳的休憩區之一。我聽到了風中鋪敘許多古老的傳說，那是自由的格律，比風笛還悠揚……這一瞬，時光縮影，我感到自在逍遙，還把鯉魚山的影像寫在我的日記之中。

　　－2021.06.08 完稿

　　－刊臺灣《青年日報》副刊，
　　　2021.08.22，及林明理畫作
　　　1幅，攝影作 2張。

攝影作：林明理

35. 漫遊二層坪水橋

　　生長在鹿野鄉大多數的村民在小時就已經聽到過二層坪水橋的故事，據說，五十多年前建造時，當地農民憑著鋤頭、扁擔、畚箕，用人力挑石墊高水路，艱巨地完成了圳水輸送任務。但歷經半世紀，圳路多已損壞。這個故事在農田水利會、水保局、鄉公所及當地居民多方努力下，已有一個愉快的結尾。他們將原來的舊水橋改成拱橋加上古樸風的仿古紅磚，水橋兩端的橋台擋土牆，則用陶板凸顯了農村特色及先

民開墾史。除了保有原灌溉功能外，橋拱下也加設一排燈光，營造為公園，長度達四百二十三公尺。

這座水橋的歷史像一個幻燈，它在昔日的開墾背景上，放映出感人的片子，說明那些造福社區的先民和勤奮的族民在怎樣走著荊棘路。而這些彩繪圖片或鐫刻在水橋牆的傳統客家山歌（平板）把那個年代的故事都反映給我們看。每字每句只用短短數十字，但是它卻代表水橋的歷史——充滿了艱辛和光榮的一生。

當我在二○一六年六月四日看到為慶祝重新建造的水橋而舉行「稻浪飄米香，牽手護水橋」活動時，我歡呼，因為我相信，昔日的山歌仍然是活著的。通過這些歌，過去先民的努力和齊力建造也獲得了榮耀……彷彿走過光榮的荊棘路，現在的水橋上已矗立一幅貴重的彩繪畫。

當我站在鹿野鄉瑞隆村坪頂路旁，暢飲二層坪水橋的陽光，看如海的稻浪泛起一圈圈金色波紋；那一瞬，特別感受到，原來眼前這片優美而遼闊的田野或休耕時的波斯菊花海、油菜花田，大多是由當地居民開墾耕種，也保留至今的純淨美好，不禁高呼著：「這真是美呀！」

我看到遠方的白鷺冉冉飛過，畫出一道美麗弧線，看到普悠瑪火車馳騁的身姿……回首看水橋，它的身影看起來像環繞著鄉野的一條燦爛的光帶。我知道溪流在舞蹈，天邊那片雲絮已伴隨著一小抹晚霞消融了，而這座水橋——與周遭

景色通體諧和，融入我的眼裡，顯然是一座美麗建築。它快樂而自由地待在田野，也融入我的心底，讓我每每憶及，久久難忘。

　　　　　　　　　　　　　　　－2021.06.09.完稿

－刊臺灣《馬祖日報》副刊，
　2020.07.06，及攝影作 3 張。

圖：臺東市邱聰安律師的書法手稿

36. 邱老和他的墨寶

　　大概從邱老律師聰安先生贈予珍藏數十年的墨寶開始，這幅「心經」就成了我的最愛之一。年逾古稀的他仍不懈地為民喉舌，服務於臺東市民及擔任醫院等法律顧問之職，據說他夫人善畫荷花，而邱老的書法也有「出污泥而不染」的氣質，可以說，賞這幅字帖，如透過心量通達智慧在莊嚴清越的梵唄聲中，給人以超脫的靈秀之美。

　　我與邱老相識於兩個月前，那時我和他一見如故，也因而得知他出生貧苦但熱愛文學，憑著刻苦奮勵的精神考取律師並飲水思源、回饋鄉土的成就。

　　但邱老的成就，並非偶然的。我覺得，這得歸功於他自幼飽讀詩文，又極注重修身養性。除了溫文儒雅的外表，也有一顆悲憫無私的心。他曾經表示：在學習書法的過程中，師承某位前考試院院長，沉浸筆墨，日益精進，進而細細憬悟到心經之奧妙；這對於他在為人處世方面，也有著很大的助益。

　　如今，我把這幅字帖裱在琴房的牆壁，每唸一回，彷彿禮敬三寶，被聖潔的音樂所觸動，感觸良多。我無法參透我所遇到的，也無法細述人間邂逅。但這幅「般若波羅蜜多心經」是佛教經論中文字最為簡煉卻廣為流傳的，它減輕了我的妄想，把我的思緒化為歌曲，讓我心懷感恩，學習感恩。

它讓我忽而想起遊走在梵音迴響的山寺裡，在冬日群鳥啼鳴的晨光下……那梵音越深入心的深谷，越瞭解真實的自己。

　　啊，今夜月光如水，迴盪出最悠遠的梵音繚繞。那山花，那暮鼓晨鐘，讓我細細傾聽，顯露平常的輪廓，在我的思念中。

　　－2020.9.30 完稿

—刊臺灣《更生日報》副刊，2021.06.10，及臺東市
邱聰安律師的書法手稿 1 幅。

2009 年，作者和丁方教授於佛光山美術館
畫展中在其油畫前合影

37. 丁方教授和他的油畫

*林明理博士

你從高原和山脈中走出來
　為了每一道風景敘事
盡了畫家的責任

更為大地歌頌
　　從陝北到絲路
　　從黃土高原到千溝萬壑
那些畫面
全納入心靈裡
也加注了藝術的深刻印象

　　　　註.丁方（1956-），陝西人，現任中國人民大學藝術
　　　　　學院院長、教授、博士生導師，義大利卡拉拉美術
　　　　　學院院士，是當代難得的學者畫家。其作品曾在高
　　　　　雄佛光山寺美術館與其他中國知名畫家聯合展
　　　　　出。筆者在兩岸畫家研討會中發表有關蔡友教授的
　　　　　簡短畫評時，適巧與丁方教授認識。在參觀其油畫
　　　　　作品前與之合影後，深感其作品交織著輝煌和堅韌
　　　　　的生命意志，貫穿著審美的、發乎本原的靈性為精
　　　　　神。最特別的是，此油畫與宗教精神有觀，畫中的
　　　　　景觀是高僧到西方取經跨過千山萬水的必經地
　　　　　帶，而山峰的壯闊，著實給人以精神上的啟悟，讓
　　　　　我印象深刻。因而以詩致上敬意。

— 69 — 大海洋詩雜誌

左起：林明理博士、Prof. Ernesto Kahan、Dr. M. Rajaram
合影於2015年11月6日花蓮。

切了，因此，它藥起了讀者感情上的強烈共鳴。

2015年第35屆世界詩人大會在花蓮舉辦，大會前，巧遇了拉加蘭姆〈Dr.M.Rajaram〉和Prof. Ernesto Kahan，這使我感到分外驚喜，也獲得這本讓人耳目一新的課詩集。我不僅讀到了他精彩的詩句，也在會場上聽到了他精闢的演講，我深信，拉加蘭姆的詩探索，可潤付出了心血，並使自己生命的律動綻放出詩情的花朵，他同時獲得了歲月感悟，也對國際詩壇做出了有益的貢獻。

丁方教授和他的油畫

你從高原和山脈中走出來
為了每一道風景敘事
盡了畫家的責任
更為大地歌頌
從陝北到絲路
從黃土高原到千溝萬壑
那些畫面
全納入心靈裡
也加注了藝術的深刻印象

註：丁方（1956-），陝西人，現任中國人民大學藝術學院院長，是當代獲得的學者畫家，義大利卡拉拉美術學院博士，是當代獲得的學者畫家，其作品曾在高諸佛光山寺美術館與其他中國知名畫家聯合展出，筆者在奉序畫家研討會中曾與多位藝術友教授聯誼時影後，深感其作品交織著斑斕和堅韌的生命靈忘，實影後，適巧與丁方教授誼誼，在參觀其油畫作品的與之合此油畫與宗教精神有關，畫中的靈性為精神。最特別的是穿著蕃美的、發乎本原的靈性為精神，畫的視域是高懂到西方取躑跨過千山，萬水的必經地華，而山緣的壯闊，悟，讓我精神上的啟條深刻，因而以詩致敬意。

2009年，作者和丁方教授於佛光山美術館畫展中在其油畫前合影。

－刊臺灣《大海洋詩雜誌》，第 103 期，2021.07，頁 69。

林明理攝影作

38. 在日出的加路蘭

　　夏日帶著文殊蘭香氣罩在偌大的草坪旁，晨露殘留未散。我在虛空裡逡巡——那失落的浪花，還有從歌雀銜來的漿果，闖入了我的眼眸。瓊麻、可可椰子恆長著，蟲聲騷動。一隻枝頭的烏頭翁忽地躍起，風聲、濤聲，趨於寂靜。

　　加路蘭（Kararuan），一個原為臺東空軍建設志航基地機場時的廢棄土置場，經多次規劃並以生態工法開發後，如今已成為美麗的休憩區。它是如此純淨，如此寬廣，又不經意地向著我的靈魂張望。在靜寂的灣流中，在珊瑚的謳歌裡，在來自花蓮港口部落阿美族伊祐·噶照所創作的裝置藝術《月亮住在海裡》旁，我的心撥弄的詩琴，跟著徜徉在深藍的海

岸，任時間緩緩停泊在那個迎接第一道曙光傳遞幸福的喜悅。

　　而我的影子在風裡追逐──追逐搖晃在雲層裡的隴頭雲，還有落葉與鳴蟲。又有誰能描繪出這片樸實無華的美麗與凝視？於是，我沿著海蝕和奇形礁岩星羅分佈的岸邊，愈走愈遠，終於停駐在草坪上細細望著由屏東馬兒部落的排灣族達比烏蘭‧古勒勒所創作的《旅人的眼睛》旁。恍惚中，我看到藝術家用最真摯的話語告訴了我：「能真誠面對自己，一片汪洋，即是一首詩或一幅畫。」

　　那一刻，我聽見濤聲就在前方，彷若一切困厄全都跟著漂走。我聽見聲聲呼喚，來自都蘭山，那是歌──牽著我，像個母親，溫煦的目光輕輕地凝視著我。但願明天，那伴隨在星海的浪花又欣然在浩浩大海上白閃閃的，在我憩息的地方，圍繞著我奏樂。那聲音，時時在心中閃爍……是動中的安寧。

　　　　　　　　　　　　　　　　　　　－2021.06.16.完稿

　　－刊臺灣《金門日報》副刊，2021.07.04，
　　及攝影作 1 張。

林明理攝影作

39. 加路蘭的晨歌

在朵朵浪花和歌聲間
我的詩琴撥弄著。我喜愛它
遠甚於那些瑰麗的岩貌，
只要時間緩緩停泊於
曙光中珊瑚謳歌的所在，
或將喜悅傳遞給群山，
還有落葉與鳴蟲。

它是如此純淨，寬廣而不羈，
比想像中還要真實——
美麗千倍的美景。
有月懸在雲間，
有風笛吹起相思…

而遠方冉冉升起的太陽
是我浮出的燦然的笑。

　　注.「加路蘭」原為臺東空軍建設志航基地機場時的廢棄
土置場，經多次規劃並以生態工法開發後，如今已成為美麗
的休憩區。

　　　　　　　　　　　　　　　　　－2021.06.28 完稿

　　　　　－刊臺灣《笠詩刊》，第 344 期，2021.08，頁 127。

林明理畫作
（畫作由臺灣的
「國圖」存藏於臺
北）

40. 重生的棕熊

空曠山脈的邊緣，──
春天，歌聲輕輕掠過
雪、土壤與樹，
萬物也融洽於一切靜寂。

噢，美麗的珍博莉娜，
在岩間微笑，像陽光般
閃耀，還輕吻了星辰，
同小花沐浴於廣野。

她探出身子，──看見

雲躲在微曦裡。接著對風
說說話，驚喜的神情…
…彷若大地的史詩。

　　注.報載，今年十二歲的母棕熊珍博莉娜（Jambolina）
　　　　生於烏克蘭，之前都生活在馬戲團的籠子和表演
　　　　場來回；因疫情造成馬戲團經營不善，幾經波折
　　　　及國際動保團體出面救援，如今，牠已在瑞士阿
　　　　爾卑斯山脈的大片土地上，擁有了自由的天空，
　　　　因而有感為詩。

　　　　　　　　　　　　　　　　　　－2021.6.27.完稿

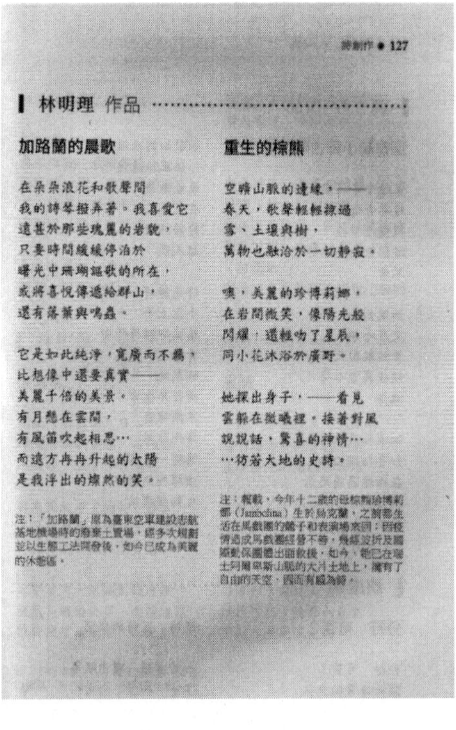

－刊臺灣《笠詩刊》，
第 344 期，2021.08，
頁 127。

攝影作／林明理

41. 初識中平部落

　　一個清晨，驅車來到了屬於秀姑巒溪流域集水區範圍的卓溪鄉中平林道，沿著一條鋪著柏油綿延的山徑，步向一大片蔥蔥鬱鬱、野鳥疾飛，可以隨心而行的小路上……恍惚中，

一下子便接通了我的童年夢想。

　　我的童年也待過像這樣寧靜的地方，不過我現在已無法再看見牛拉車拖犁、往來的農夫駕著板輪牛車在路上了。聽說這裡昔日稱為玉里林道，伐木作業主要以低海拔雜木及中海拔扁柏、臺灣杉等樹種為主。而今山中已無運輸木材的車輛穿行，只剩下煙霧裊裊的青山，步道兩邊的樹林在一片綠意盎然中倒也顯得生氣勃勃。

　　休憩片刻後，我便來到鄰近的太平村中平部落（Nakahila），一路上映入眼簾的是蜿蜒清澈的小溪，空氣中混雜著山林與小米結實纍纍的氣息。風在招喚，雞在鳴啼，群山背景下的屋宇、聚會所、教會，一畝畝田野，還有孩童把這裡多為布農族的傳承歌謠，唱給大自然聆聽。

　　歌聲純淨如雪，讓風兒忽然靠近了……而童年在戶外野趣的體驗也閃現了。歲月讓我再次聽到風兒裹著小米清香，為我引路，再慢慢告訴了我，這部落的祖先主要來自南投拉庫拉庫溪的 Katungqalan 社，以及他們的姻親 Nangavulan 社。讓我的心如此幸福，沉浸在這部落的純樸秀色裡。

　　在我的初識中，這部落有著水一樣的純淨、質樸，讓一代代孩童如大樹靜靜地挺拔、茁壯。布農阿嬤像大地般自然，又像山谷裡綻放的野百合堅毅、素雅；布農爺爺則像太陽般，恩慈、豁達。而那些神奇傳說，感天動地的八部合音，是蒙太奇式的永恆畫面，讓布農族獨特的生命力得以不斷地向善

向上。

　　當我踏進卓溪國小操場時，我記得，在中平部落裡有位曾經擔任卓溪國小民族教育支援教師的布農族人沙力浪，曾書寫許多對部落的文化記憶，以及對土地的關懷。在週日的陽光下，我看到孩童可以在操場和喜歡的小朋友一起打球或盪鞦韆，偶爾，我聽見了一兩聲村狗的叫聲，又復歸於寂靜。

　　忽地就想起了友人說，東華大學校長趙涵捷獲頒史懷哲人類貢獻獎。據說，趙校長為東部偏遠地區學子投入了心力，並帶領師生一同造福鄉里。

　　這無意中聽聞的一段故事，或布農族人在時光裡尋找生命的源頭、遷徙所引發的生命故事，都在這段時光裡收攏、凝聚，而成為回憶中珍貴的片段。

　　除了感動於那些默默為偏鄉孩童付出心力的人所發出智慧的異彩，也讓我竭盡想像雕塑心中的畫面，或者用心體會這部落中族人的努力；或者，慢慢感受族民在此棲息耕作、繁衍生息與遠離喧囂的恬靜，也是一種平淡的幸福。

　　　　　　　　　　　　　　　　　　　　－2022.04.14

－刊臺灣〈青年日報〉副刊，2022.05.01
及攝影作 2 張。

畫作及攝影：林明理
（此畫由臺灣的「國圖」
存藏於臺北）

42. 憶南竹湖部落

　　清晨,從樹冠層透射下來的縷縷陽光,把大海映得金燦燦的。許是推湧的浪花呼喚,讓我細細傾聽,那曼妙低吟的聲響。

　　我從台十一線海岸奔來,像是初次飛臨的雀鳥,笨拙地飛舞,適巧進入了長濱鄉南竹湖社區。我將臉倚在活動中心前,瞻望這個依山面海的部落。它的原名「Pakara`ac」(阿美族語:巴卡拉阿滋),是以其先民在溪邊發現罕見的白螃蟹和第一任頭目的名稱合併而得;因而,「白螃蟹」最能彰顯部落的象徵。

　　我看到社區裡的族人用心打造一些裝置藝術,也種植花草和蔬果。無論是傳統舞蹈、手工藝品、咖啡,或是他們的一個微笑與期待,都讓我知道,世界在寬廣的目光中會變得更好。

　　沿著小徑走,我慢慢譜寫部落的故事。瞧,奮力滋長的翅果鐵刀木,莖頂的鮮黃色花序是那樣生機盎然,為這排家屋帶來幸福的圖彩。那座白色南竹湖天主堂在青山白雲的大氣中又是多麼聖潔光耀!而部落的聲音像首詩,橫跨時空,它歌給四季,歌給椰林、沙灘和山林……音調盡是溫柔,是祝福。

　　輕輕地，緩下腳步，便聽到了山的低語，風在舞踴。那一瞬，我不禁在教堂一隅旁聽——族人出於純良的、坦承的本性，率情而歌的聲音。那歌聲，竟喚起了我已淡忘數十多年前與父親手牽手去做禮拜中唱頌讚歌的柔情，突然覺得這也是一種幸福。

　　「你們要走了嗎？」有一笑容可掬的老婦親切地問。

　　「噢～不，還要一會兒，這裡真好。」我向她揮手致意。接著，風兒與我在巷弄中穿行，它開始講述這部落的每一細節。恍惚中，戰後初期的南竹湖天主堂影像逐漸顯現，有外國傳教士在部落裡發放麵粉、油或麻布袋、衣服等物資……這些陳舊的往事是部落裡老人家的共同記憶，也是這座天主堂迄今仍為族人信仰之所在。而今，這些遙遠的往事泛出些微幽光，卻讓我領悟到，這座面向大海的教堂，裡面有溫暖的光，有從不間斷地守護族人的傳教士，族人也愛這個教會，這就夠了。除此之外，部落裡有許多極富活力的族人更在風味餐和皮雕工藝上不斷學習、精進，讓旅人都留下深刻的印象。

　　在望不盡的海岸之前，車駛向出口，就會看到一大片金色沙灘。當海平線四周的浪花都成豎琴，一遍又一遍地彈出希望和歡送，直入我深情的眼瞳。走在寧靜中，陽光淺淺鑲在海面上……遂想起年少時，我也曾洋溢著夢想，而今那曩昔之夢變成海潮，微細的回憶緩緩向我湧來。我記得父親的

容顏，也感覺到了教堂的樂音中那種平靜與安詳。啊，這一天，何等欣喜。我決定下次再多留片刻，讓這美好的記憶更豐富溫馨。

－2021.06.29 完稿

－刊臺灣《更生日報》副刊，
　2021.11.29，及林明理畫作
　1 幅，攝影作 4 張。

攝影及畫作：林明
理（畫作由臺灣的「國
圖」「當代名人手稿典
藏系統」存藏於臺北）

43. 秋在比西里岸

　　一個暮秋的午後，比西里岸（Pisirian）深情地向我呼喚：
「到這邊來吧！」於是，我遠從新站出發，沿著台十一線成

功鎮海岸公園驅車直往三仙台北側，在一處原本只是一個僻靜的靠海小漁村與你相遇。在大海面前，我匆匆留下一吻，好似歸雁，對雨過天晴久違的春天。

風兒告訴我，你已久候了多年。是的，你永遠像幾米畫裡那些沒說出口的心意，而我的眼眸不住地凝視，永遠像雲般深情。

自從這裡的阿美族年輕人凝聚更多的共識，規劃出社區的比西里岸文化中心後，部落由內而外開始蛻變了。原稱為「比西里岸」，有放羊之意的部落，在一九四七年受颱風侵襲、損毀，已遷移到山腳下的海邊定居，遂改為「白守蓮」部落。這裡有阿美族特有的居住文化，有風傾訴著族人愛情的話語，有浩瀚的太平洋，群山依依，是座純樸又溫暖的家居。

站在眺望海景的觀景台，視線的右方，有巨龍般的八拱跨海人行步道橋，宛若蟠臥在海上；而阿美族人也流傳著三仙台藏有守護神「及發烏安」海龍的故事，讓人禁不住對這個帶有熱帶島嶼風情的小漁村，產生無限夢幻的遐想。

再往部落裡走，便看到一些以竹雕或漂流木等製作成引人注目的裝置藝術；此外，在部落的各處牆壁，還有數幅充滿創意的幾米畫作。這一切，讓我在信步閒逛間，像蝴蝶徜徉於大地，重新笑了。

恍惚中，礁岸旁的羊恣意地跳躍著，小白兔玩耍於小海灘，幾米畫裡的孩童與貓都加入了躲貓貓的遊戲……而背景的大海成了最美的動畫。當每年豐年祭在夜晚揭開序幕，族人開始起舞或歡唱時，歌聲熱誠而俊美。你會聽到我的祈禱，如月亮皎潔……音樂底下流溢著恬適而安謐的情懷，在塵世煩囂之外。

我看到三仙台停車場左側有塊大標示，記載著這裡曾是早期族人養羊的地方，也是長期以來捕魚和採集海鮮的場域。瞧，沙灘上的花，在你的懷抱裡緩緩盛開了。我在飛翔，清風吹拂，眾鳥騰躍。比西里岸的純真，無法忘卻……這是你孕育的族民，這是你熟悉的海的味道，這是你飛翔過的海域與天空。在你嬉遊過的礫石海灘上，我昂首向天，風兒雖吹亂了髮絲，但舒爽而適意，每一處生物都記得你的容貌。

啊，比西里岸，在我們即將分別的時刻，空中忽然飄起細雨。不知怎地，我又止不住一再回首，去看看部落裡斷殘的瓦片和一些斑駁朽頹的牆，又喚起了某種情感。笑著揮了揮手，轉身後，你終於消失在小路的盡頭……像是美麗的邂逅，又像是夢。我盼望，今年九月初，族人再度舉辦慶典；那些星星是我的眼睛，它們期待你雄壯高歌的歡樂。

－2021.06.30 完稿

　　－刊臺灣《青年日報》副刊，2021.09.26，及林明理
　　畫作1幅，攝影2張。

林明理畫作
（畫作由臺灣的「國
圖」存藏於臺北）

44. 金剛大道的隨想

　　在溫婉的風和夢寐在長濱鄉的光亮之中，我將串起的驚嘆變成反覆吟唱的情歌，延伸到臺東縣最北方的一個鄉內居民以阿美族為主的故鄉。

　　在那裡，我走向它，有寬闊的梯田，風光俊朗清逸。那

湛藍、詩意極濃的海洋重覆著歡快的音節，一遍遍吟唱……
好似母親溫柔的眼眸。在那裡，白鷺鷥凌空飛翔，金剛大道
兩旁的稻穗隨風搖曳，還有溝渠流動的聲音——它的美是奪
目的。而東臺灣「米倉」之一的長濱鄉，當地人情味淳厚，
永遠在前進的風雨中，迎向光明的世界；比想像更美好，比
松柏更繁茂！

　　鄉內約七千餘人，雖然人口逐年遞減，但我愛這些古樸
的村落。愛上位於長光梯田附近的一片片山高林密，遠看像
一隻猩猩卻絕美夢幻的金剛山；長年雲霧繚繞的山泉、溪流
也像一首小詩那樣歌著。恍惚中，我看見古老的聚落住在海
邊的洞穴內及岩蔭下，沉浸在靜謐的星夜裡。這裡也是長濱
文化的發祥地，古老的風訴說著舊時代的故事；而那些岩峭
壁或鬼斧神工的海蝕洞穴，也提供了美的感動。

　　再次漫步金剛大道，是在結穗的時節；而我以一種海燕
之姿，輕輕越過一片浩瀚稻浪，聽大海聲聲招喚，相思如飛
雪。多美的黃金稻田啊！它一直向海延伸，風中傳來樂音，
有散漫不羈的味道。徐風吹拂我的臉，轉身回望，便已忘情，
隔絕了外界所有的煩囂和瑣碎。

　　當萬物領受陽光奔放的熱情之際，金剛山卻被雲霧遮掩
著。天空中的鳥雀跟在我身邊飛馳，雲朵也微笑了。我察覺
到蜻蜓在溝渠旁飛舞，也傾聽到烏頭翁、蟬的歡鳴。歸程，
在長濱鄉一個舊稱「加走灣」——阿美族語意指「守望台」
的地方，我看到海面上有漁民正在小舟上忙著捕魚。站在高

處看到這畫面時，忽然覺得，努力過生活的人是這樣可敬！眼看晚霞片片，我的心就徜徉於山海之中。

路經重安部落時，我好奇地跟著下車。沿路走到一個小溪畔，有族人在家屋前閒話家常，有戴眼鏡讀報的老人家，還有一個老農提著農具正要回家，看起來也是一處很純樸的阿美族部落。風兒笑著說：「這裡的青年近年致力於部落的傳統歌謠，包含搗米歌、採藤、豐年祭典及迎賓等。」它的話語音韻優美，如大地亮閃的雪花……讓我隨著風聲，彷彿也都聽見了。聽見那原始的風的合唱，變成了我們之間崇高的交流與最美麗的感動。

夜色越來越濃，我依舊做著旅人的夢。只在夢中，我的影子帶我游動，直到日落金剛大道綠稻展揚前，再把時間折疊。夢裡，用眼睛隨著飛逝的小船，海洋撩起億萬年來的寥寂，聲音卻美妙無比……我感到莫名的幸福。

－2021.07.01 完稿

—刊臺灣《中華日報》副刊，2021.09.12，
及林明理畫作 1 幅。

藍磯鶇

林明理：攝影作

45. 成功鎮剪影

　　拂曉時分，風掠過台十一線閃耀的海面，掠過形形色色的地質文化和風貌。天空如此空曠神奇，但我能看到的，不只是美麗的天空以及透明純淨的風。就像這次走向成功漁港，風慢慢穿越湛藍的大海，掠過漁船和燈塔的寧靜中；我卻出神地望著港口的遠景，卻冷不提防地被一隻藍磯鶇使勁地喚醒了我。牠對我親切地說聲：「早安，你好！」我興奮地朝著牠按下快門，像是去迎接這位遠方來的嬌客。

　　在我的感官之外，我是真的那樣覺得每次遇見飄閃的浪花，漁舟點點，萬物沉睡於水藍之內，那一瞬，像是初次的戀愛──一見鍾情，但又不同於邂逅的欣喜。因為，隨四季迭換的風景，無論是無盡的夏日或冬天的長浪，我都會看到閃耀的白雲和那無邊的海藍，還有空氣中些許海藻的氣味。

　　而這座背山面海、東海岸最大的漁港，是黑潮與親潮兩股暖流及寒流必經之地。我經常佇立於燈塔旁，揣想族民手到擒來的捕魚技藝，融合風聲與浪濤聲，展現出勇士的力與美的畫面！

　　我也喜歡與成功海濱公園相遇，看那海浪如雪，那樣舒坦，那樣空闊！它就像亙古不墜的詩曲，擁有一切的憂傷和歡樂。瞧，有野鳥在臺灣海桐間活潑地跳躍，也讓我溢滿著希望與喜悅！坡堤上的防風林映襯著碧空，稍遠處還有矗立在離岸小島的三仙台，身影也格外雄偉。而這些美麗的景物，完全超出我的期待和臆想之上。

　　每次前來，只要是晴朗的清晨，便能由成功鎮街道上看到一個造型酷似老酋長的山岩，在一大片青巒上仰望天空的奇景。若是陽光正巧灑落在老酋長肌理分明的面容上，銀閃閃的，似乎還帶著一抹微笑。

　　我們習慣在市集旁用餐、享用古早味的豆花及採買兩個紅龜粿。驅車折返時，已是午後，途經和平部落，順道停留片刻。我看到有農民在種植秋葵、茄子、香蕉等蔬果，看到老婦小小的身影在田中勞動，看到一位婦人揹著嬰兒在前院走動，對我和藹親近，而我期待的正是這笑容。最難忘的是，看到一

個部落的孩童，一臉稚氣，體貼地幫著家人掃地，心裡著實感動。看到悠揚飛翔的白鷺鷥飛過田野，也彷彿看到跟前的我——那個曾擁有夢想的少年，也將永遠愛故鄉的遼闊。

是啊，那樹影交錯的山巒下，有蝴蝶在漫舞，田野渲染了黃綠相間的顏色。如今在夜裡的書桌前，一邊敲著鍵盤，一邊捕捉靈感的吉光片羽……我所清楚的回憶是那寧靜的部落、與海親近的片刻。那是一種無聲的喜悅，也是我喜歡探尋原始的自然之後莫名的感動。

－2016.07.02 完稿

－刊臺灣《馬祖日報》副刊，2021.07.20，
及攝影作 4 張。

攝影作：林明理

46. 鐵道藝術村回憶

　　每當曙色蒼蒼，曉月猶明之際，我常流連在鐵道藝術村的靜謐之中。那輕聲呼吸的，是微風流在百草上；而寥落的月臺，似乎仍在守望著——昔日在月臺相會那些頻頻揮手或擁抱的面龐或人群中一些幻影般閃現的記憶。

　　那走過八十多年歲月的臺東站功成身退後，就像是位矗立老城的勇士，不求青史留名，卻仍保有它的驕傲。它完整地保有早期臺鐵車站風貌，並搖身一變成為歷史建築、藝術

交流與休閒的多元文化空間，著實令人感動。在舊貨運倉庫旁，盛開的雞蛋花像初次上學的小孩，懷著興奮的心情，頑皮地撥弄著那微微起伏的風；而在遠方，一排鳳凰木靜靜地倚著一列黃色老火車，筆直延伸的鐵軌，直到轉車臺。只這一瞬間，我也會倚在樹旁遐想，直想化為蹁躚彩蝶……肆意地追逐年少的自在逍遙。

雖然，自國小畢業即負笈他鄉的時代已離我久遠，但每次返鄉踏出斗六月臺時，總能夠引起一些回憶，讓我夜夜夢回故鄉。印象深刻的是，我初次返鄉快到月臺時的心情，就像一隻落單的小羚羊，好迷惘。得找到媽媽了，不禁興奮地又叫又跳。那年，在月臺出口見到父親翹首盼望的時候，簡直感動得要掉淚了。如今，提早自教職退休即專事寫作的我，坐在月臺椅子上，默默無言地任風吹過，聽蟬鳴於一次次蛻變之中。那些逝去的美好時光一一掠過，思念之情也慢慢浮上心頭。

我看見，在那廢棄鐵路的周圍，有許多動人的彩繪牆，接駁舊鐵道沿線成為散步及騎自行車去處的帶狀綠地；還有許多質樸而環保的裝置藝術直立在林間的濃蔭裡。趁著朝霞還在天邊，我也在靜睡的小樹下漫遊閒逛著。浮光底下，多少尋尋覓覓的憧憬，已恍然清醒，無聲地落入大海。當一切都靜止下來，我那難忘的時代已然遠去了。而今，漫步在鐵道藝術村，彷彿還原了那些美好的時光，也看到臺東舊站轉型為鐵道藝術村後的今日，讓我更愛這片熱土。

或許，逝去的事物，並沒完全失去，我總會在這舊站的週遭找到許多觀賞的樂趣，比如有些生物躲在草叢或枝條間，

蚱蜢、攀木蜥蜴和其他小型的掠食者會偽裝得無懈可擊；而雨季時，有些林下植物枝葉扶疏，就連紫花酢漿草的莖部是數個鱗莖聚生而成，它就藏在土壤底下，讓我低頭俯視時，都充滿驚喜。

當太陽冉冉升起，很快地就會引來行人的步履，進進出出，天空也披上了多彩的雲裳。在擦身而過的人群和城市之間，憶往之夢也不再頻頻回首。我感到，昨日之後，如何讓明天更懂得以一種無有罣礙的心情——就像這樣一個非 常平凡的清晨，樂遊其中，那才是幸福。

－2021.07.08.完稿

－刊臺灣《馬祖日報》副刊，2021.08.12，
　及攝影作 4 張。

攝影及畫作：林明理（畫作
由臺灣的「國圖」存藏於臺
北）

47. 和風輕拂阿飛赫

　　秋末初冬時節，我走上玉里鎮鐵份橋，和風輕拂的阿飛
赫部落（Afih），花木一片繁榮。一隻大冠鷲飛舞著，在空中
盤旋與另一隻相互鳴叫，恰似一首蕭邦的華爾滋舞曲；而後，
牠們漸行漸遠……飛入山巒中。那迎賓式的和弦，在蔚藍色
的天空游移——在遠方揮舞，引我不由自主地步入一個溫暖
的村落。

如果我有一雙靈性的翅膀，向印度大文豪泰戈爾的詩歌飛去，便會看到他在《園丁集》中寫下那一段優美的詩：「我的心是曠野的鳥，已經在你的眼睛裡找到了天空。」而我在詩歌裡面走著，像隻小藍雀，一會兒在部落裡的教堂窗簷上飛舞著，一會兒像箭一般飛入山林、溪谷，還有那最好的秘境──鐵份瀑布。那兒的水流主要出自海岸山脈西側的山頭，終年溪水不斷，純淨清澈，也孕育出優質的稻米，所以這部落才會有最經典的農村社區之一的榮譽。

假如世界上真有一個美麗的角落或深情的故事，讓人能一看便難忘的，那便是阿飛赫部落了。它經過了歲月洗禮，卻不被世人遺忘的原因，到底是什麼？我對此大為好奇。

於是，我在入口的彩繪牆腳停下腳步，聽風兒將部落的故事娓娓道來。這部落是東豐里唯一的部落，也叫「鐵份部落」；阿美族人則喜歡稱此地為 Afih，為「米糠」之意。因為早期的婦女在稻田收成後，會輪流椿米，身上免不了沾滿米糠的餘渣，故而命名「阿飛赫」。

相傳，部落裡有位法國神父潘世光，一生奉獻無私，且自學阿美族語有成，也殷勤地編撰出《阿美族語聖經》與《阿美族語辭典》。他常用溫柔的母語關懷族人，使部落永續傳承，和諧、友好；如同一顆彗星進入後山服務，並最終長眠於此，燦如繁星。

　　走在通往部落的街巷中，有如走在天地間寂靜的桃花源。那無邊的田野漾起綠色的波浪，若向深處走去，便會出現一片高大成蔭的樹林。在近處的屋宇邊，有兩位阿嬤坐在那裡閒聊，抬頭與我對看、微笑。

　　恍惚中，部落的歌聲悠悠傳來，像在秋夜裡講述的非常迷人的小小神話。當歌聲飄揚到石光山，溪流和風兒都禁不住停下來聽。當歌聲回到了「太巴塱」，在阿美族的傳說中，是阿美族祖先的發源地──那兒有金色的小魚都跟著它，萬物都喜愛它清麗的好歌喉。

　　我能想像，辛勤耕作的阿飛赫族人，每年的豐年祭，在部落裡載歌載舞之後，又繼續闊步向前。那麼和諧、那麼溫馨，那麼令人感動。是啊，無論歌聲去到哪兒，這部落永遠充滿熱情、神話與夢想，就好像有金色的光芒永遠會庇護著──如詩純粹。這就是我探尋之後的點滴絮語。

　　　　　　　　　　　　　　－2021.07.09 完稿

－刊臺灣《青年日報》副刊，2021.11.14，
及攝影作 1 張，林明理畫作 1 幅。

攝影作：林明理

48. 電光部落旅思

　　清晨的電光部落，被鷺鷥群親吻過的田水泛著層層的山影，宛若置身於迷人的琉璃世界。或許是深深的思鄉情緒盤踞在心頭，懷著既興奮又期待的心走到入口時，微風吹拂著橋畔的細草，一群家燕唧啾飛舞著。當天邊的雲彩與千山雲樹落在水裡，就像希臘神話中的豎琴手，琴聲悠緩……如此空靈深邃，使人與動物皆受感動。

　　忽然，有位阿美族青年開著耕耘機，在鄉路上與我擦身

而過，雖然只拍攝到他的背影，但感到他友善地向我微笑、點著頭。當我向周遭打量的時候，我看到有一對包著頭巾、穿著高筒雨鞋的老農和一位中年人正開著機具、來回細心地整地。我感到他們很友善土地；不知不覺地回憶起往事，彷彿又重溫了一次童年的生活。

我想起在我們村子裡，也有像這樣純淨無邊的田野，生活中除了水稻、小鳥、蛙鳴、鷺鷥群、種植的蔬果，還有那裊裊炊煙、晨起在雞鳴犬吠中，揹書包上學前母親殷切的叮嚀。如今，在這愉悅的晨光和恬靜的綠色中，我感到，這就是最單純的生活，也是對大自然最溫暖深邃的歌頌。

在這隱身於關山鎮花東縱谷間的小部落，也有模樣極具逗趣、樸真的裝置藝術「稻草人」，沿途還有靜謐的聖若瑟天主堂、活動中心、古意的耕耘機，走進我的視野。恍惚中，我聽到稻草人隨著風歌唱，曙光正親吻著每一株新禾，我的思念在醞釀滋生，像一隻嗡嗡飛舞的蜜蜂……而這種印象是一輩子都不會消失的。如同唐代詩人張籍寫下的（薊北旅思）：「日日望鄉國，空歌白苧詞。長因送人處，憶得別家時。」此刻，那來回穿梭的風輕輕訴說著這裡居民的平凡與踏實；呢呢喃喃中，我細心傾聽。風聲來自山巒，在部落和田野中馳騁……而陽光和我的影子愉悅地在這村里、這竹林的蟬聲以及我的祝頌中消長、此起彼落。

我看到社區入口的彩繪牆，鐫刻著許多幅用牛牽引鐵耙的畫像，栩栩如生，彷若看到民國初期的農村圖像。我看到榮獲教育部十大經典特色小學的「電光國小」校園，像走進純真的繪本世界。司令台上，鋪著當地小學生親製的陶土磚，

立於紅土跑道旁；校內推廣的竹炮體驗和阿美族傳統打擊樂器是其特色，交織著教學的智慧和族民的融洽；而校園的彩繪也畫得美麗非凡。啊，沒有比在諦聽寧靜中的鳥聲、花落聲，遠方幾聲零落的雞鳴聲更自然的了。

　　這片田野，讓我內心盡享寧靜安詳，學會放下我執，抓住屬於自己的快樂。當回憶變成風掠過電光大橋的時候，當部落在萬星璀璨的銀河系中依然伴著我，還有那驕立在田間的稻草人再度歌唱的時候，就會留下我一串串閃光的腳印。

－2021.07.13.完稿

　　－刊臺灣《青年日報》副刊，2021.10.31，
　　及攝影作 3 張。

攝影作：林明理

49. 徜徉哈拉灣仙境

歲月再次讓我聽到了哈拉灣（Halawan）古謠，隨著風兒，撩起我心中的顧盼。

當我在眉月的夜裡凝思，風仍悠悠地道出光陰的流淌、遠古的吟唱以及部落的故事。穿越時空的思念，回憶裡的那首歌，正動人心弦地迴旋著……讓我內心漸漸趨於平和。

那是一個晚秋、粉撲花耀眼燦爛的日子。風曾為我佇留在平埔族西拉雅人所創建的部落「哈拉灣」，意指「山是險阻」，而阿美族語意指「溪邊」，引申為「一處有清水可飲之地」，周遭是秀姑巒溪和下勞灣溪會合的區域。

入口處，勇士雕像旁有許多富有阿美族特色的洗石子壁

畫。一隻鷹在藍天上翱翔，帶給我意想不到的驚奇！我在花間漫步，溪流藏在晨星裡，像是在世外桃源夢遊──沉醉而多了幾分詩意。

夢，繞過日本時代設立的樂合神社碑石、兩座石燈籠，再步上濡濕的青石階，又轉身回望……路的盡頭是活動中心，也是昔日的主殿所在。前路筆直地延伸著，有幾十戶人家、教堂座落其中，還有樹林和鳥居，充滿懷舊的祥和氣氛。風依依，那守在雲間的青巒時而閃爍。

沿溪而過，一如真正的行者，穿過大氣中。翩翩的小白鷺無聲地飛翔，飛過了海岸山脈深處和綿延的溪谷、岩石……就要飛進部落裡隱密的瀑布了。

我聞到空氣裡蒸騰著芬多精、草香，還有淡淡的木香……忽然就看到一隻大鳳蝶舞在花叢了。當清澈的溪流聲音愈來愈響……樹影隱約斑斑，那山巒夾縫中的天空以藍色的雙眼俯視著我，就好像重回故鄉懷抱。在感動的那一瞬，時間彷彿凝固了，世界揚起了一陣笙歌，讓我如夢似幻地繼續遨遊。

我記得山溪中的哈拉灣，它曾是清代璞石閣平埔八社的居地；而此地的族人是清代晚期，由瑞穗鄉紅葉溪的 Koyo 部落輾轉遷徙而來的阿美族，他們向來以友善耕作的稻米及水果為業。每年豐收季，族人在黑夜裡吟唱歌謠，他們虔誠的祈福儀式，多麼莊嚴又神聖，多麼讓星辰動容！

印度詩人泰戈爾在他的詩句裡曾寫下：「我像那夜間之路，正靜悄悄地聽著記憶的足音。」是啊，我也想隨著風兒

回到那天，有三個阿美族老婦說著流利的母語，在院子裡談天，眼裡笑著、看著我的時候，一隻黑狗溫馴地跟著我走，也沒有吠叫。一輛載滿新鮮文旦的小貨車與我擦身而過，司機向我點頭致意。

在時光深處的哈拉灣，我願慢慢飛回那安謐平和的天地。我願這片人間的桃花源，族民不斷地勇敢向上，成為東臺灣稻米之鄉最佳的典範。當我的心向著山溪潺潺致上最後的敬禮時，彷彿中，我聽到了瀑布的流水聲……微風也輕吻著我的臉了。

－2021.07.15 完稿

－刊臺灣《青年日報》副刊，2021.10.17，及攝影2張

攝影作（烏頭翁）／林明理

50. 南灣旅思

　　初次看到南灣，天空異常的皎潔、空遠，有許多旅客在橡皮艇上玩著衝浪，不時傳來微弱而含混的笑鬧聲。闊別一年後，沿灘一帶，寂然無人聲。只有一排豔紅的大葉欖仁，紅葉勁落一地，足下沙沙的細響，營造了另一種愜意怡情。

　　為了在那兒停駐，我從椰林下沿著小徑，登上石階，就看到耀眼的觀海區，而核三廠就位於斜右方百尺處，三支大型的白色風車緩慢地轉著，像是訴說著小鎮的故事。在眺望台一隅，一坐下來，便看到風兒低眉淺笑，不多久，便跟著三兩隻蝴蝶飛入枝叢。一隻烏頭翁恣意喧嚷著：「等等我——

等等我，我也要賽跑。」而蟬聲此起彼落。我一邊懷著一種客觀的敬意凝視牠們，一邊悠哉享受一段時光。

這裡是恆春附近的一個海灣，古時稱為大板埒，又名「藍灣」；因沙灘弧線優美，漁產豐富，昔日不時可見漁民使用地曳網或搭乘舢舨船出海去下網。但我覺得，南灣的黃昏，在我心中，美得令人心醉。山岩沿坡矗立，模糊的光與影，錯落成一幅印象式潑墨畫，愈是接近暮晚時分，愈是別有一種風情。

如果能再多加一個漁人與一兩隻大百鷗在萬頃波中波動、起伏，直到海潮退去、星光為伴時，那就會讓我想起清代詩人查慎行的一首《舟夜書所見》寫的：「月黑見漁燈，孤光一點螢。微微風簇浪，散作滿河星。」啊，那會是多令人感動的一瞬。

我相信，度過了這一波旅遊淡季，南灣總會又恢復了生氣。我竟熱望著海天上那一小撮逐漸消失的紅。那是黃昏產生和諧的時刻，是諸神微笑著邀約的時候……天邊歸燕的殘影，掩映著粼粼波光。

而今，那小鎮的琴音變成一片雲，落入我夢中，我從細雨漫過窗台中，看到那隨時發光的藍海，還有附近一間永遠吃不厭的披薩老店，連星子也似乎索隱著我的思念。是啊，早已習慣在風中敘事的我，此刻，真想來點兒音樂，就從這黃昏的蕩漾開始吧，直抵南灣……在枝葉間，在親海間，在

我深深的足跡上，曾經帶給我無盡的懷念。

　　－2021.07.16 完稿

　　－刊臺灣《金門日報》副刊，
　　2021.07.24，及攝影作1張。

51. 愛的箴言

如果有人問
當愛情回到我身邊
噢，該如何想像——
又有誰説得清或膽敢説出
它真摯的美

它是一種魔藥
無法加以防備
如果愛情回到我身邊…
…它不是用來及時行樂
或瞻仰在虛空的晨星

而虛空的晨星——俱已消逝
卻總會又不經意地重現
它純粹是一種感覺
是世間無可比擬…
…亙古不墜的神話

51. Proverbs of Love

◎Lin Mingli

If someone asks
When love comes back to me
Oh, how to imagine——
And who can say it clearly or have the courage to say
It's most sincere beauty

It's like a potion
But can't be guarded against
If love comes back to me⋯
⋯It's not for fun in time
Or admire the morning stars in the void

Now the morning stars in the void are all gone
But they will always reappear inadvertently
It's purely a feeling
It's unparalleled in the world⋯
⋯The myth of immortality

當愛情回到我身邊
噢，我會記起你的微笑
它流過秋天的楓香小徑
從躲藏其間的風
到窺伺的星星

－2021.07.18.

－刊臺灣《秋水詩刊》，190 期，2022.01，頁 76。

When love comes back to me
Oh I will remember your smile
It flows through the Liquidambar Trail in autumn
From the hiding wind
To the Peeping stars.

（Translator：Dr. William Marr）

林明理：攝影

52. 愛

我不能說，我不懂愛情的
幻變與詩意
但你絕對像星辰般──
閃耀，卻那麼飄渺難尋

要我調侃地說：
其實愛情需要一點隱密
它總是不經意地出現…
…意在言外的妙趣

我也想像隻琴鳥

以自然的方式──
照看森林，自由呼吸
或渴望諦聽大地的低語

偶爾想遠遠飛到樹梢
或躲在閣樓裡──
恣意地想像或專注地
翻閱一本詩集

我不能說，我不懂愛情的
燦爛與憂鬱
它像史詩般魔幻，想著
想著──就莫名歡喜

－2021.07.19 完稿

－刊《大海洋詩雜誌》，第 104 期，
　2022.01，頁 52，及攝影 1 張。

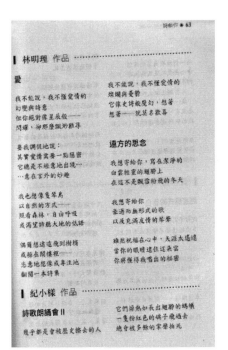

－刊臺灣《笠詩刊》，第
345 期，2021.10，頁 63。

林明理：攝影作

53. 再別渚橋

　　多美的雲天！是莫名的風引領我奔馳在台十一線都蘭村的路上。我緬想起那些夢魂縈繞的太平洋、在晨曦掩映中的群

山和沿途漁村的小路。瞬間，又記起了渚橋休憩區的金光。

彼時海岸清涼、波光漾漾，濤聲緩緩……還可以嗅到淡淡的木香。這些味道發自周邊的椰林，和從背後透過來的層疊山巒的味道混為一氣。我撿起一片飄落的紅葉，遙看海中潮漲潮落，依然矗立的一座紅色燈塔。登高，細步前行……唯恐打攪了浪花如雪的寧靜。

渚橋，多麼樸真的名字。在《詩經‧召南‧江有汜》曾記錄：「江有渚。」而「渚」意指水中的小陸地。這裡沒有時間的間隔，海水平靜，沒有什麼風濤。從涼亭還可遠眺到美麗灣、綠島；而點綴零星分佈的礁岩，只給人一種詩意的幻象。但對我來說，這正是我所喜愛的無窮遼闊和原始的美！這一感覺久久不散，且在這眼底的蔚藍裡越來越強烈。

那永遠不會失去的澄碧海灣，那阿美族子民永不會遺忘的「都蘭」（阿美語：Edoulan），還有那小漁村永遠散發著純樸和良善的樣貌。但這些都只是背景，那些昔日靠大海生活的族民，蘊育出敦厚的氣質和傳說的故事，才是一幅美麗的動畫。

每當我沿著公園的小徑，通向新蘭安檢所，再步行幾步，就會看到小小的漁船處，僅有幾戶人家的小漁村。我喜歡坐在那界灣咖啡店的二樓，點杯冰咖啡，看白鳥在海面飛翔；而它們的到來，使我茫無端緒地愛上這一切景物，都如昨日一般。

　　於是，我讓想像恣意蔓延，自己變成一隻小魚——泅了過去，近了，近了，歡快而自由。風來了，我穿過一條小徑，又一次看到了新蘭漁港。有一剎那，我深深懷念這座小漁港；因為這裡有恬靜、愉快與和諧。整個漁村裡沒有一點兒騷動，也沒有犬隻的高聲叫喚，寧靜得不染一點兒塵煙。

　　聽說，這是都蘭灣內唯一的小漁港。那座紅色燈塔像個無畏風雨的勇士——每晚都會固定亮燈，指引出入的漁船方向。雖然目前只剩下零星的膠筏小漁船作業，但已有了防波堤兼碼頭、護岸及曳船道。

　　定居東岸已多年，方知道，臺東原名「火燒嶼」，而東河鄉原稱「都蘭鄉」，為阿美族部落之一；這裡的阿美族和蘭嶼的達悟族，都曾經是臺東主人。無論是靜靜的黃昏裡，或是像這樣在漁村流連忘返。日復一日，我都願意繼續在這片山海間探索，任思想自由飛翔……直到世界逐漸恢復。

　　啊，再別渚橋！我一再停下腳步、頻頻回首。可它不慌不忙，更親切地低吟歌唱，恰如太陽剛灑下的光亮——那幸福，如瞻仰都蘭山。

－2021.07.20 完稿

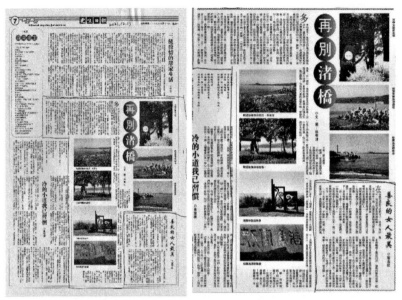

－刊臺灣《更生日報》，副刊 2021.12.13，及攝影作 7 張。

攝影及畫作：林明理
（此畫作由臺灣的「國
圖」「當代名人手稿典
藏系統」存藏於臺北）

棋盤腳攀木蜥蜴

54. 卑南遺址公園遐想

　　雨將至，心裡有些忐忑不安。忽然想起前些日子去過的那
條靜謐蓮香的小徑。一株睡蓮靜聽著雲端裡低沉的雷聲，不多
久，幾顆小雨點開始打在額上，讓我無端地笑了。

　　原是鄰近臺東車站的卑南文化公園十分遼闊，沿著展示廳前，是一條鋪設石板的階梯步道。蓮池四面，我聞到了泥土的香，也細心瀏覽一些標示卑南文化的謎語和高高低低的樹，便覺玩味其中了！

　　偌大的廣場，只我一個人背著相機踱著。那火筒樹的微光，穿過幽徑，引我從容看待一切，一如曠野輕輕踱步的雲。這時候最熱鬧的，要數蓮畔的蟬聲與風中的鳥鳴；但在風中閃現的，是那百鳥振翅飛舞的旋律，那些古老的家屋的故事和不斷起伏在風中的原住民和絃……遠遠近近，在天籟中交織。

　　展示廳入口的告示欄，其中有一幅海報，讓我印象深刻。它繪著一個原住民母親在屋外用傳統的陶爐升火，並煮湯給小女兒吃，乍看像是真實的螢幕，讓我感到那對母女相依的手，是多麼溫暖！微風過處，送來縷縷蓮花的清香……也緊貼著我的耳畔，彷彿遠處傳來遠古的歌聲似的。

　　微雨後，太陽又漸漸升高了。那叢綠中的海濛果，白色的花瓣彷彿來自星群，從多環獸型玉玦廣場飛出無數的白蝶，飛向史前家屋，飛向月型石柱的草地。忽地，一隻攀木蜥蜴落入我的眼眸，在高處叢生的大樹下，落下牠淡定的身影，靜止不動久久，如石一般；棋盤腳的花苞在枝上，花穗如珠簾，也被雨拍打，落了一地，迎出了樹影靜怡後的思念。

　　這時候，一對棕腹樹鵲有一絲絲的觸動，跟著風中之歌飛到廣場的另一邊去了……樹蟬用盡力氣嘶鳴了整個夏天。雖然溫暖的晨光讓沉睡中的夢土甦醒，我的影子和樹影之間有著和諧的弦律，恍惚中，祖靈依然守護著這片家園。而這座展示卑南遺址出土文物兼具休閒的公園，它是那麼可遇不可求的美！又鐫刻心動起來。

　　我最喜歡站上展望臺，眺望整個臺東市區、一覽無遺；風兒似傾訴著愛情的話語，娓娓道來生命的永恆；且氣定神凝，嘗試著朗誦給我的繆斯聽。於是我記起濟慈（John Keats，1795-1821）在《賽姬頌》詩裡的一小段：

　　我看見，我歌唱，透過自己的雙眼得到靈感。／讓我做你的唱詩班，為你吟唱／在午夜時分裡。而如今，無論晨昏，在寂靜的卑南遺址公園漫步，如義大利畫家拉斐爾（Raphael，1483-1520）手繪的聖母，充滿和諧。我在畫中走，綠是一種顏色。我凝神看了又看，就這樣——放慢了腳步，依偎著繆斯笑了。

　　－2021.7.22 完稿

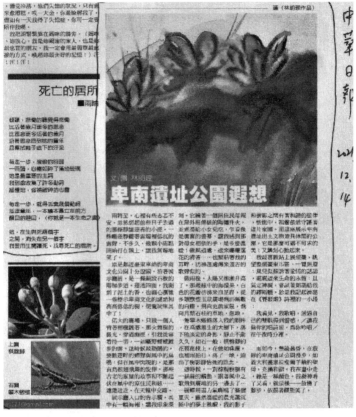

—刊臺灣《中華日報》副刊，2021.12.14，
及林明理畫作 1 幅，攝影作 2 張。

攝影作：林明理

55. 繁星下的普悠瑪

在颱風緩慢過境的一個清晨醒來，我終於能鬆了一口氣。窗外，那灰色的天空滾著如雪的積雲已逐漸散開，而即將到來的涼秋已讓我不勝翹盼。

於是，我來到了卑南遺址公園，漫步在一條蓮香小徑上。途中，我不時瞥見豎立著有關「卑南遺址」的謎語標示，它是臺灣發現最大的史前聚落，這引起了我的好奇。

一隻攀木蜥蜴斜昂著頭打量我，像是幸運受到邀請。我悄悄地湊近，並想聽牠說些什麼？但牠就是靜止不動，如石般堅定。

「嗨，我的朋友，你想知道什麼呢？」風兒貼近了我的耳

畔，一對棕腹樹鵲在枝上歡愉地歌唱。

它娓娓道來。比如普悠瑪舊稱為「卑南社」，意指「獲得貢物的最高位原住民」，在清朝時，是臺東最有勢力的族群，被封為「臺東王」。我記得初次聽到「普悠瑪」（Puyuma），這名字好特別！幾乎人人都聽過。但經由解說，就更明白其意涵。我作個揮揮手的手勢，接著說：「噢，我知道了！」就繼續精神抖擻地踏著前行步子。

一霎時，我只聽到在月型石柱區與多環獸型玉玦區域間，那風中之歌迴蕩又迴蕩……四周除了蟬聲、鳥鳴，寧靜得出奇。

歸途，我順道到鄰近的南王部落，即普悠瑪部落，它是卑南族「卑南八社」之一，迄今仍保有大獵祭、猴祭、小米收穫祭等祭典，是卑南文化保留得最完整的部落之一。天空藍得很夢幻，而來自山脈的風讓秋意漸濃。

當輝耀的夜從山脈上升起，繁星下的普悠瑪，就如俄國抒情詩人費特在（我等待……）這首詩裡的第一段寫的那樣純美：

「我等待……河水銀光熠熠，／傳送來夜鶯鳴囀的回聲，／月下的草葉綴滿了鑽石，／艾蒿上有亮晶晶的螢火蟲。」

我想起在卑南遺址公園走過的小路，火筒樹上開滿了紅豔的花果，還有串串月桃的種子，正等待著開花的喜悅。再見了！

普悠瑪，再見，璀璨的星。你像一幅圍繞著綠色的畫帷，從百年歷史的南王國小周遭，到活動中心裡面以傳統工藝興建的巴拉冠，牆上都彩繪卑南族傳統的紋飾，帶給族民一片願景。

恍惚中，我聽到音樂家胡德夫在風中彈唱的樂音，歌聲渾厚而充滿魅力。只要用眼睛，就能看見帶有陽光色澤的卑南族孩童的天真與勇敢，看見在祭典中族人攜手齊跳的舞步。只要用耳朵，就能聽見他們擅於把自然帶進生活及用心唱出的歌聲。而卑南遺址公園這塊土地，包含著許多過去的歷史、故事和族人採野果、工作或遊戲的生活記憶，如今也永遠成為旅人探索自然與瞭解卑南文化的地方。

我想像，「普悠瑪」並不是一個傳說。它在每年慶典之夜，在升起的月光裡，都歌詠著古老的舞曲……也唱出希望之歌。

－2021.07.23 完稿

-刊臺灣《青年日報》副刊，2021.10.03，及攝影作 2 張。

畫作：林明理（此畫作由臺灣的「國圖」
「當代名人手稿典藏系統」存藏於臺北）

56. 寄語哥哥

今夜，沉沉的天幕下
窗外一切寂靜，海也酣睡了
雨聲如此純粹。我敬愛的哥哥
我想起童年的我們
微笑單純，在小屋裡讀書寫字
或釣青蛙於田中
往日好似夢幻
又浮現在我眼前……

是啊，生活中無論是甘甜
或辛澀，高低起伏或安逸平順
願主賜給你平安，在未來的
日子裡，有一天
我們又能結伴同遊
而希望是實現的開端
窗外一切寂靜，海也酣睡了
我只能悄悄託付給夜……
用心頭的光編織成祝禱的言詞

註.

昨天，家兄風塵僕僕地遠道而來，帶來一大籠鮮甜的芒果和他的關愛，簡單的一杯熱茶，閒話家常兩個小時後，他便匆匆離開，急著驅車趕回左營，照顧年邁的母親。

轉身離去的背影，不禁讓我想起了慧明哥哥入軍校的時候，總是穿著白色、帥氣十足的制服，多麼的俊逸、充滿自信。

他曾經擔任過補給艦艦長和汽車大隊大隊長。如今，他已是三個孫子的爺爺，兩個女兒都碩士畢業，分別服務於軍職及銀行。再不到一年，家兄就屆滿六十五歲，即將從任職的海軍後勤司令部退休了。

多年來，海軍上校的規律生活，造就了家兄做事有條不紊

的性情。他不喜歡享受奢華富貴，而是在生活中尋求和諧，以求得精神上的富足。他也不願浪費時間於無謂的遊樂之中，因為，他始終把家庭與工作當成自己最大的使命。但這次前來，平日健碩的家兄忽然憔悴了許多，身體大不如昔，令我不捨；這是因前幾年，家母罹患大腸癌，家兄除了勤於工作，還要用心照顧家母，直到家母康復。

今夜，我誠心地祈禱，願主將平安賜給他，在下次見面時，我們能抽空結伴，緩步前行。就像小時候，我總愛跟在他後面，一起釣青蛙或在田裡工作，那的確是純真無邪的童年。而我很幸運，今生有賢明的哥哥相伴，因以詩祝禱。

－2021.08.01 完稿

寄語哥哥

◎林明理

今夜，沉沉的天幕下
窗外一切寂靜，海也酣睡了
兩鬢如此純樸。我敬愛的哥哥
我想起童年的我們
做笑單純，在小屋裡讀書寫字
或釣青蛙於田中
往日好似夢幻
又浮現在我眼前……

是啊，生活中無論是甘甜
或苦澀，高低起伏或安適平順
願主賜給你平安，在未來的
日子裡，有一天
我們又能結伴同遊
而希望是實現的開端
窗外一切寂靜，海也酣睡了
我只能情情託付給夜……
用心頭的老編織感祝禱的言詞

注：
　昨天，家兄風塵僕僕地遠道而來，帶來一大籠鮮甜的芒果和他的關愛，簡單的一杯熱茶，閒話家常兩個小時後，他便匆匆離開，急著驅車趕回左營，照顧年邁的母親。

　轉身離去的背影，不禁讓我想起了慧明哥哥入軍校的時候，總是穿著白色、帥氣十足的制服，多麼的俊逸、充滿自信。

　他曾經擔任過補給艦艦長和汽車大隊大隊長。如今，他已是三個孫子的爺爺，兩個女兒都碩士畢業，分別服務於軍職及銀行。再不到一年，家兄就屆滿六十五歲，即將從任戰的海軍後勤司令部退休了。

　多年來，海軍上校的規律生活，造就了家兄做事有條不紊的性情。他不喜歡享受奢華富貴，而是在生活中尋求和諧，以求得精神上的富足。他也不願浪費時間於無謂的遊樂之中。因為，他始終把家庭與工作當成自己最大的使命。但這次前來，平日健碩的家兄忽然憔悴了許多，身體大不如昔，令我不捨；這是因前幾年，家母罹患大腸癌，家兄除了勤於工作，還要用心照顧家母，直到家母康復。

　今夜，我誠心地祈禱，願主將平安賜給他，在下次見面時，我們能抽空結伴，緩步前行。就像小時候，我總愛跟在他後面，一起釣青蛙或在田裡工作，那的確是純真無邪的童年。而我很幸運，今生有賢明的哥哥相伴，因以詩祝禱。

—刊臺灣《金門日報》副刊，2021.08.17，及林明理畫作1幅。

57.中醫求診記

前兩個月，因跑步而右腳踝骨扭傷，好不容易拆除石膏後，走路仍有些不便。原因是，一旦踝骨裂傷，要完全恢復到正常走路，是需要一些時間的。

一個炎熱的午後，隔壁有位熱心的友人開車載我到臺東署立醫院就診。這，大概是我初次見到如此年輕的中醫師，讓我感到十分訝異、驚奇，但立刻想到這或許是老天給我安排的那位仁心仁術的少年英雄吧。這時，我看到他專注的眼神往傷處來來回回地診視，時而揉搓，時而輕輕地扳動腳骨。不一會兒功夫，果然，我已經可以自己起身，走路也平順、不痛了。

「咦，請問你是怎麼辦到的？快告訴我。我每天都塗抹好幾次消腫的傷藥，可也不見有起色呢。」我一邊嘖嘖稱奇、一邊問道。他微微笑了笑，然後簡短地說：「喔，這是因我把傷到之處歸位了，但還是要配合吃藥……」我覺得太不可思議，並立即向他道謝。

呂醫師十分上進，是個臺灣大學的博士，除了熱心行醫於醫院、在大學任教，最近也出版一本合著。我在臉書上看到他精心錄製「四頭肌簡易訓練法」的影片，我認為，他對家人及

病患都十分貼心。對於這樣一位青年才俊，我由衷感謝——是真誠的。

－2021.08.11 完稿

－刊臺灣《金門
　日報》副刊，
　2021.08.20。

攝影：詩人葦子提供

58.秋日情懷

如果能盪一葉扁舟，不論海峽兩岸相隔多遠，我想在今夜遠離塵世的煩囂，囊中僅放著杭州作家葦子的詩；雲般的淡泊輕柔，像曇花晶瑩潔白在窗櫺上綻放。

在我的記憶裡，那年冬天，乍雨乍晴，倒是墾丁的海顯得寂靜。我欣喜於葦子的到來，有如看到春的來臨。在她清澈的眼睛裡，我讀到她的渴望與純真；凝視她一臉素顏、斜背包與布鞋更使我吃驚。

在我們墾丁兩日旅遊的歡樂與清醒的寂靜空氣裡，我有意

無意間認識到葦子的生命創作力、體認到她的氣質與精益求精的文學素養。回顧那日在墾丁海域、一片半濕的泥土中，未被細雨澆薄的童心，讓我們從冷風中的水域望向遠方，沿著岸頭繞行又繞行，沉醉於浪花在礁岩上碰碎……直到夜色變得濃厚，我們才驅車回到凱撒飯店休憩，傾談自己童年的困頓與堅強。

如今，走過風雨的葦子，先生從事公職，唯一的兒子也自美國歸國後在銀行服務。日前，她從杭州打來電話：「明理姐，什麼時候也來杭州找我？我去接妳。」接著說：「我剛剛用手機拍張西湖照，已傳電郵給妳了。還有，我的小說劇本已在電視劇裡播出了。」向她道賀並掛下電話時，恍惚中，我看到她總喜歡站在離家不遠的西湖畔，深情地望著。是啊，我必然是期盼再會的，猜我在此刻看見了什麼。

西湖，這名字在我聲音裡，有多麼可喜，轉得多麼光潔。我在風中呼喚你，像新月一樣，升到山巔同白晝擦肩而過，四周是鳥語和花香的喜悅……而你宛若夢境，湖光把我的歌推向極遠處。

秋天來了。西湖，我在風中凝望你，像雲彩一樣，升到深邃的繁星世界。我這才明白，原來葦子對故鄉深厚的愛，也有一種詩意的愛戀情懷。而西湖，大概就是她的張望吧！

我的記憶在平靜的水上，葦子的身影以及她的詩，則在西

湖的四季中，在柳樹的濃蔭裡，在蓮的沉思中。這形象，漸漸
定格成一種思念，任時光輕輕流淌……任蓮花謝了又開。噢，
西湖，一直在夢境邊緣，輕輕呼喚，而我是追逐白堤岸頭的風。

－2021.08.04 完稿

－刊臺灣《人間福報》副刊，2021.10.05，
　及詩人葦子電郵寄來的攝影照 1 張。

攝影作：林明理

59. 杜園遊思

驟雨初歇，馳向池上鄉的小路上，心音是綠的。

　　我像隻初次飛臨的雀鳥，笨拙地飛舞，進入一座隱身於田野間的迷宮，週遭深綠與蔚藍，溪流清澈好似晨露。佇立在「杜錦枝紀念庭園」（又稱杜園）前，純樸而靜謐，涼亭、花園、紀念館和寬廣的場地，透射出沉靜的氣息。

今夜，天邊一顆星子牽引著我，飛回杜園的樹叢裡，一種充滿梵唱的和諧，在夜裡更感親切。

在我的記憶裡，園區內的石板上也可看到星雲大師的法語：「愛語如春風，好話如冬陽，真心如光明，慚愧如櫻珞。」這段節錄自《佛光菜根譚》的文字永遠透射出哲人的啟示，任江水東流，岩石不老，更有大師賜予智慧的傳遞。

偶然拍到這一幕，卻讓我常在夜裡踏韻步來，靜聽佛慧的詩音。原來大師要我們心存善心、多說好話，也要我們有廉恥之心，品格自然會變得純淨高潔。這句話一直陪伴著我，讓我久久懷想。

雖然不能說，短短幾句話就足以開啟一個人的心智，但我每一次細讀時，愉悅的意識由然滋生，思維也變得清晰起來。突然想起了以前離我老家不遠的山寺……我懷念，是因為那裡曾經是居住了二十七年的高雄，無論是山林或寧靜的殿宇、沃土，都在我的血液中搏動。我想吟哦，是因為我想起大師的慈顏、幽默風趣而感到莫名的幸福，感覺好似在一個光明的國度，不禁仰首望著燦爛的星空。

唐朝詩人劉方平的在《月夜》這首詩裡說得好：「更深月色半人家，北斗闌干南斗斜。今夜偏知春氣暖，蟲聲新透綠窗紗。」想想，能夠在月光下收藏一些美好的記憶，或者是幻想

找回童年的純真，比收藏字畫或古玩更為愜意？晚風起了，即使漂泊百里，在靜夜裡也能讓無限的遐思從心底流過，這豈不是一樁令人心馳神往的事情。

　　－2021.08.07 完稿

　　－刊臺灣《人間福報》副刊，2021.09.01，
　　　及攝影作 3 張。

攝影及畫作畫作：林明理
（此畫作由臺灣的「國圖」
存藏於臺北）

60. 雨後的撒布優

　　驟雨初歇，在天空中略帶灰色的雲層下，撒布優（Sapulju）
已然甦醒。一陣輕風拂過，幾對燕子在村口的電線桿上，不一

會兒，又飛到枝葉濃密的枝頭，在藍色中像一枝枝升空的箭
鏃，來回快速地穿梭。當我隱約聞到山野的氣息時，部落就已
出現在眼前了。

　　我一邊凝視著三面環山、一面環海的東排灣原住民部落，
一邊萌生出奇思異想。這村落在臺灣光復後改稱為「新興部
落」，是由八大家族所組成的，不只讓我感受到它樸實純淨、
充滿人情味，且具有崇尚一切生物和諧共處的偉大。

　　因為，除了迎面而來沁人心脾的陰涼，簇簇釋迦樹葉、洛
神花、蝶豆花等農作物都沐浴在晨露裡閃閃發亮……蒼綠的山
巒間，繚繞的雲霧仍盤踞不散。幸運地躲過風災的新興村，各
種花木飽含著陽光雨露，在田野與溪谷之間，蟬聲此起彼伏。

　　「早。」一位族人騎著機車而過，點著頭笑著。「早安。」
我回敬他。就這樣一路上大約有七位原本不相識的人都給了我
親切的問候。從一座已設立超過一甲子的新興國小校門開始，
走到部落的活動中心前，沿途都有一系列彩繪的百步蛇、陶
壺，還有八大頭目和諧在一起的雕塑，也有石板畫或木雕，彩
繪出族人的生活，讓人過目難忘。一座天主堂的紅十字架，高
高聳立，像是忠誠的衛士，守護著部落。

　　太陽終於露出臉了，一切都朝氣勃勃。路上，有兩隻花斑
鳩漫步於前，像一對佳偶，情話綿綿，我驚喜地跟著走，便悄
聲笑了。在我看來，這裡的家大多佈置得很清簡。我在街頭看

到一個孩童牽著他父親的手，那小臉蛋上漾開的笑容，就像個小太陽，金燦燦的。在這裡，雖然沒有華麗建築，但他們總是微笑相見，幸福好像就從這條小路上微笑地走來，這是我最為感動的。

從新建的北新橋向下遠眺，但見前方大橋上有輛火車急駛而過，背景是台九線的邊緣——太平洋的一隅，一片蔚藍映照微妙展開的多雲的天空；而我彷彿聽到了風在對我輕聲說著什麼。

關於撒布優的傳說十分浪漫：很久很久以前，太陽發現了一棟石板屋裡頭有個陶壺，便淘氣地坐在上面，一不小心，生了兩個蛋在陶壺裡……後來，就從蛋裡面出現了一個女孩，名叫「臼谷」，另一個男孩，名叫「陸娃」，他們就是排灣族的始祖，也是太陽的後裔。

一般人聽到這樣的傳說，照說應該會覺得不可思議才對。但對排灣族來說，正因有這些傳說帶給他們生活所存的希望和夢幻，也更學會了謙讓與團結的習性。哦，撒布優，我在回首中佇立著，而你正用溫柔的眼睛看著我。我會虔誠地祝禱，用夜空中最亮的星星和記憶，享受這美麗的傳說。

－2021.08.11 完稿

　　—刊臺灣《青年日報》副刊，2021.12.05，
　　及畫作 1 幅，攝影作 2 張。

61.妝點秋天

古老的山陵和海線，
這福爾摩沙的指環⋯
⋯撩撥著我的眼瞼。
風來了──彷若又回到當年，
一切還在──
淺山平原、紅蜻蜓、環頸雉⋯
還有水鳥，黃澄澄的稻浪──
都在我們面前。
是啊，一切都還在，
當我像匹小棕馬──只懂得馳騁
其間。
倘若還有下個世紀
或再等待個幾百年，
在這山海間，
是否還會有自然的光華，
或人與萬物共生的世界？
那兒──有山丘和草原，
還有迎面而來的野花和露水。
風來了──我聆聽──
沙沙的婆娑聲，──

秋蟬和蟲鳴⋯農家炊煙起
——妝點美麗的秋天。

—2019.08.17

—刊臺灣《秋水詩刊》，第 189 期，2021.10，頁 26。

林明理：攝影作

62. 重遊森榮部落

　　除夕的前一天。驅車來到林田山林業文化園區內的一個聚落，沒有稱霸天下的雄心萬丈，卻像是諸神遺忘的人文地圖，那便是森榮部落——摩里沙卡的故鄉。它位於花蓮縣鳳林鎮萬里溪下游處，如山中的隱士，因鄉境尚未完全開發，故而有著神秘且道地的自然風貌；高山林種多樣，鳥獸平靜地在此生活。

　　跟著一隻蝶，走過舊鐵道和杜鵑花叢，時光彷彿停留在一排懷舊的日式老建築及令人為之著迷的濃濃櫻花氣息。走近園中閒逛——一邊是開放的原藝館，門口展示著木雕、陶藝及裝置藝術等工藝師的作品；另一邊是台車、集材的方法等中英文解說圖。一隻貓兒聳著耳朵，在門檻外邊叫著，像是熟朋友。而新建的原藝館總是讓人打開視界，停下目光，去欣賞那畫面、光和色彩並莫名流露出一種特有的情感。

　　曙光下，平靜的萬榮村是日據時期的「森阪村」，當地原名「馬里巴西」，譯作「萬里橋」，是以其鐵橋長度為花蓮縣之冠，故取其名「萬里鄉」，後改為沿用至今的「萬榮鄉」。這個人煙不輟的部落，雖然較不為人知，卻藏著林業由絢麗歸於平淡的風情。

　　風也含著歡迎的笑意，穿梭在林野的那端，讓我就像靠在母親的臂膀，靜靜地諦聽山林的一些古老神話。偶一抬頭，看見一隻野鳥高聲啼鳴，並且雀躍地拍著翅膀，回應牠的是來自山嵐的樂音，輕輕地撥動我，恰如被一朵浪花擁抱，使我莫名感動。

　　步出原藝館時，我看到一位原民小孩，天真無邪的臉龐堆滿了笑容，身旁的工藝師也還看得出來，他年青時候曾是個勇士。諾大的森榮國小舊操場前，獨留風輕輕地呢喃：「勿忘我……勿忘我」，還有時光編織的小故事，交織成我胸中一股暖流。

　　喔，隱身的林田山林場，舊稱「摩里沙卡」，它傲然矗立，如此從容；既無畏風雨，也不再有森林火災那場空前浩劫之

痛，周圍只有細葉落簌簌，和這廣大森林、群樹環繞，溪水碧清的漣漪……

我認出了那兩架舊時代的電影放映機仍放置在中山堂一隅，我深情凝視著，如閱讀一部史書，翻閱的，是說不完的歷史。揮別時，群山頻頻點頭。我期盼，花蓮縣舉辦一系列林田山藝術歸鄉文化活動能活絡當地經濟，讓這座從日治時代到二十世紀五〇年代都有蓬勃的林場永遠散發著令人愉悅的芳香。而我也為那些為奮鬥而生的工藝師，他們用生命的韌性，留予藝術的美好而充滿驚喜。

－2021.03.09.完稿

－刊臺灣《更生日報》副刊，2021.08.17，及攝影5張。

林明理之女（MOLLY）宜廷畫作

63. 秋日懷想

　　不知不覺間，一覺醒來，又近中秋。趁著天光未開，一路
直奔到長濱鄉八仙洞附近的休憩區，但見雲層棲在山巖的海蝕

洞群之上，盤踞不前，直到霧氣消散，將海天分開來。這一瞬，海平線上籠罩著一層輕柔的帶狀的紅雲，東方露出一種奇幻的金黃的光彩，天就要亮了。

後方是近乎單色的青山脈，旁邊是寥寥可數的商家，稀疏地飄起幾縷炭燒椰子的香味。一個女孩和婦人，親切地招手，並遞給我們熱食，溫暖了胃。

站在一棵綴著紅色闊葉的大樹下，極目遠眺。恍惚中，一片雲飄過來，凝視著水母丁溪的南岸，凝視古老歷史的碎片和聚落的浮沉。一塊塊巨大岩石、面海的峭壁上有數十個被海水沖蝕而成的洞穴，依稀可辨；而來自四面八方的風日夜輪替，環繞著這片舊石器時代的考古遺址，甚至還隱隱可聽到風中的歌聲。

我拂拭著秋風，風依然無休止地來。當昨夜微雨乍晴後，遠山不染纖塵，竟映照一抹閃紅，點亮在太平洋海上。風柔柔，周遭靜寂，只有白浪無止無息，憑依島嶼群山的懷抱。

我在岸畔走著，那片蘆花像一隻飛禽出沒。遠方漁舟點點，穿行於萬頃波浪之間；近處，有蟲鳴在後方的山林間迴轉。耳邊響起的，仍是那支歌，只有風和盤旋的燕子混唱著。恍惚中，我搖曳著槳，在風中寫下一個又一個思念的名字，它輕輕划過……在輕揚的水面上。

　　回首歸程，在秋陽的斜坡，欣喜且悠然。我覺得，大自然在秋天顯得特別詩意，這是我最為高興的，尤其是在這黎明的海邊，空氣十分清明純淨，讓我彷彿聽得見海角之音，無盡天水相連的景，盡在眼前。

　　霎時間，夢中的翅膀，飛入童年的故鄉。我特別懷念小時候的濁水溪畔，懷念起牛背托起的太陽，老農撩起褲管種菜插秧……村裡的老屋，映出過去的歲月，映出我年少的無邪。我懷念全家在院子裡納涼，剝著文旦、坐在板凳上閒話家常。我懷念起老屋裡永遠有父母的叮嚀聲，教我不再徬徨，無畏於飄泊，也從未放棄對於完美的渴望。我懷念遠赴西部教書的小女，昨晚寄來一張畫著紅色羽毛，代表著她也在遠方思念家鄉的畫，直入我深情的瞳孔。

　　今夜，灼灼星光在彼處璀璨。我在院子躞步，想擷拾一串串星顆，讓石階前草露的微音，隨風而去。是啊，當我把耳朵貼進那一灣大海時，我就聽到浪花的旋律，以及記起那些點點滴滴踏尋後山的故事。我願寄上所有思念──在淡淡的菊香裡，也在明月外。

－2021.08.19 完稿

－刊臺灣《馬祖日報》副刊，2021.9.20，攝影作 3 張，
小女宜廷畫作 1 幅。

林明理畫作：林明理（此畫作由
臺灣的「國圖」存藏於臺北）

64. 遠方的思念

我想寄給你，寫在潔淨的
白雲輕靈的翅膀上
在這不是飄雪紛飛的冬天

我想寄給你
豪邁而無形式的歌
以及充滿友情的琴聲

雖然祝福在心中，天涯太遙遠
當你的眼睛逮住這朵雲
你將懂得我唱出的秘密　－2021.08.20 完稿

64. Longing from afar

◎Lin Ming-Li
Translator：Dr. William Marr

I want to send it to you, written
Over the light wings of the pure cloud
On this winter day without snow

I want to send it to you
A heroic and form less song
And the sound of friendship comes from my heart

Although the blessing is in the heart, the skyline is too far away
When your eyes catch this cloud
You will understand the secrets I sing

*2021 年 8 月 20 日義大利詩人出版家喬凡尼寄來電郵，週五
於 下午 5:42

Ciao Ming-Li,

grazie per la tua ultima poesia.

Le tue poesie sono tutte bellissime e mi ispirano molto.

Appena ho un po' di tempo, ne traduco alcune e te le
mando.

A presto

Giovanni

*嗨，明理，

謝謝你的最後一首詩。

你的詩都很美，給了我很大的啟發。

一有時間，我就翻譯一些發給妳。

很快

喬凡尼

－刊臺灣《笠詩刊》，

第 345 期，2021.

10，頁 63。

* 2021 年 11 月 10 日 週三 於 下午 10:56 Robert（胡其德

教授，胡爾泰電郵存念於書）

明理是台灣最多產的女詩人，詩從內心自然湧現，而以生

花妙筆表現之。詩中有畫，畫中有詩，十分可貴。"遠方的思

念"一詩寫得至情而感人，更是佳作。

令千金畫得好，頗得乃母之真傳。

Congratulations!

Robert

林明理畫作（此畫由臺灣的「國圖」「當代名人手稿典藏系統」存藏於臺北）

65. 鄰居老李

我家前面有條北安街，路盡的拐彎處有家雜貨店，花木扶疏，錯落有致。每天清晨，老李就會沿著大馬路兩邊的小葉欖仁樹下的人行道上走，神情輕鬆自在，邁著步伐快速挪進，彷若刻畫鮮明的勇士。

有關老李的故事，這該從我認識他說起。久居臺東逾三十五年的老李，他的祖先來自福建省同安縣人，到他這一代已是第十七代了。「在哪裡當兵啊？老李。」我好奇地問。

「在馬祖列島北竿島的離島高登，」他想了想，說。「那是哪年的事？」我立刻問。「當年我曾考取金門高中，因家裡拮据，只好就讀夜間部──，白天必須切割石頭，貼補家用。畢業後，當兵兩年，在高登島，一待就是一年三個月。」

「在那裡，您印象最深的是什麼？」我追問。

「噢，當年正值臺灣和美國斷交，情勢較嚴峻。那裡都沒有水、沒電，大夥兒都以山泉水洗澡。我在此戍守時，經常揹著手榴彈，不敢在深夜入眠，直到退伍，營長還送我一枝鋼筆留念，」這話說得很誠懇，純然發自內心，感覺他挺直腰幹兒。

可不，老李的祖先都已成了歷史，他也已屆退休之齡，那些真實的歷史，果真不是三言兩語能道盡的，但執行衛哨任務的回憶及勤奮有成的過程，也將永遠長存在老李的心底吧。

「後來呢？你有常回去金門嗎？」我越發想打聽個究竟。

「我當兵後，起初到皮革廠工作兩、三年，存足了錢，就在台東市成家立業，經營這家雜貨店，並辛苦地栽培三個子女，所幸他們都學有所成，有的當護士、有的當軍官及教職。當年我的祖父在古寧頭種花生，自製花生油販賣，迄今還留些地產。我常回金門探望，祖先也留些土地給我。現在的金門，不同往昔，建設得真不錯！也有水源，親友都過得豐衣足食。」照他講的，「金門」，在他眼睛裡跳動的光芒，盡是希望與驕傲。

事實上，真實只存在於經驗，如今，走過一甲子的老李，從童年講到大時代的動盪，他很有番感慨。如今他已無需為生計操心，且還有能力為社區服務，為人十分熱心。聽他一席話，彷彿，我也看到了金門那堅強而溫暖的背影，讓人動容。

－2021.08.21.完稿

－刊臺灣《金門日報》副刊，2021.09.09，
　及林明理畫作 1 幅。

攝影作：林明理

66. 陸安部落秋意濃

　　窗外，細雨霏霏，院子裡有棵楓樹新生的紅葉在微光下，浸潤著濃濃秋意。萬籟俱寂，只有我的思緒無端地飄進黑夜，飄過池上鄉，飄向大埔山南麓山腰下的一個阿美族小山村……不禁流露出鄉愁。秋風挽著我，悄然而至；於是，我跟隨著它的步履，回到中央山脈山腳下陸安部落的寧靜中。

　　那是個涼風微拂的清早，一輪曉月隱隱約約，掛在重重青巒之上，而村裡的洛神花都開了！我止不住欣喜，恣意走進滿樹的濃蔭裡。時光如鳥，從我的窗前飛過……才一轉眼，又過了一個秋。陸安部落（Dihekoay，阿美語），這一個名字遂成了我的思念，恰似那彩繪牆上，有個老奶奶帶著笑容，坐著織布，而一旁陪伴的爺爺眼裡盡是幸福，是那麼單純而美好，引我遐思。

　　在我的記憶裡，幾乎每一個部落的阿美族都能歌擅舞，有體型較為高大的勇士、天真無邪的少女，還有許多老人家迄今仍會編織背筐魚簍、圓籃，穿著傳統衣物，族人也講究野菜文化等美食。

　　我這才明白，原來這片廣闊的縱谷擁有大自然給予的清香，每一寸土地，都是族民用心耕種，凝聚成無限的和諧。我愛它的單純，更愛這片充滿希望的土地，尤其在這秋天，一派豐收前的景象；因為，它也讓我憶及美好的童年。最讓我記憶猶新的，或者給予我思念的，不止這些，而是穿過池上鄉這片田野阡陌時，內心油然升起一種踏實的歸屬感；這與大都市繁榮的表面下，有時不得不抹除了綠色生態的景觀，是截然不同的畫面。

　　我總愛想起那一片與故鄉極為相似的田疇，眼裡滿是綠意，讓我因而忘記了時間，也忘記了周圍的一切。恍惚中，聞到了淡淡的稻香……從我的記憶深處飄來。

　　村裡大多是恆春阿美族人，有樂天、爽朗的個性；冬季時，因為有大山阻擋，吹不到北風，氣候暖和。目前它有了新的聚會所，以供居民舉辦活動及慶典之用。每當年祭，族人的歌聲如寶石，讓人感受快樂；他們大多從事農業，也有人開設窯燒披薩、工藝手作，質樸地為生活而努力。

　　此刻，月光更加明亮，在縱谷和海洋之間。我想起義大利

文學家但丁（Dante，1265-1321）說過：「世上有一種最美麗的聲音，那便是母親的呼喚。」這部落塑造了居民淳樸、溫柔的性格；在與它近距離深藏的回憶中，我獲得了許多樂趣，而部落之夜永遠通向另一個黎明。

我想把它的名字寫在記憶的一角，希望還能在一個明朗安靜的日子裡，前去吃一次道地的美食。因為有那份記憶，讓我一下從綠野的清靜，轉瞬間，又回到小城的桌前。也期待下次重逢，那片綠油油的稻田，已結出飽滿低垂的稻穗，在山影下，默默地映著淡淡的金色光芒。　－2021.09.06 完稿

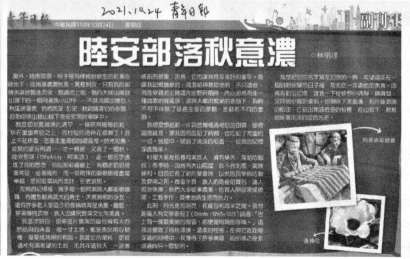

－刊臺灣《青年日報》副刊，2021.10.24，及攝影 2 張。

攝影：林明理

67. 壽豐鄉懷舊

　　終於我又來到壽豐鄉最南的一個村，令人心曠神怡的溪口部落（Kiku）。從文化聚會所望出去，可以看到一片綠油油的稻田和由吉安鄉七腳川社遷入此地的阿美族人栽種的小樹和寧靜的房舍。

　　這是個怡人的金秋時節，一隻白鷺鷥在山巒間展翅凌空，如夢幻般掠過……我的心已經和蔚藍的天帷緊貼在一起。那點綴在豐裡國小校園的花兒，那圍牆上一幅幅的彩繪畫，還有校內仍保存著一座百年以上的老校舍，都令我驚喜。

　　Kiku 的面容，美得燦爛！恍惚中，我聽到流淌的溪水聲中，有一首歌謠穿透時空，陽光閃閃延展伸向整個部落……而

山坳薄霧環繞著無聲的雲朵。我看到部落青年由四處回來參加年祭，並在夜晚繞街為各戶祝福。這裡是早年溪口車站完工時，因部落位於知亞干溪和花蓮溪交會的河口而得名；而我在靜靜的移步中，對這個小村落有了更多的了解。

事實上，不管到哪裡，我都喜歡接觸到單純且勤奮工作的人們；所以，趁著夜色還未降臨，我繼續驅車到鄰近的豐田村尋幽訪勝。相傳日據時期的豐田神社早已毀於溫妮颱風，但保留下來的鳥居、石燈籠、一對狛犬及參拜道，還有一座鐫刻「開村三十周年紀念碑」的古蹟，讓我不時停下腳步，目不轉睛地觀賞。戰後，豐田神社也已經改為「碧蓮寺」。

一踏入寺院，便聽到隨風飄出的莊嚴誦經聲，周遭清新的綠蔭與延伸的一片綠意，勾勒成一幅靜謐和諧的山水畫。當夕陽餘暉逐漸加深，我看到山霧披起了厚衣，縹渺地向四面散開，而更遠的山脈被靜靜守護在蒼穹之下。在這一瞬，我學會了不論身處何處，都應以尊重萬物來謙卑自己；而我自己也覺得似乎變成了一隻灰雀，隔著升起的一抹霧靄，不禁想要獻唱一首心靈的歌。

偶爾，我也會想起那些留駐在心中的幸福及動人的感受；也想跟著白雲飛馳而去……去聽聽那些在幽靜的山海中，散布在島嶼的故事或傳說。我總覺得，愈是深入山林深處，人為的痕跡就愈少出現。我常想像，那裡或許有水鹿和貓頭鷹，還有不知名的蟲鳴鳥囀，而溪水仍像百年前那樣低吟淺唱著。

就像這次繞道鄉間，從溪口部落轉到碧蓮寺。這段行程也許沒有被許多人留意，可我想起它的樸實與靜美，不禁笑了。因為，只要開始對山海探訪，這些觸及感官的景物對我來說，永遠不會讓人感到單調。就像在詩人非馬譯詩裡讀到美國桂冠詩人 MONA VAN DUYN 寫的一段：「好的詩能如教堂般華麗，也能如盆栽棚般簡樸。」而我愛壽豐鄉，無論對部落、田野、農場或山海都戀戀不捨！

－2021.09.08 完稿

－刊臺灣《青年日報》副刊，2021.11.21，及攝影作 1 張。

林明理攝影及畫作（此畫由
臺灣的「國圖」「當代名人手
稿典藏系統」存藏於臺北）

68. 光復鄉拾穗

　　一片片風帆似的雲從天海裡飄遊過來，重山影子的墨綠與
靛藍，是最足以襯托出大農大富平原森林的恬靜的。瞧，天邊
一隻白鷺鷥在微風中飛過原野，飛過世俗羈絆⋯⋯宛如吟詩的

小天使。恍惚中，那隻鏤刻在園區入口寫著中英文地標上的獨角仙，被不知哪裡來的風輕輕地吹飛起來了……而我也不禁步入宛若童話故事裡的畫面中。

起初，我看到在花海和光蠟樹的盡頭是天際的銀河，一條無障礙木棧道的延伸處也閃亮。那是漫山遍野的螢火蟲在田頭地角，不斷閃爍綠色的光飛舞著；彷若宮崎駿「龍貓」動畫中的森林隧道，也在柔和而靜寂的夜色中上演著。

我看到與螢火蟲、銀河，一起掠過的，是每年春夏之夜，旅人對此地的深沉懷念，不只是由於螢火蟲而來，也不只是由於慕名而來，而是真摯地感受到心靈上的自由；是比物慾的獲取更難得且持續不斷地夾帶著令人愉悅的驚喜。

但我這次選擇正值楓紅季節前來，就是想再探一探它如實的形象。這可是全臺灣第一座平地森林，面積相當於四十八座大安森林公園；上千公頃的園區，有廣闊的稻田，也種植樹豆、小米、紅藜等農作物。此外，這裡也是賞螢聖地、裝置藝術創作與環頸雉家族的活動空間。

在整潔的服務中心內，「我要點一杯冰涼的柚香蜜茶。」我說。只見那服務員熟練地沖泡後，我挺爽快，一飲而盡。「哇，太好喝了，再來一杯冬瓜檸檬。」這回我端著飲料，慢慢踱步到一座生態池前，看看群山以及造物給予大自然的美貌。風兒悄悄地倚著我的肩頭，我聽見它在介紹著，說是這座池塘是園

區的蓄洪設施，名為「日地月池」，卻有「草地為日，水池如月」之意。

當我在天的微光中，看到一大群蜻蜓經過，從水池的上方偏到綠蔭旁去了。我清晰地記下每一處木徑的足跡，跟著風的腳步，亦步亦趨，走遍了園區的建置，也想像，真有螢火蟲朦朧地照耀著林蔭小徑。如今我確信，在這一帶氣息芳香的林木之中，自然而然就有一種放鬆的心情。

忽然，我的思緒跟著時光之機回溯到百年前的時代裡，畫面也全然融入了層層山巒配合昔日山腳下綿延的甘蔗和一望無際的農田面龐。原來，當年的日本監水港製糖株式會社，曾在此地區成立大農及大富兩座農場，光復後，政府與臺糖合作，開啟農場平地造林，直到十年前才成立這座園區。這一帶的森林、每一個公共藝術、雕塑以及有機農作物，全都致力於展現出生態教育與社區共融的目標。

當我轉身正要回到停車場，水塘閃爍著銀灰色的光。我一邊與森林道別，一邊關愛地回眸一顧。四周的一切俱已靜寂……而歸巢的鳥聲鳴遍四方。

－2021.09.09.

－刊臺灣《馬祖日報》鄉土文學版，2021.12.16，

　　及畫作 1 幅，攝影作 3 張。

69. 感恩的雙十節

雙十節是期待煙焰火綻放的日子，因為期待，焰火才有了絢爛的光輝。

小時候，我總愛與家人圍坐在一部二手的黑白電視機前，用滿心的期待收看新聞、布袋戲或歌仔戲於眼睛的瞳孔裡。但這些記憶中的浮光掠影，都抵不上每逢雙十佳節全臺灣此起彼伏的歡樂聲，每每總能吸引了成千上萬的人集合到現場或在電視機前來圍觀，讓人出神凝望每一個畫面的細節，或禁不住鼓掌、拍手連連。

印象深刻的是，除了紅葉少棒冠軍賽實況轉播的那一天，是半夜起來觀看的記憶以外，就數在這個佳節，不論城鄉，人人都會盯住電視機前收看雙十表演活動，直到母親催促著我們上床睡覺，才依依不捨地離開焰火綻放的影像 —— 它就像火樹銀花般燦爛，是一幅美麗的畫卷。

我記得，螢幕裡有閱兵表演時，有吹軍樂的、列隊整齊的坦克車、踢正步隊伍，還有帥氣的禮兵長。三軍儀隊精湛的操槍表演，還有北一女儀隊的亮麗演出。有飛上青天的戰機，空中翻轉的特技；最精采的是，學生們排演出讓人嘖嘖稱奇的彩

色字幕或愉悅的歌舞。

　　正因有了這些記憶，讓我一下子隨著時光倒退回童年，彷彿自己不曾長大變老。那時的雙十節，全家都聚在電視機前，邊看邊聊天，觀賞燦爛的焰火秀；而每一年的這一日，各式各樣表演的隊伍與夜晚的焰火，點亮夢幻夜空時，也勾起了海外遊子的思念，在他們的心中回響良久。

　　今夜，一牙彎月，是那樣白淨，銀光閃爍。我也想回到童年看到的空中焰火，重溫與家人在一起的那種喧鬧，全台人民互相扶持的團結氛圍。我仍會為當年看到三軍將士踏著整齊的步伐、行軍禮於閱兵臺前，顯示軍人本色感到驕傲，進而激起我對此佳節慶典的回憶與熱情。

　　恍惚中，我已聽到了祝福雙十佳節的歌聲縈繞過福爾摩沙的天空，繞過高山與海洋……直抵自己的胸懷，就好像那祝福是天使的吻，輕觸我的前額一樣。

　　是啊，那最遙遠的海外遊子的祝福，也會給老一代的我們留下歡慰，給年輕一代的孩子們留下對未來嶄新的期許。當今年美麗的焰火綻放於夜空時，濃烈的歡喜心將凝聚全民同島一命的意志。

　　因為美的記憶一旦被撩起，便永恆燦爛如煙花。因為自己深深了解，當貼進水畔的天空，再度為雙十佳節的慶祝字幕一

一顯示的時候，將會讓站滿於夜空下觀看焰火的同胞，充滿驚訝與讚嘆的感動！

　　我衷心祈願，讓慶賀的歌聲進入每個人的心裡，讓這一天的輝煌再次感動你我！讓繽紛的雙十節光芒遍照於福爾摩沙之上，以輝耀中華民國。

　　－2021.09.29 完稿

－刊臺灣《青年日報》副刊，2021.10.10。

攝影作：林明理

70. 池上鄉漫影

　　在秋日的陽光下，一片金黃的向日葵花田、蒼翠的山巒、清新的綠蔭、繽紛的原野，雨量充沛的溪谷。一隻白鷺鷥掠過湖面……輕輕躍起，於天堂路的起點，潺潺的小溪畔，涵映殘絮般的雲天。

　　我的心，從眼前的稻田，一路展延到新武呂溪所沖積而成的肥沃平野前，已被身邊的這些迷人的景色深深吸引了。只有細細端詳，就這樣，為了找出新的理由保持自己對米故鄉池上

的鍾愛，我屢屢來到這裡尋找一種簡單而愜意的樂趣。

　　每年歲末，我喜歡在筆直的伯朗大道溝渠旁信步漫遊，將沿途的油菜花田與隱身其間的野鳥、金城武樹，還有搭配藍天白雲、協力車上孩童的笑顏，逐一看過。

　　隨著四季更迭，還可以觀察到這片位於花東縱谷中部偏南的地域不同的田野顏色，以及追隨這片沃土的候鳥遷徙及活動。有時，在鄰近的社區裡也能看到族民崇尚自然耕種的紅藜、小米等穀物成長的過程，從而發現，為何此地鄉民能造就聞名全臺灣的優質米的原因。如此我就任憑自己滿懷感動地陶醉在這一個使我得以享受到恬靜的米國 —— 池上的晨輝，或霞光下的景物了。

　　據說，大坡池是屬於斷層造成的天然湖泊，原初廣達一百公頃，是許多人家使用竹筏與魚簍捕撈魚獲為生之地；後來有些農民為了量產作物，變為耕地，當地鄉公所將圍墾地收回，闢建成現今大約二十多公頃的大坡池，但湖區週遭的水鳥甚多，也誘發人們想要觀察臺灣水雉的興趣。

　　我也常從容漫步，自由自在地沿著池畔的自行車道轉向可以眺望整個山巒以及田野的目的地，從中毫不費勁品嘗到許多的樂趣。有時，也會靜靜地觀賞大坡池音樂館放映的古典名曲，較之那種以昂貴代價換取的樂趣，這裡反而讓我更放鬆、享受田野浪漫而兼具文藝的氣息。

　　雖然秋日下的稻田，一樣顯出了池上的榮光；而老街的美

食，也令人目不暇給。但我偶爾也會驅車轉到另一條巷道裡，飽嚐老店製作的豆皮及冰豆漿。原來，從平凡而無聲的屋裡傳來掛在木架上淡淡的豆皮香味，和那縷縷冒出來的白煙構成了天然食物製作的畫面，是那麼地讓我感到驚喜。

此刻，窗外月光皎潔。就像譯者徐翰林在翻譯《泰戈爾的詩》書裡的一段：「我就像那夜間的小徑，正側耳傾聽著回憶的足音。」在我的沉默裡，從池上的天空，帶來了大地的耕耘與收穫之間的祕密，從鳥聲周而復始的吟唱中，我聽到了鄉土呢喃的靜謐，也慢慢地找回了每次愉悅的足跡。

　　　　　－2021.09.17 完稿

－刊臺灣《馬祖日報》副刊，鄉土文學版，2021.10.12，及攝影 3 張。

攝影：林明理

71. 和風吹過枋寮漁港

和風吹過枋寮漁港的天空，它的餘韻吹過紅燈塔，吹過橫跨漁港東西兩岸的一座藍色「情人橋」……幾片雲朵在臺灣海峽的海面上飄浮著，恍若淡淡秋意裡的詩篇。

一個怡人的黃昏，徜徉在寫著「漁菓之鄉 —— I love Fang Liao」海畔時，我輕盈得如同春燕展翅般歡快，時而邁著不徐不緩的步伐，時而回首注目……當我閉上眼睛，就有種自由、浪漫地掠過海面上空的感覺，像是煦風，又像是夢。

　　疲倦的時候，我就坐在一間有著大片落地窗、可眺望到海景的美式餐廳內，一邊喝著冰檸檬汁，一邊望著前方湛藍的海天遐想。俄頃，有不知名的外國情歌在廳內的空間纏繞。一個女侍見我來，背著相機，便熱心地指著遠方說：「妳看，那邊像是一隻大鞋子形狀飄浮在海面的，是『琉球嶼』啊！」果然，美得真真切切！我們相望著笑了。

　　於是，我又按不住眼前這一灣美景了！我真想是隻鷹，出沒於遠方的琉球嶼之間，眺望早期的枋山漁港，眺望更遠處──臺灣海峽的壯闊。我看到了枋寮漁港曾是利用枋寮河口提供給竹筏的停泊地，現在已擴建為漁港；也看到了熱鬧而整潔的外環街道，其特產的「魩仔魚」，頗負盛名。

　　恍惚中，我聽到了風兒給我說一個故事。很久以前，枋寮鄉曾經是一片森林，居民以種植水稻為主；除了近山地區稍有起伏，沿海地區地勢多為平坦。康熙年間，有福建漳州移民來此伐木、鋸木板、搭建工寮而住，因此取名為「板寮」，後來改名為「枋寮」，直到一九五〇年隸屬屏東縣。

　　而如今，當地的居民有的過著漁村純樸的生活，有的改種蓮霧、芒果等農作物。環視漁港的周遭，有直營漁獲超市，碼頭邊堤防有釣客三三兩兩、怡然自得。是啊，在這恬靜的港灣，沒有過多的霓虹燈；車站前的藝文特區，一磚一瓦，都讓人不禁莞爾而放鬆心情。

當我回到住的枋山會館前，路過枋寮鄉玉泉村「聖蹟堂」古蹟的建物時，人煙稀少，只蝶飛鳥鳴。我看時間還早，便登上廣場內的「靜心亭」，一邊觀賞落日之美，一邊還能看到遠方綠蠵龜重要棲地——琉球嶼。看那輪火紅的太陽沉入海平線，直到月亮升起的夜晚來臨……涼風習習，蟲鳴為伴，真是人間少有的快樂。

—2021.9.30 完稿

—刊臺灣《馬祖日報》鄉土文學版，021.11.30，及攝影作 3 張。

攝影作：林明理

72. 日出太麻里

　　無論是在晨曦中或是秋日的黃昏，總會想去看看太平洋海岸，還有那些在波浪裡的舢舨或小漁船。

　　當我在太麻里站前廣場或三和海濱公園、華源灣沿途看到廣闊的大海在陽光中閃爍，或周遭鳥聲啁啾。當我想到在我的心靈中竟有那麼多的感動都是與這些小小的船有關時，我不禁隨著那微風中航行在海上的船開始有了一連串的懷想。

　　在我的臆想中，那些小船的身影遠比在海面上看到許多大輪船更令人繾綣，這是因為它們總是讓我充滿期待，又隱約對那些海上作業的漁家有所冀望。我經常久久地凝望那些小船全

速行駛或飄泊在海上，也因而期望他們的艱辛能得到收穫的欣慰。更驚喜的是，還可以眺望到遠方懸浮在海面和天穹之間的綠島。所以，這些影像總是在我的心靈的隱處，藏匿著許多船影，無論是破浪前進的快感或緩緩駛向遠方……總是讓我既期待又鍾愛。

當我從太麻里海濱看到了浪潮、雲影、礁石、群飛的白鷺鷥和海上飄浮的船隻時，恍惚中，我也成了一隻飄遊的鳥，隨風徐徐地飛著。輕柔的清晨的涼風，總讓我想飛呀飛……也讓我更感活力十足。

縱使塵世有煩憂，也都將被眼前晨光的黃金海面啃蝕。我們經常把「太麻里站」當成「臺灣最早看到日出的車站」，或者稱它是「迎接千禧年第一道曙光」。它所帶來的不只是讚美，還有某種不可言喻的力量！此刻，我又佇立在大海前，傾聽大海深情的低語。在這佳節即將來臨的清晨，我想對它大聲說出一句最簡單卻最想要表達的問候。

「大海──請聽我的祝福。願人人心中有大海、陽光，願世間更溫馨、美好……。」這是我心中多想要發出的歡呼！

－2021.10.1 完稿

—刊臺灣《金門日報》副刊，2021.11.09，及攝影作 1 張。
—刊臺灣《人間福報》副刊，2021.11.09，及攝影作 1 張。

攝影作：林明理

73. 初鹿旅思

　　初次體驗到時光向後轉的強烈感覺，是在一個黎明的初鹿牧場，與中央山脈山巒和隨風播種的咸豐草盛開在原野的時候。我看見白鷺鷥群漫步在綠野坡道之中，鳥聲不絕於耳……彷彿微風從遠古的地方吹來。於是，便開始有了回憶，而回憶將我裹挾而去，使我慢慢憶及那些離我久遠的歲月。

　　與我童年的故土全然不同的是綿延的山脈，以及吹拂而過沁涼的風，幾乎存在著完美。隨後，我又來到山里部落，當我看見熟悉的白色外牆的福音教會，突然覺得整個世界一下子變得平靜，單純而和諧；而當地阿美族對於真正的、簡單的生活的啟悟一直影響直抵我靈魂的深處。

　　更為驚喜的是，步行到離車站一點九公里處，得以近距離地看到小黃山奇岩聳立的美，周遭只有絕對的寧靜，以及對金

色稻穀成熟前的感恩。這一切，就像是在李淑貞編譯的《湖濱散記》中，作家亨利・大衛・梭羅發現一則感想裡寫道：「當我們不匆不忙而又聰慧的時候，我們會察覺具有偉大而有價值的事物有其恆久且絕對的存在。」

這裡的靜美，是我從大自然啟蒙與通過本地阿美族族人的微笑中獲得的感動。或者，在飛馳的歲月中，只要想起這裡的早晨之星，黃金般的溪谷，小黃山的峭壁，遍地的洛神花，早開的杜鵑花叢，還有一座古老的教會和疾駛而過的火車背影，就自然而然感到一種莫名的快樂，心靈的無邪的童年也油然而生。

在*阡陌*縱橫的田野間，有我少小離家的淡淡鄉愁，也有父親的背影、母親臨行的叮嚀的一幕幕感動。我的故鄉是個小農村，不過人們也非常勤勞，那裡有濁水溪，沿途都因農民的忙碌景象而顯得朝氣蓬勃。如今，在山里站後面也有一條古老的卑南溪，就像一條自然宣示的母親的大河，那麼勇敢地奔流不息。

我也喜歡在鄉近的初鹿部落山上，凝望那遍野的釋迦園、樹林發出低沉的聲響。當我轉身漫步到百年的初鹿國小，在週日的上午，只能看到紅土的操場上，風仍在縱情地馳騁著。

我側耳靜聽，恍惚中，有一個聲音促使我更加有力地邁著步子，穿梭在以卑南族為主要族群的巷弄間。一座宏偉的活動中心，設置有「巴拉冠」，以及精美的陶燒和木雕的藝術牆，終於在望。佇立其中，就可以感覺到，這是擁有傳統的古老部落之一，每年七月在這裡舉辦的收穫祭搭建鞦韆架的傳統，以

及十二月時舉行年祭，族人圍著營火跳舞的歡樂。

能像這樣愜意地飽覽初鹿周邊的山水、走過部落的大街小巷，其實是幸福的。因為，永遠有新的故事在等待著我；而晨光和善良的人民的各種不期而遇，也使我感到新奇——在冬天裡的記憶之中。

－2021.11.10 完稿

－刊臺灣《青年日報》，副刊，2021.12.12，
　及攝影作 2 張。

攝影作：林明理

74. 冬日懷想

　　初冬的欒花，綻放出喜盈盈的笑臉，狀似粉紅色小燈籠的蒴果隨風搖曳，在湖畔留下孩童般的一串串笑聲。

　　那笑聲把我帶回到童年，父親伴隨著我成長的日子……曾幾何時，小屋前的桂花也是開得如此熱鬧，就好像歸家的遊子快步地走，大口大口地吮吸故鄉泥土的芳香。

　　我常盼望著春天，風來時，校園裡的阿勒勃枝頭金黃的花瓣如細雨，恍惚中，便化作快樂的甘露，撒遍故鄉的田野、溪流和村落。

　　而今，我久久地凝視臺東大學的「鏡心湖」，它像一小塊天空，明亮且輕盈，輕輕將我環抱，然後我就能感到來自它的溫暖……只要我站在湖畔的大樹下。

　　這座湖不算大，但夠我恣意地坐在書院前，以眼睛去搜尋湖上意外的訪友，也夠我寧靜地去沉思。

　　隨著四季更迭，在湖畔的晨昏，時而有遠方來的嬌客，黑腹濱鷸、花嘴鴨出沒或潛泳，也有黑水雞、大白鷺和蒼鷺等野鳥，出現在一條條銀白色的水花晃動的湖畔、草叢或岩石之上……讓我的思緒常常在這兒自由翱翔。那裡有它的靜謐，我的驚喜；當我鏡頭捕捉湖影的剎那，就像鳥瞰於魔法般的神奇，讓人遺忘時間，忘卻塵囂。

　　周遭山巒披著薄紗般的雲霧，層巒疊翠也是大有畫意的。忽然間，一隻獨行的花嘴鴨落入我眼眸，就像一片浮葉，時隱時顯的，移向湖邊的最遠處……在黃昏的寧靜中，沒有任何騷動。

　　那背影，行在水面上──像是一首詩曲，只有湖畔環繞

著，不禁讓我想起唐朝詩人杜甫寫過的一首好詩《花鴨》：「花鴨無泥滓，階前每緩行。羽毛知獨立，黑白太分明。不覺群心妒，休牽眾眼驚。稻粱霑汝在，作意莫先鳴。」

詩裡蘊藏著詩人飽含辛酸卻不與世俗同流合污的孤獨。當我的眼睛睖著笑，牠是如此地特別，不同於那些在梳羽毛，或者三三兩兩結伴而遊的同類。但或許，對牠來說，這裡平靜無波的純淨，就像故鄉一樣熟稔，讓牠過得單純踏實，因而才選擇在這裡度過寒冬。

歸途，我在東海濕地公園入海口和新豐里橋的溪畔交界，在那片空地上，也有二十多隻結伴而來的花嘴鴨和黑水雞，正在自由地遊戈、覓食。這時候，我想起了一位卑南族阿嬤和她的小孫兒帶領我們騎車去參觀知本天主堂，順道一起去吃米苔目剉冰的趣事。她告訴了我，知本天主堂是天主教在知本最早成立的卑南族教堂；直到分手上車時，她還忍不住回頭，頻頻揮手。

這些甜蜜的畫面，喚起我許許多多遐想，在一個個能喚起我記憶的地方……我心裡突然若有所思。是啊，人間處處有溫情，如果用心體會，便會領略世界給我們的慈悲與美好。

-2021.11.24 完稿

—刊臺灣《青年日報》，副刊，2021.12.19，及攝影作 3 張。

攝影：林明理

75. 牧野遊蹤如詩

　　曾經閱讀過這樣的記載：朱鸝，臺灣話俗稱紅鶯，或大緋鳥，是花蓮縣鳥；但我直到今年冬季，才初次看到牠的蹤影。正因為牠閃閃地翻飛，就要降落到那邊的落葉林、綠油油的林子裡，讓我在按下鏡頭的剎那間更感到急切。

　　不用說，牠穿著一身優雅高貴的紅禮服，像個森林王子般，玉樹臨風，美得真真切切！以致使我感到非得用「難得」來形容這偶遇的驚喜，也開始了一段思慕與懷念。

　　當幾片灰雲在卑南鄉龍過脈山頂上匆匆奔馳，通往初鹿牧場的山路，白蠟樹、木棉樹和開得璨爛的火焰樹卻微微發光。後來，不知怎麼一轉，來到了一條幽徑，吸引著我下車步行在

這空寂的林中，竟然能聽得見枯葉隨風沙沙作響及自己的腳步。

不多時，帶著水氣的陽光沐浴著青巒，也照亮了這片靜謐的樹林、一棵老茄冬樹樹梢上。特別顯眼的是紅嘴黑鵯，一隻隻穿著紅鞋，露出蓬鬆的龐克頭，像是要去參加約會的模樣，極為可愛。牠們在高枝上棲息著，歌聲轉啊轉……還有風聲、竹聲，一起和諧地演奏著。

到了初鹿牧場，遊客顯然多了；原來「初鹿」這地名是由卑南語（muriburibooku）而來。這座高台園區是全臺灣最大的坡地牧場。觸目可及的是青青牧草，周遭有放牧區、森林浴、餐廳及販賣區等不同區域，時見綠蔭，靜賞紅葉；另有雪白的圍欄、紅色的小屋，景色優美無比。

我喜歡坐在歐式造型的咖啡館前，點杯鮮奶茶，向四周眺望，傾聽鳥聲喞啾鳴叫。看陽光輕拂樹梢，落在草坡上的乳牛群或馬棚……散發出斑爛的純金色的光芒，直等到陽光穿過了樹層而溜進來，在落地窗前爛麗發光。

我也喜歡觀看牧場在日光中鮮明地閃耀，烏頭翁、紅鳩等野鳥鼓動著翅膀。諦聽風的低鳴，草叢下的喞喞聲；或遠遠地眺望緩步中的乳牛、白馬，一派悠閒地走著，又停了下來，像一個個上學的乖孩子。這些真實的景象，讓我每一次回來探望時，都感覺草坡更綠了；而通往牧場的路，在冬季裡，更顯得

恬靜。

在廣闊的牧野中，鳥聲總是那麼低微或昂揚，而在回程的路上，那朱鸝的聲音把我的思想帶到老遠老遠去；也讓我想起鄭愁予《夢土上》詩集中美好的詩句：

我在一個隱隱的思念上，
高處沒有鳥喉，沒有花鬨，
我在一片冷冷的夢土上……
森林已在我腳下了，我底小屋仍在上頭，
那籬笆已見到，轉彎卻又隱去了。

我對大自然的奧妙雖然略有體會，但對這首詩卻有更深的感受。這應該是多虧了這個冬天，又在深夜這樣默想時，讓我突然生出一個願望。多盼望再次諦聽那隻朱鸝圓潤的笛音，還有那盤旋於牧場林中——教我難忘的詩意。

　　　　　　　　　　　　　　　　　　－2021.11.26 完稿

－刊臺灣《青年日報》，副刊，2021.12.26，及攝影 2 張。

日月潭攝影作：
林明理

76. 拉魯黃昏的和歌

　　初次讀到拉魯（Lalu）這個充滿古老傳說的名字，是在一個微雨後的黃昏。於是，蜿蜒在涵碧半島水濱的森林氣味氤氳浮動，像是被天使吻過的聲音，縈繞我腦海……而在我耳畔不斷迴旋的傳說，讓我有了難忘的牽掛。

　　那個冬日，幾艘遊艇停聚在小灣的碼頭，夕陽餘暉下的引橋，在微光倒影的潭面，彷若一座聖潔的水晶連橋。少一份喧鬧，多一份閒適。一隻燕子從遠景上飛過來，在樹林上空遨翔，偶見繡眼畫眉活潑於林間。

　　我被水意和黃昏流淌的歌聲引領。恍惚中，我看見美麗的

拉魯島在自由中騰飛，森林與高山也跟著我歌唱。風兒娓娓道來的動人故事，讓我止不住內心的激動，有一種生命的喜悅掠過我的身心。行至潭畔，眺望多彩的雲霞，看白鳥剪水，看層層山嵐在雲霧間搖舞，如真似幻。

Lalu，它是如此素美而富饒，與外界隔絕多年的小島截然不同的是，有一種遺世獨立的孤傲。它是邵族人心中的聖島，因而拉魯一詞也有「心中聖山」之意。每年為迎接新年來到，族人都會齊聚杵音祭場舉行祖靈祭。傳說，邵族的祖先在打獵時發現了一隻白色水鹿，因而沿路追逐到日月潭，但白鹿瞬間變成一棵白茄冬樹矗立在拉魯島上，遂而在潭畔定居下來。我深信，這個傳說深植在族人的記憶中 —— 明燦如陽光！

我想站在北極星斗下採擷四季的風，讓拉魯倒映的鬱綠懸在我心深處。讓記憶裡的潭畔穿過時空，接通了我的夢想。我願是展翼的歌手，繼續傾聽風兒訴說的傳說。那隻白色水鹿輕輕默默走過，沒有任何騷動，就像拉魯生命的溫柔脈動，我只想無拘無束在此逗留。

每當暮色黃昏，Lalu 在落霞中若隱若現……便有種說不出的和諧氣氛。它就像神凝視中一個漂亮的孩子，沿著堤岸在粼粼波光之上戲耍，在樹木間來回穿梭，在啁啾鳥聲中愉悅地歌詠著邵族鄉民。

我願做一尾魚，優游那水畔，浮雲在天上，也在潭中；而

我將一種相思鑲崁進自己的詩裡，在碧波之上騰躍。直到黎明前，朝霞像某段記憶，過濾著群山之上的風與雨。我願聆聽歲月低語，回到那雨後的黃昏，欣賞雨霧繚繞的歡笑。

今夜，月光照入窗櫺，Lalu 那朦朧的臉龐，忽而清晰起來。燈下的我，適巧讀到戴望舒譯書裡有首波特萊爾的《音樂》，詩裡的首段寫著：「音樂時常飄我去，如在大海中！／　向我蒼白的星／在濃霧蔭下或在浩漫的太空，／　我揚帆往前進」夜讀這一段，猶如照見了 Lalu 倒映的身影，總是那麼純淨，煙波淼淼，恍若仙境。那漸去漸遠的身影，如夢般。風中，可有我傳遞的思念，可有我為你高唱的歌謠？

－2021.6.21 完稿

－刊臺灣《青年日報》，副刊，2022.01.02，及攝影作 1 張。

攝影：林明理

77. 德高部落遊趣

　　一個清冷的早晨，我在關山鎮一片廣闊稻田中離開，來到隱在繁華之外的德高部落（Takoban）；周遭山巒，層林盡染，彷若仙境。我看到天色漸亮，聽到麻雀的叫聲；走著走著，不覺地來到社區的活動中心前。

　　我發現彩繪牆中，除了有阿美族的傳統生活，也有客家人戴斗笠、套長筒雨鞋、牽著大水牛耕耘的農夫；這些彩繪牆訴說德高社區的農民傳承百年不變的優質米，也有濃濃的客家風情。

　　據傳說，德高的名稱來自於阿美族社名，清代恆春阿美族人北移進入臺東縱谷平原，日據時期的地圖上就有「德高班寮社」的標示；他們與客家人共同開墾、興造溝渠，成為族群共存百年的傳奇。

記憶裡，似乎家家戶戶門前都有些農具，社區整潔、幽靜。我看到德高國小紅土跑道的操場旁，那些彩繪小野豬、鼯鼠、臺灣黑熊、山鹿和小朋友似乎都活力十足；而這座小學在客語的推展上更是不遺餘力。每當豐年季時，族人仍會穿著傳統服飾，回到活動中心參加表演活動。

我看到國小及教會門口為佳節到來所架設的竹製耶誕樹和裝置藝術燈、紅花盆栽，充滿了期待、歡趣；而德高教會大門彩繪了一個阿美族少女雙手祈禱、目光虔誠，還有神的光照耀著，也使我的心靈恬適。

就這樣不知走了多久，拍照後再停佇，走過社區的每一條小路，像小時候在農村一樣，走得自在不羈，怡然自得。我看到一條小水圳，溪水澄澈，或許它是從山上順著陡坡，引水直達部落；有個小女孩正騎著小單車，經過時還對我笑了。我覺得這裡的村民似乎並不畏懼嚴冬，也沒有任何艱難險阻能夠阻擋他們積極前進的腳步，因此顯得更美。

夜深了，細雨紛飛，下得詩情畫意，無邊無際。恍惚中，遠處的山巒傳來幾聲夜鳥的啼鳴，還有那滴答滴答、雨點敲打窗櫺令人心醉的雨聲。夜變得愈來愈神秘了，而我能感覺到今夜德高部落的夜晚別有一番景象，空氣如同咸豐草，加了甜橘的芬芳。

夜霧籠罩著連綿起伏的群山，我側耳靜聽，只能聽到耳邊的風聲，以及書房外淅瀝的雨聲……但就在這些回憶的時光裡，我的生活樂趣依然如舊，我的繆斯彷彿成了一座小山城，

飄浮在細雨的微光之中。

　　我在書房的燈影下，室內十分暖和，可就在這時，腦海出現了德高社區的面貌。那些田野遠遠望去，愈見清晰、輪廓分明。我記起了童年的家鄉每一寸風光，還有我下課後跟在牛車的後面，朝木麻黃的鄉路上走去……那些聯想的畫面全令我心曠神怡。

　　我暗地裡想像，當新年樂聲響起的片刻，部落的讚頌歌聲多麼像一泓清泉，或遠或近游入我耳畔……而冬夜綿綿的細雨也紛紛灑落了。

　　－2021.12.21 完稿

　－刊臺灣《青年日報》副刊，2022.01.09，及攝影 2 張。

攝影：林明理

78. 石山部落行旅

　　車經中華大橋終於在石山堤防前停定，除了花斑鳩的叫
聲，還有風的聲音、木麻黃的聲音。還未看清卑南溪口濕地的
面貌，就被沿途的大型穀倉、模型戰機和傳統的老茶壺等草編
的裝置藝術給吸引了，件件栩栩如真，讓人不可思議。

　　我感到一種莫名的情緒在心中湧動，不由地抬頭眺望石山
部落活動中心，背景的天空像海一樣藍。而我聽到了部落的回
音……盪漾在對岸的山巒後面，隆起山影的地方。

　　跟著風的步履，深一步、淺一步，向濕地的方向慢慢走去，
畫面完全敞開，空曠而寂寥，只有兩位農夫像是在耕種些什
麼。眼光所及，濕地是稻田黃帶點兒綠，一陣風掠過，甜菊、
咸豐草，都不覺地跳起了舞。

　　可惜我不能繼續往裡看，只有把千樹成林的風景和美麗的雲彩一起帶走。走入石山部落後，感覺變得有點兒親切。剛收割的一畦畦稻田，和飛上電線桿上野鳩的慵懶和溫柔，也打消了我的積極性，讓我學會放慢腳步，體味人生，貼近部落。

　　相傳，百年前阿美族的祖先從恆春遷徙到臺東猴子山、富岡到石頭山一帶定居下來，這區域曾是阿美族的戰場之一；幾經遷移才到目前的石山部落。

　　這是個鄰近志航基地，坐落在石頭山下的小聚落，阿美族人稱之為嘎嘎哇桑（Kakawasan），意指「聖靈聚集之地」。他們的祖先常在卑南溪口到杉原海灣一帶捕魚蝦或廣泛地採集、獵取可食用的動植物；而今，這部落只剩兩百餘戶人家。

　　部落裡盛行月桃編織，有編織達人收集稻草、稻穗做成日式御守結，有的編織草繩銷售；族人以手作工藝為主，讓廢棄的稻草加工後變成黃金。也有從事木雕的青年利用漂流木，在部落附近創作出許多木雕藝術品，默默守護著部落。

　　雖然石山部落沒有華麗的風景，卻有阿美族人傳承先民的智慧，保有傳統木雕和編織的技術，也意外地保存了自然純樸的田野景觀。

　　當我走入部落，在裡面街道兜圈，看到有片彩繪的屋牆時，時光彷彿往前快跑了五十多年，也看到了一個個老農，一大早便在田間播撒耕種。如今也只能在逝去的時間裡，在層層疊疊的回憶中去尋找夢境與真實的畫面了。但湧到我的腦海裡的，卻是故鄉的木麻黃，故鄉的小河，故鄉的土地和唧唧蟲鳴……喚我向童年走去。

我忽然想起最近一位已逾古稀的好友，他的妻子正面臨罹患病苦，而我卻找不到任何有力的字眼給與安慰。當我向群山道別時，正巧是空中鳥聲婉轉，白雲悠悠貼近心房的時候，我察覺這裡的居民因為長年過著儉樸的生活，才能孕育出一片柔和純淨的田野。

願主佑石山部落欣欣向榮，也期盼風兒捎去我對友人的祝福。

－2021.12.13 完稿

——刊臺灣《青年日報》副刊，2022.01.16，及攝影 2 張。

攝影作：林明理

79. 卑南大圳懷想

　　聽說，卑南圳攔河堰興建工程完工後，不但提供了新的景觀，而且卑南溪也出乎意料地增加集水和防止沙塵揚起的奇異，以致於我又再度穿過一切如舊的小路，通向豎立著涼亭的高處，來到這遠離塵囂的地方。

　　這是臺東縣最大的水利公園，以往的圳道呈現「排梳型」的分佈結構，如今，在卑南大圳進水口旁增添了彩繪牆及可愛的裝置藝術。從綿延數公里長的小黃山眺望，它是造山運動形成的斷崖，又名「臺東赤壁」，沿溪而上，眼所盡，旋轉到阿美族的聖山都蘭山，直至海岸山脈盡頭……卑南大圳的群山環繞著我，而我總愛佇立在這裡，在涼爽有風的天氣，從我的小屋走到小黃山之間漫步。

　　今天，卑南溪像平日一樣，平靜無波，偶爾有淺淺的、閃光的水紋緩緩地流過。除了有綠鳩、烏頭翁等野鳥的鳴聲之外，什麼都聽不到。而更遠處，還可看到臺東地質國寶之稱的「利吉惡地」，山壁上佈滿的一條條雨蝕溝，還是那麼自然，以致於除了風，我再不想添加別的景物了。

　　「多麼美呀！」我自言自語，佇立著。我聽到的往往是隱藏在樹林裡的野鳥聲，或是偶見大白鷺飛過溪畔的姿影。有時候，我也會湊近瞧瞧未完全成熟的釋迦果實長在水利公園附近的田園，或拍攝在草地間抬頭望著我的幾隻黃牛。

　　終於，黃昏來了。那群綠鳩竟然飛到最高的枝上，發著俏皮的、活潑的聲調。恰好一隻小黑狗從旁穿過，園區又迴蕩聲音了。牠孤獨地站在防範的陣線，向天空吠叫了兩聲，我才剛剛回頭，牠便急忙地逃離了。唉，可憐的小東西。但隨之躍起的，是野鳩突然驚跑……綠色的身影從逆光的枝上延伸至蒼

穹。

我繼續走到另一個高處，看到卑南溪無聲地綿延著，看到它流向出海口的交匯處，也看到了倒映著的光和筆直的中華大橋；有十幾隻白鷺鷥正掠過大橋與太平洋，融合於海面吹拂而來的風。

我總是驚奇於眼前的利吉惡地，是如此稀有的美！就像是幻想中的月宮表面似的，卻有著更為蒼翠的山體和更為柔和的輪廓線，就像植物的花與奇特的礦石，它們能久遠地生存在那方土地上，且有悠長而廣闊的卑南溪為伴。這次前來，在行經小黃山的風中，我捕捉到這一瞬間難得的暮色，轉眼間，時節已有冬天的味道了。

歸途，雲彩淡淡的，腳步也緩慢下來。我朝著草坪上一隅的「廣沃斯土」這鐫刻著四個大字的立碑，停下來凝望了一會兒，終於體會到，為何這座「卑南大圳水利公園」總在吸引我的原因了。原來，這裡的大自然，無論是山水，或是新鮮的風，更像是我的朋友，也像是藝術，永遠深深銘刻在我的心中。

－2021.10.29 完稿

—刊臺灣《馬祖日報》鄉土文學版，2022.01.17，
　及攝影作 3 張。

林明理攝影及畫作

（此畫由臺灣的「國圖」

「當代名人手稿典藏系統」存藏於臺北）

80. 春節憶趣

　　相傳，唐代詩人史青曾在大殿上以「除夕」為詩，應口而出：「今歲今宵盡，明年明日催。寒隨一夜去，春逐五更來。」詩人一語道出守歲過後，也盼著迎接春天的愉悅心情吧。

　　因為嚴冬一過，不久便是春天。在東岸的人們，並不會因為寒冷而減少春節期間互相拜年或郊外踏青的熱情，大多是家

家戶戶穿上新衣新鞋，顯出興高采烈的氣象。這裡也跟絕大多數的鋪戶在大年初六開張一樣，所以，沿途經過街道時，炮聲不絕，就好像預告過了春節，明天就得回到自己的工作崗位，忙著幹活了。

雖然臺東多半是農村社會，但它也跟其它都市一齊過年，甚至因為有「祈福遶境」與「炮炸寒單」兩大民俗活動，讓過年的熱鬧氣氛持續到元宵節。

我記得，導演黃朝亮以影片「寒單」，讓外界重新認識臺東，讓許多觀眾覺得很特別，也有文化傳承的感性訴求。

像許多旅人一樣，我也選擇在春節到石雨傘遊憩區，就像展翅飛翔的小鳥，看到天堂似的幸福。整片東岸寧靜的海域，從浮在海中的壺穴，到飛得高高的大白鷺，還有木棧道上開得艷麗的月桃蒴果……銀葉樹也開花了，都透射出迷人又愜意的風情。

我喜歡看豎立在海上嶙峋的礁石，抹上冬日金黃的晨光，讓思緒漂向純淨的青藍。這是成功鎮最著名的地質景觀，順著步道走到木麻黃大樹下，還可以看到矗立的東臺灣設教百周年紀念碑，它見證了許多傳教士對花東地區奉獻付出的情感，也讓我由衷地感佩。

離開前一分鐘，我為東岸的大自然──一拍照。路經東河鄉

舊街包子店休息時，每嚐一口，香味撲鼻。忽然想起了三十多年前，曾在左營眷村社區住過，那裡有不少軍眷的美食，如溜冰場旁的山東窩窩頭和紅豆包、市場旁的手工鹽滷豆腐，雖然素樸尋常，卻讓我魂牽夢縈；還有桂花燒雞，也是我眷戀的年味。

那年，我南下就職於中山大學，參與了一項國科會研究計畫。每天搭公車往返時，都在眷村社區樓下的店裡用餐。那些看似極其簡單的家常料理，卻充溢著獨特的味道，配上他們自製的辣椒或小菜，似乎喚醒了我的味蕾，也給了我許多滿足與幸福感。

後來到大學教書，並定居凹仔底捷運站旁，我還是習慣於假日就到眷村轉轉，時而會聽到榮民伯伯們的生命傳奇。

這些畫面是如此熟悉，像春雨綿綿不絕。每逢年節，當我穿過眷村社區擠滿人的巷弄，那騎樓下的各式攤販，從臘肉、槓子頭到各種南北年貨，從酒釀湯圓到手寫春聯，傳說中的眷村味應有盡有。

當時光飛馳，我沉緬於冥想……那些畫面總留給我美好的感覺，而我只想把春節的回憶寫入我的日記之中。

－2021.12.24 完稿

－刊臺灣《青年日報》副刊，2022.01.23，及林明理畫作 1 幅，攝影 2 張。

明理的家：
林明理攝影

81. 小城紀事

　　它是樸實無華、有人情味的，我的新居「臺東」。大概由
於我太嚮往鄉居生活，以及從那些高低起伏的經歷走向寫作的

緣故，讓我毅然搬到這個溫馨的小城。這裡沒有大都會的捷運或過多的高樓建築，卻有許多公園、看不盡的山海、溪流，和各種鳥類的嘩鳴。這便是我夢中的小城，而我自己也不曾如此貼切地感受，無論四季如何更迭，它總是一如既往的從容。

如同初次到榮總臺東分院打完 AZ 疫苗後的情景——一覺醒來，疑慮盡消。「老師，回去後多喝點開水，」護士說。「好的。謝謝妳們，辛苦了。」我起身說。「您下次打第二劑是十月下旬以後喔，請慢走。」那一刻，除了不再忐忑不安，更有不勝的感激。

不但如此。我寫作的書桌前，只要打開落地窗，樹上、地上，常見的都是陽光普照和意外的「訪客」，如頑皮的小松鼠穿梭於門前的矮牆、黑冠麻鷺前來草地間沉思，或是綠繡眼、小燕子、紫斑蝶，時常忙進忙出於樹梢或枝椏間，恍若找回故鄉似的喜悅。就像此刻，窗外一排排小葉欖仁樹響起蟬的聲音，還有在藍空裡閃耀的彩蝶又飛回我的院子……在這座小城裡，永遠不感到寂寞。

晨曦的太平洋常用柔和而熱切的語調對我說：「早安，我的朋友。」那聲音溫柔而親切，無論是風雨過後的濤聲，或經久不息的浪花，這一切都好像讓我確信，這座小城的溫馨是真實的。還有那蔚藍海岸或隱約在太平洋中的綠島，似一首非言語所能表達的史詩，讓我不經意地聽到了繆斯們的合唱。

這裡的冬天是短暫的——可是田野或縱谷間，總會有一片黃金似的歌聲在流動，它輕輕掠過疊翠的山巒，連綿而經久……那令人悸動的綠，讓我久久凝視。在定居八年的這段時間裡，小城走過了風風雨雨，卻處處隱藏著春的熱情。在我心中不變的是，這裡大多是簡樸的族民，總能夠和諧地相處在這片土地上。

這教我想起法國小說家杜拉斯（Marguerite Duras，1914-1996）在《廣島之戀》裡有一句意味深重的話：「我遇見你，我記得你，這座城市天生就適合戀愛，你天生就適合我的靈魂。」不管這是對人或景物的愛戀，其實，每座城市都有自己的風格，有的讓人牽掛或癡迷，有的讓人滿懷愛和幸福。對我來說，我學會了感恩於每一處大自然的恩賜，也感謝這座小城裡的每一位殷勤的勞動者，以及守護我的醫護人員，這是我深刻的印象，也是最真切的感受。

－2021.08.15 完稿

—刊臺灣《更生日報》副刊，2022.01.28，及攝影 5 張。

◎林明理繪畫（此畫由臺灣的「國圖」「當代名人手稿
典藏系統」存藏於臺北），攝影：胡其德教授

82. 在醉月湖的寧靜中

　　記得前幾年，曾與友人來到垂柳浸拂著綠水的湖畔，天空
為我們灑下光芒，一隻夜鷺正跟烏龜說悄悄話。在醉月湖的寧
靜中，我看到三三兩兩的鴨、鵝拍綠了水岸，把倒影在水面的
湖心亭變得更加華美。

　　傅園仍透出一份莊嚴靜謐，恍惚中，那校園的鐘聲依舊，
杜鵑依舊，鳥聲聚集在挺拔的樹端啁啾……而我繼續漫步著，

在緩緩而落的黃昏光線下。

　　來自各方的風把聲音都壓得低低的，它告訴了我，這座位於臺大校內的醉月湖，舊稱牛滴池，原為調節瑠公圳之用。在秋天，更為夢幻；植物在清澈的水中根莖分明，其他生物則把這裡當成至愛的樂園，因此而美。

　　在這氤氳書香的校園裡，友人微笑地指著楓樹說：「多美的秋！」是啊，難怪唐朝詩人杜牧曾有「停車坐愛楓林晚，霜葉紅於二月花。」的讚頌。而我的心像隻歌雀，跟著飛過寬敞的椰林大道，一棟棟建築都洋溢著日式抑或現代化的剛柔相濟之美，讓我把匆忙的腳步慢下來，把心疊上醉月湖的柔波裡。

　　我們在牙買加咖啡前露天座位的大樹下，找一個美麗的角落，一邊享受著翡翠檸檬汁的酸甜，一邊回憶起彼此在大學那段金色時光是多麼歡愉，也交換在大學教書期間的點點滴滴。

　　我愛這裡的流蘇花開，像片片溫暖的雪，淡淡地輕拂著四月的雲天，像個聖潔的詩人，輝耀在巍巍學府間；也愛那片紅杜鵑在微風裡盛開，都讓我情不自禁癡迷於它的美！那一刻，讓我的精神為之激動，忘卻俗慮；而歡聚的時光總悠悠而過，回到繁星滿天的夜裡。

　　今夜，我想用鏡頭，捕捉每一個難得的精彩瞬間，讓我的耳朵貼近醉月湖的詩思，讓花鳥的聲音與記憶東一筆西一劃地

抹著湖光瀲灩，落英繽紛。讓我再一次想起道別的我們，像往常一樣，約定好即將再見，看花兒靜定地開，映著水面上的蒼穹。

　　讓老校長傅斯年無邊的寬厚和慈愛的光照過來，感動我和移動的時間。讓我記住了醉月湖的盪漾，在每一次回憶時，都銘刻心底。

－2021.06.12.

－刊臺灣《中華日報》副刊，2022.01.28，及畫作1幅，照片1張。

林明理攝影及畫作（此畫由
臺灣的「國圖」存藏於臺北）

83. 年節夜思

　　每年的除夕，家家戶戶都忙著大掃除、貼春聯，日前，遠
方的友人卻特地寄來一大盒古早味的大餅，以及「虎年行大運」
的祝福。我一邊接過快遞送來的禮物，一邊想起小時候故鄉的
土地與到處充斥著濃濃年味的街道，就像是辦喜事一樣。

　　小時候的除夕夜，是我記憶中最愉快的日子。這一天，因
為得以跟隨忙進忙出的母親做些什麼，心情格外興奮，似蹦蹦
跳跳的小白兔。俟母親把蘿蔔糕、紅龜粿、煎魚、白斬雞和火
鍋等年菜，都一道道擺上桌，大夥兒便可吃得又香又飽，那時

候的我以為，這絕對是全天下最好吃的美食了。

每當睡前，母親總會對著眼巴巴地望著她的我們說：「要乖乖睡，來，我給你們每人十元的紅包。」我都會當寶貝似的，將壓歲錢放在枕頭底下，然後慢慢進入夢鄉，直到翌日清早，才被窗外的鞭炮聲喚醒，口袋總是裝著紅包和糖果。

婚後，按鄉下的習俗，大年初二是回娘家的日子。母親及兄長總是精心地煮上滿滿一大桌菜餚，像迎接貴賓似的，但那就是家的味道，是我在負笈他鄉或教學的歲月中感受著過年的溫馨的時刻；而圍爐火鍋的熱氣和母親拿手菜的香味，早已濃縮為那段在外求學歲月中對家的最深刻記憶。

歲月匆匆，除夕的記憶也不停地輾轉變化；不變的是，母親親手煮的年菜，是在懷舊中最想念的味道。

記得去年除夕，全家驅車直抵石梯坪看海。我踱著步，在石梯坪海岸遐想，彷彿從古老的童話裡，傳來珊瑚礁群聚的聲音……那兒有巨大的海岸階地，在山海的包圍中，存在著深沉的寧靜。

忽然有隻烏頭翁在枝條頂端招呼我，在前面引路，讓我繼續駛向鄰近的東海岸日昝廣場。蔚藍色的天空裡，有雲絮在多霧的海面上飄移。那兒有壺穴形成的潮池，正傾聽浪潮中各種生命的呢喃，還有隆起的海蝕崖，像仙人賦予各式各樣有趣的

傳說。

　　因為我深愛著大海，那趟除夕之晨的旅程對我來說，是一連串驚喜的音符。而在此刻，我也想起了剛出嫁到北投婆家時，依循老習俗，春節得到正月初五以後市集才開張。所以，每年除夕清早，婆婆會到舊北投市場採購許多年貨，並用心準備色香味俱全的佛跳牆等佳餚，等著我們全都趕回北投家吃團圓飯、祭祖。到了初一早上，再一起到淡水關渡宮拜拜祈福。

　　一眨眼，這些舊時春節已成記憶裡最珍貴的一部分，所以，過年還是要待在家鄉裡才有味道。我懷念婆婆做菜時，總是帶著溫柔又親切的喜悅微笑，我也感謝神祇給了我護佑和篤信未來美好生活的所有信心。

　　在這小年夜裡，我心存感恩；因為，能有溫馨回憶，真是美好又圓滿。

－2021.12.22 完稿

－刊臺灣《青年日報》副刊，2022.01.30，
　及林明理畫作 1 幅，攝影 1 張。

林明理攝影及畫作
（此畫由臺灣的
「國圖」「當代名
人手稿典藏系統」
存藏於臺北）

84. 鶯山花開時

　　每年正月，當梅花開遍鶯山山谷，信步城外，看滿山蔥綠，
白梅飄香，身心不由得隨之自在飛揚。

順著一條山徑蜿蜒而上，只因今年梅樹提早綻放，皚皚梅林猶如雪景。這裡的梅花，是連清風也沉醉，任何字語都不足以形容的那種；歲歲年年，其翩然疏影，散發著樸素的清香，流淌在這山谷之上。

眼前這一切，突然讓我想起了唐代詩人張謂寫下的《早梅》詩句：「一樹寒梅白玉條，迴臨村路傍溪橋」。是啊，正因為梅花不懼風霜雨雪，才得以美得如此質潔、不落塵俗；也讓我的心情悠然，有了重新感受梅花的靜謐時光。

這是春節前一個細雨濛濛的清晨，客家籍的墾民阿茶姐夫婦邀請我到他們的自然農場拍照。像這樣純淨廣闊的梅林，還可以遠眺到對面的山脈、利吉惡地、卑南溪，的確是少有人知的秘境。

我覺得，梅花最美的時刻，是在一日之晨。那種悄然佇立的模樣，從古至今，不知被多少詩人吟頌、讚嘆。尤以清晨的冷雨，讓花開得寂寞，開得執著，卻醉人心扉。

車過鸞山湖、再過溪橋，就看到沿途的梅花、群峰如黛，有鳥聲從竹林深處飄過。我撐著一把花傘，漫步雨中，彷彿走入千年前鄉野的小徑上。這時，空氣中瀰漫一股草香，夾雜著森林的芬多精，還有我既興奮又期待的情緒。

　　雨下得愈來愈密了，襯得山雲如一座海島的船。我聽得到梅花臨風輕舞的樂音，相互傳遞迎接新的一年的訊息。在這都蘭山南麓的鸞山村，我輕輕踩著枯葉，那沃野的白梅香味，撲面而來，把所有煩囂都盡拋腦後了。

　　當我步入阿茶姐的農場，她立即出門迎接，並遞上熱騰騰的豆沙包、親自炒熟的蒜味花生米和茶。我們不必急著回家，而是把別後一年來的思念，一吐為快。我看到園區裡雨後的的五葉松，更綠了。這片他們夫婦守了數十年的梅林，就這樣開在溪谷和鄉野之間，櫛風沐雨，浸透歲月的滄桑與美好。

　　這是我第三次前來鸞山村，而村裡的白梅是冬季裡最引以自豪的標誌。難得有這樣的時刻，可以縱目遠眺，看看這一叢叢梅樹開了花又落，落了又開，使我在夢想悠悠之中，保持對梅花喜愛的忠貞不二！

　　近午，帶上友人栽種的多種高山蔬菜，踏上歸途。回頭一看，他們一邊追著車子，一邊揮著手。車愈開愈快，最後一個鏡頭只能看見車窗外的遠山綿延天際……而開在流年裡的梅花記憶，不曾離開。

　　－2022.01.05.

　　－刊臺灣《馬祖日報》副刊，2022.02.09，
　　　及畫作 1 幅，攝影作 3 張。

85. 這就是愛

或者它　一如蟬翼
必須歷經磨礪
才能堅挺
　飛翔

上帝啊
它必是天上的露珠
我所愛的一切

第一個吻
雖然有點驚慌失措
卻不再空漠

我確信沒有一個靈魂
是獨立的個體
愛給了它
　企盼與勇氣

這就是愛
它需要呵護扶持
有愛
　必不虛此生

－2021.11.04

85. This is Love

◎Lin Mingli

Or it's like a cicada's wings
Must be tempered
To be strong
To fly

Oh, God
It must be the dew in the sky
Everything I love

The first kiss
Although a little panicked
But no longer empty

I am sure there is no soul
That is an independent individual
Love gave it
Hope and courage

This is Love
It needs care and support
With love
This life won't be empty

(Translator：Dr. William Marr)

攝影作：林明理

86. 徜徉鸞山部落祕境

　　微風的午後，沿著素有「臺灣紐西蘭」之稱的一九七縣道來到鸞山部落。一隻淘氣的黑狗搖著尾巴走了過來，汪汪的聲音，好像在問候久違的朋友。風從遠方吹來了，天邊已揭開暮色將至的預兆。

　　這裡布農族語叫 Sazasa，意指「肥沃之地」，族人大多是在日據時期遷移過來的。我想起多年前曾經深入森林博物館，體驗到傳統布農族的美食，還有全程走過森林中交錯粗大的樹林和賞梅的祕境，留下許多深刻的記憶。

　　這次前來，一路上有許多著名景點，其中，鸞山森林博物館周遭沒有喧囂，景物最清幽。我腳步不停歇，獨自往裡面走去，霎時，像換了時空，步入阿凡達追尋的原鄉。還有瞪瞪梅

花在暮靄朦朧中，花瓣似雪景，隨風飄落……開遍了山谷和小徑的一隅。

鳥聲或遠或近，不知在何方的枝頭裡；而路邊的咸豐草、蕨類和樹葉也沙沙地向我喃喃低語。我端起相機，看牠們徜徉在枝上，俏皮、美麗，好像每隻都是大自然巧手的傑作。

我聽見溪水沖擊石頭的潺潺聲響，有鳥聲在林間覓食，叫聲迴旋四散。然後，車又向前駛去，經過富源大峽谷觀景台時，更使我吃驚的是，我可以俯瞰整個利吉惡地、卑南溪谷、小黃山、都蘭灣和臺東市區。

開車沒多久，又陸續看到都蘭山脈與富岡漁港。最後，我站在卑南溪出海口與中華大橋的觀景平台，遠眺臺東機場、石頭山……極目尋找一些恬靜樸實的畫面。於是，我看到蜿蜒的卑南溪倒映寧靜的蒼穹，在純淨的空氣中。

當黃昏在卑南溪出海口閃映著光芒，把溪底統統照亮，讓我的心胸變得開朗時；我看到最遠處，便是太平洋了。那片光的藏匿處，樹林前方的海平面上，我所看到的是廣闊又湛藍的大海，臺東市區、山巒、卑南溪等景物都集結於此。

風兒跟著我盡情馳騁，在那兒前進著……而我卻感到如此溫暖，彷若一顆心仍徜徉在鸞山，與梅影一起掠過的，是沿途一望無際的田野、縱谷的自然景觀，還有我所寄予重遊的盼望。

歸途，已是日暮時分，淡淡的雲彩慵懶地飄過。我想起了俄國作家屠格涅夫寫下的一段名言：「幸福沒有明天，也沒有

昨天，它不懷念過去，也不嚮往未來，它…只有現在。」而北宋文學家蘇軾也說得極好：「夕陽雖好近黃昏。」真是深情浪漫的詩句。

　　我總是痴迷於一九七公路的景色，在遠遠地眺望被太平洋所圍繞的深淺不一的山影之中，或在晨昏之際，看著一群白鷺掠過田野……一條壯闊的卑南溪隨著山勢蜿蜒流過。

　　啊，我願像一隻鷹，獨立不羈，為生命而飛，珍惜每一次遨翔天際的時刻。我願這些大自然美景，永遠延續著，直達我的心靈深處。　－2022.01.06.

　　－刊臺灣《青年日報》副刊，2022.02.13，及攝影2張。

87. 在北極荒野中

一個科學家停下腳步，
看著懸崖下的永凍土層
被地球暖化後…慢慢
滑入大海
感到自己是如此孤獨。

不由得坐在沼澤旁，
信手拾得隨風飄散
毛茸茸的莢果，
想起長滿羊鬍子草的原野
和遊隼歌唱的天空

那遍野的洋甘菊
如此熟悉
麝牛還在島嶼邊緣吃草
棲息地底的旅鼠
仍探頭瞅瞅著

一個因紐特老人說，
「我只希望下一代，

再下一代能看到白鯨
和魚群，在我們咫尺之外
別無他求。」

科學家自嘲地笑笑。
誰也不知在時間軸中
最後定格於何時？
在北極荒野
與世界的疼痛之後

　　　－2021.10.28完稿

70 ● 笠詩刊 第347期

在北極荒野中

一個科學家停下腳步，
看著懸崖下的永凍土層
被地球暖化後……慢慢
滑入大海
感到自己是如此孤獨。

不由得坐在沼澤旁，
信手拾得隨風飄散
毛茸茸的莢果，
想起長滿羊翻子草的原野
和遊隼歌唱的天空

那遍野的洋甘菊
如此熟悉

麝牛還在島嶼邊緣吃草
棲息地底的旅鼠
仍探頭瞅瞅著

一個因紐特老人說，
「我只希望下一代，
再下一代能看到白鯨
和魚群，在我們咫尺之外
別無他求。」

科學家自嘲地笑笑。
誰也不知在時間軸中
最後定格於何時？
在北極荒野
與世界的疼痛之後

－刊臺灣《笠詩刊》，第347期，2022.02，頁70。

88. 臺東糖廠印象

晨光下的蓮池，金而緋粉
溶入了寧靜的青綠色調
昔日滿裝甘蔗的廠房
倉庫牆面影影綽綽
中山堂也恰似在我跟前

接著，一隻雀鳥
像一個演唱家出現了
飛到偌大的原始廠區高唱
突然間　大地
開始甦醒

蜜蜂吻著半醒的露珠兒
鐵馬道上的車聲
輕輕撫動園區
在地小農創業的故事
還在倉庫間來回流連

注.臺東糖廠是山海鐵馬道上著名景點之一，現由臺灣糖業公司
　　花東區處經營管理，已成立「文化創意產業園區」；有一部

份倉庫出租給工藝坊、小農經營農特產品等，中山堂也改為
教會使用。

－2021.10.30完稿

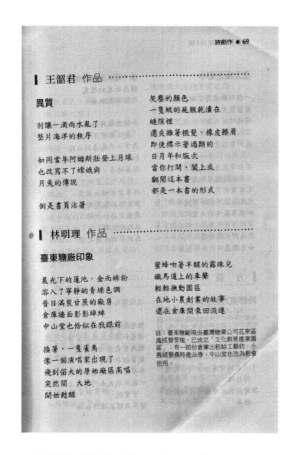

攝影：林明理

89. 冬日遐思

　　那是一個清晨，驅車前往離家不遠的史前館，從前廳走到後院的杜鵑花叢。然後順著小丘，漫不經心地走著，可突然之間看到一座仿復活節島巨石人像，向我揭開了都蘭山、卑南

山、呂家山、肯杜爾山等的位置分布圖，我的驚喜便頃刻尾隨
而至。

這真是個傾聽鳥語的好地方，從寬闊碧綠的草坡上，傳到
靜謐的高處……歌聲無所不在。在微風中，那些排成長列的落
羽松和地上的大樹，繼續伸展它們單純的葉子。除了有位老人
家動情得吹奏起薩克斯風，再沒有人通過，也沒有喧嘩。

我佇立久久，思緒萬千，卻找不出一句適當的詞向群山問
候。忽然想到了出身自卑南族的歌手桑布伊有一首經典歌曲
（路），歌裡的末段唱道：「走吧，讓我們彼此緊繫在一起……
現在就向前走吧！」歌裡的祝福寫在他的臉上，祈禱藏在心
底；而心繫故鄉的情感，也促使他不斷地作詞與歌詠，追尋著
自己的根脈！

在風的低語裡，我仔細分辨，周遭有紅鳩、八哥、烏鶖和
烏頭翁的啁啾，草蟲的輕鳴，還有一種讓人最為心動的聲音，
那就是故鄉的呼喚。風依然吹過眼前的一切，田野、鄉鎮、萬
物和我們的華年。

我知道，當我們每一想起故鄉是什麼感覺。記憶中的河
流、橋樑，每片田野，每條鄉路，還有母親辛勤的背影……都
像這冬日裡的一縷陽光，溫暖著心房。而桑布伊的歌聲（路），
也讓我回想起那段最令人思念、最為純真的日子。

如果說，美好的童年是如此短暫，如此多彩多姿，我卻能

夠在回憶中反覆咀嚼、盡情馳騁，或在眼前這片廣闊的大自然
中得以想起家鄉的種種風景，我就感到遠比在任何時刻裡幸福
得多。因為，幸福不必刻意遠求，往往它就在身邊，或者，只
需靜下來慢慢體會大自然的無私與包容，就足以使我們感覺到
富有了。

　　歸途，順路經過一座市區的原住民活動中心，適巧他們在
著手準備慶祝活動；而對面一座老教會的教友在樂聲伴奏下，
正唱出歡愉的讚美詩。我希望那動人的歌聲可以一直保存著，
這又讓我想起童年與父親手牽手上教會唱聖歌的樂事，在記憶
中，它已經很遙遠了。

　　我站了一會兒傾聽風兒的話語。這裡是卑南族巴布麓
（Papulu），它是日據時期從南王部落（Puyuma）遷出分支到
臺東市區定居的一個小部落。另一個鄰近的阿美族布頌
（Pusong）部落，族人大多從馬蘭部落遷居於臺東女中後方一
帶。至今每逢祭典，族人都會回到這座活動中心前，穿戴傳統
服飾、歌舞，凝聚族群的力量，耆老也會給予祝福。

　　這時，太陽露出半個臉來。我被這麼多歡樂浸透了心靈，
只有默默地感恩；而陽光、大自然始終如一地對著我微笑了。

－2022.01.11

－刊臺灣《青年日報》副刊，2022.02.20，及攝影作 3 張。

攝影：林明理

90. 下賓朗之行

　　一個有一點冷風的清晨，驅車來到卑南鄉綠色隧道北端的下賓朗部落（Pinaski）。此部落多為卑南族，被日本人稱為「檳榔樹格」，街道仍保持日據時期的棋盤式規劃。

當我看到一間象徵卑南族「祖靈的眼睛」的彩繪拉門，分外別緻，不覺走了過去；適巧遇上女主人正要出門散步，便攀談上了，跟著她逛逛這座小村。一路經過賓朗天主堂、百年老屋、舊賓朗車站宿舍、國小、卑南遊客中心……雞鳴與鳥聲，越來越加美好。

之後，過了檳榔橋，她快步似風。我繼續同她走在堤岸下的陰涼裡，或是在水邊種植茂密的釋迦樹邊上，左顧右盼，不久，溪水的淡青色便蜿蜒在俯瞰之中。我深深地暢吸著草香的空氣，看到天空藍得很夢幻，彷彿中，我同她並肩徜徉，周遭只有無邪的童真伴隨著我們，一起享受著大自然的美，也讓我浮想聯翩。

「我早上都步行約七千五百步。我的阿嬤生前豁達，活到一百零六歲，也喜歡走這條路徑，當年的她曾參與種植綠色隧道的茄冬樹……」，她終於開口了。回憶似乎開始在她腦海一頁一頁翻著，她忽然想起與祖母在一起的一幅幅畫面，不禁緬懷起來。

我向邁入七十歲的李亞蘭問道：「妳的卑南族名字是Bulay，中文是什麼？」她說：「這是我阿嬤取名的，她第一眼抱住我時，就脫口而說：『Bulay』，意指：漂亮。」現在我認識她了，她是一位在生活上走上了傳統服飾工藝的卑南族人，而她的長女林惠瑛，是位舞蹈團指導老師，曾帶領原舞團，在海外演出，她就像生命力強勁的文殊蘭，被風吹進了廣闊的

綠野中，又回到故鄉的寧靜，目前專注於原民樂舞劇的創作。

　　這次的步行是很有趣味的，跟著她的腳步，精神抖擻地走了一個多小時。我選了一大片綠的山巒前靜了下來，從堤防吹過的風夾雜著些許草香，不禁抬起頭讓臉接觸陽光。枝上的烏頭翁嘹亮的歌聲在空中迴響，使我也好像回到了孩提時代，撿回一些溫馨的記憶。

　　這時我們已回到亞蘭的家前，發現一個毛小孩奔向她，我驚喜未定，回頭向她的院子望去，旭日已從山後冉冉升起，只見她嘴角揚起一抹微笑。歸途，青山隱約，可我想起來，亞蘭會選擇返回祖先的下賓朗部落定居，應該是她時常想起最親善、最深情的祖母的愛；因為回到故鄉，就好似回到往日撫觸祖母的慈顏與教誨，並始終懷有這樣一種綿綿思念。

　　在下賓朗漫步，一下子便走進了我的童年，街上與田野都非常寂靜，我已好久沒這樣自在地繞行鄉間。雖然世間的哀樂變幻無窮，我們也漸漸學會了隨遇而安與堅強，但我深信，主的恆久不變的愛，會守護著亞蘭和下賓朗這一座民風純樸的部落。

－2021.08.22 完稿

—刊臺灣《更生日報》副刊，2022.02.25，及攝影作 8 張。

攝影：林明理

91. 時光裡的立山村

春節期間，車過花蓮縣卓溪鄉立山村隧道口，周邊真是別有天地。一眼看到賽德克族彩繪勇士、吹口簧琴的雕像等，剛健又醒目的意象，讓我即時捕捉到鏡頭下瞬間的感動。

隱隱的一絲兒涼風拂面而來，掠過溪谷……輕吻著豐坪溪，一條沒有攔沙壩的自然河流。為了探訪部落，我的步履變得輕盈。

若不是恰巧進入立山國小校園，費心去探究，還不太容易發現立山村在多年前就分為以賽德克族居多的山里部落，和多數為太魯閣族的古村部落（Swasal）。據說，Swasal 的太魯閣

人原居於秀林鄉境內，幾經遷移，日據時期日本人把族人集體移往到立山村。

一九三〇年霧社事件後翌年，未戰亡的賽德克族被強制遷移到南投縣仁愛鄉清流社區，而山里部落是花蓮縣唯一的賽德克族部落。立山村人以種植苦茶、文旦等農作物為生。值得稱許的是，有位近百歲的賽德克族文面女長者，居住在村裡，會吹口簧琴，還記得自己的故鄉深藏在太魯閣峽谷裡的 Tosai 部落。

當我看到校園裡牆上有許多圖解族群的故事或精緻的紋面木雕，也書寫著勵志的精神標語時，我想起了電影「賽德克•巴萊」裡的莫那•魯道帶領族人浴血奮戰犧牲後，越過彩虹橋回歸祖靈的故事。

我也看到司令臺的彩繪圖，一邊畫著有個父親指著遠方，像是告訴他的兒子說：「你要永遠記得，那邊的山是阿公的山，河流是阿嬤的河流。」另一邊是吹口簧琴的男子，與族人輕舞。從前人說，要成為真正的「賽德克•巴萊」，意為「真正的人」，男子必須會狩獵，女人要會織布，才能實現自己人生價值。

恍惚中，我隔著時空相看。在時間的窗口，遠處是一片愈見清晰的歷史畫面，而近處的牆上寫著「人可以被毀滅，不可以被擊倒。」讓我知道自己還在立山國小校園裡。在這國小裡，有太魯閣族和賽德克族小孩一同就讀，也讓我印象深刻。

　　山谷中那條豐坪溪，總覺得它在我心裡歌唱。所謂自然的美，是在我眼裡映現出來最原始的樣貌。雖然歷史拍著它強大的翅羽，已飛過許多個年，但這一切都過去了；我終於明白賽德克族曾經打過那一場可歌可泣的戰爭，那是在很久以前，而此刻，卻像任何史實一樣逼真。

　　其實，部落的故事就在我們同一個島嶼之中，而我唯一能做的，就是由衷地祝願部落裡的小孩能夠健康成長，就像我常不經意地感受到他們的友善與溫情。

　　我深信，群山正俯身守護著孩子們。這裡的山是那樣的美，它的基石扎根在大地深處，充滿了力量。今夜，在這寂靜中，我願對著沉睡的孩子們朗讀一首小詩。願大地賜予他們如高山般堅強的心，讓未來更光明幸福。

－2022.02.05.

－刊臺灣《青年日報》副刊，2022.02.27，及攝影作 2 張。

攝影：林明理

92. 遊賞山海隨想

車過南迴公路，麻里巴（maljipa）以微笑向我問候，讓我不禁再度進入獅子鄉轉轉。周遭的雀鳥歌聲活潑，晨光下山巒蔥鬱，有種令人忘憂的清新氣息。

我從入口的遷村七十週年紀念碑、麻里巴狩獵季的標誌，又來到楓林國小的大型陶壺校門前，沿路的排灣族勇士雕像及諸多彩繪牆，讓這個進入恆春半島及墾丁的必經之地開始充滿了歷史風情。

村裡清寂，風兒說，那麼大的山體，曾陪伴族人走過風風雨雨，而我總愛凝聽它講述經受的那些苦難。那是個好久遠的故事，原來「麻里巴」意為「住在山頭」，部落的先民因生活環境的影響，在日據時期遂從原住地高雄洲潮州郡外麻里巴社

（現今枋山溪上游）集體遷移至今日的屏東縣楓林村及臺東縣
達仁鄉安朔村等。

我看到楓林社區裡的盼望與整潔的環境，風俯在我耳邊，
同我談它記憶中的往事與道別的祝福。從社區裡出來時，天空
忽然飄起了雨，像是要向我的心說說話。恍惚中，有歌聲順著
風勢吹奏，時而清晰，時而隱約……朝我的方向飛揚。

我抬頭仰望群山，不覺想起了鄭振鐸在翻譯印度詩人泰戈
爾《生如夏花》書裡說的話：「在心的遠景裡，那相隔的距離
顯得更廣闊了。」我想以這一段話在車窗外浮動的光影中來延
伸我的隨想正合適。

不多久，車過枋山的便利商店，適巧看到郵局開了大門。
我便放慢速度，看到郵局牆上彩繪當地特產芒果，還有大大的
和平鴿綠色便利箱，不禁莞爾笑了，全身心放鬆。果真愈繼續
這趟旅程，愈不感到寂寞。

翌日，抵達恆春半島西海岸的紅柴坑漁港，四周竟空無一
人，候船室在陰雨的天空下顯得更加寂寥。但我心雀躍，猶像
小魚般游啊游……首先從海岸游移過來，稀微的光把對面山巒
下的浪花映得格外潔白，以捕魚維生的村落已籠罩在煙雨裡。

約莫十艘藍白相間的船都聚集在岸畔，周遭開始有悠揚的
歌聲在迷濛的山色中逐漸瀰漫開來。當我穿梭在村裡踱步時，
覺得這歌聲就在我身邊；直到遇見一個候客室的船長朝我點個

頭，我趕緊回笑了一下，深知這一天雨中的小村落靜謐的模樣都已看進眼裡。它的美麗與質樸，也在心底生根。

走過這一天來重重疊疊的山海景物，和那雨的間奏交錯，彷彿都在這一瞬間凝結成一種音樂⋯⋯淡泊而輕柔地移動。那景象中的山巒和陣陣的波濤，領著我走過恆春半島中某些靜謐的村落。它們就像我在人生旅途上遇到的一個拐彎處，往往在雨過天青後會留下一個奇蹟；而那奇蹟恰如前人走過的步履，更像落山風吹過森林和海洋。這一切美好的印象，讓我禁不住想跟著鄭怡唱一段《月琴》，以喚回青春的記憶。

－2022.02.12

－刊臺灣《青年日報》副刊，2022.03.06，及攝影 3 張。

林明理畫作（存藏於臺灣的「國圖」「當代名人手稿典藏系統」，臺北）

93. 湖畔遐思

一天傍晚，我再度來到關山鎮親水公園裡設有八百公尺的帶狀走道上。從茂密的綠樹濃蔭下與倒映在湖面上白色屋頂的表演廣場前望去，眺望著無法想像的湖景，連綿的山巒托著積雲，宛如巨龍盤踞，蔚為詩意與壯觀。

園區與全台首座環鎮單車道結合，我仍喜歡回想上一次騎著鐵馬將沿途的水圳、稻田和夾道小徑的花木所留下的回憶，好好享受放鬆的自己。倘若不深入聚落，是沒法看到布農族和

阿美族昔日生活的面貌。

在我愛的天空下，正好可以在戲水區與那片掩映著湖光山色之間駐足觀賞一座水源來自新武呂溪和卑南溪溪流的人工湖。我走下了石階，草地上一片寂靜……在風兒的吹拂下，幾片雲塊從湖上向群山那邊飄去。

我走得愈來愈慢，生怕驚動了棲息在附近的黃頭鷺、白鷺鷥。是風，漸漸牽引我向園區後方，來到一座標示著原住民廣場的草地。那裡的高樹與花卉發出純潔的芬芳，有幾隻小松鼠結伴而行，從繁茂的樹攀爬、跳躍而下，一直到那遼闊的廣場上遊玩。

當我步向划船區，想像遊客在划船時還可能遇見苦花魚的樂趣，便產生一種安適感，不覺在腦中進行起合奏，想像著音樂的世界，想像著，若是在夏天的戲水河道旁，我可以撩起褲管戲水時該是什麼樣子。

我最喜歡步向以蘭嶼獨木舟為設計概念的吊橋，諦聽大水車發出嘩嘩的水聲。在它旁邊，還有一個大涼亭，裡面有個三叉山事件紀念石碑，靜靜地被綠樹環抱，泛著稀微的光。

太陽快落山了，在斜暉的夕陽下，我的心仍像鳥兒般雀躍。這裡的一切都那麼新鮮，充滿活力而可愛。當我走出來，走到遊客中心的噴泉旁，有幾個小朋友開心地跑來跑去，家長

們也在一旁幫忙拍照。遠處籠罩著一片柔和的山霧，樣子很溫暖。

　　我由衷感謝親水公園再次帶給我的回憶。那湖畔，那林中的聲音，像是如此熟悉……不禁讓我想起非馬中譯美國詩人佛洛斯特（1874-1963）一首流傳已久的自然詩篇〈雪夕停馬林邊〉，詩裡的最後一段：

　　這樹林可愛，深邃且幽暗。／但我有約待踐，／在我睡前還有許多路要趕，／在我睡前還有許多路要趕。

　　多麼美而純真的詩句。詩人筆下所描繪的一幅空曠而恬靜的雪夜裡的景象，很容易讓人靜下來發現，原來，美是無所不在的，尤以大自然的美麗和靜謐，最能將所有的煩惱拋諸腦後。

　　當我轉身向湖畔道別時，耳邊盡是悅耳的風聲，像是低吟一首無比柔美的歌，並對著我的耳朵，吹著一抹微笑。

　　而此刻，妙曼的月兒從院子裡的風鈴木樹梢移過，溫馨而靜好……我也慢慢領略這個世界的萬種風情與給我的慈悲。

－2021.12.09

－刊臺灣《中華日報》副刊，2022.03.06，
及林明理畫作 1 幅。

攝影及畫作：林明理（此畫存藏於臺灣的「國圖」「當代名人手稿典藏系統」，臺北）

94. 屏東見聞札記

　　一個微雨的清早，窗外泛著層層的寒意，驅車到獅子鄉楓林村、丹路村的新路社區。當所有的野鳥振翅起飛，我細心傾聽，風聲來自山巒頂上，在當地百年梯田和老林間馳騁……有排灣族人種植山蘇、甜菜根等有機農作物，在某一角落。這裡

的人口不多，但生態豐富，循著深林，還可看到難得一見的「等高線緩降橋」；全球只有五座這種橋，其中兩座就建築於此。

車經「看海美術館」，有許多大型裝置藝術佇立在海口港的無人沙灘上，像是跟著落山風起舞，有如來自藝術家真摯的祝福。除了群聚的小漁船，還有沿途可愛的風車藝術造景等，帶給許多旅人一些溫暖的回憶。

而「龍鑾潭自然中心」是少見的內陸自然濕地，素有恆春八景之一的美稱。天氣晴朗時，也可透過館內的望遠鏡看到大白鷺、黑鸛、小水鴨、綠頭鴨或蒼鷺的蹤影。園區林木繁茂，還有重疊的鳥聲，讓萬物在這一瞬間都復甦了。當我看到前面一家人也正珍惜著同遊的時刻，那是最真實的幸福。

鄰近龍鑾潭邊的龍水社區，是個無毒稻作的農村，擁有自然的湧泉。我在雨中穿行，視野中，綠茸茸的秧苗才剛剛播種，便彌散出泥土芳香清純的氣息，充滿著一片綠意。有別於他處的是，這裡的農民堅持用傳統工法建造溝渠，並積極種植「有機琅嶠米」、蘿蔔等農作物，讓耕地復歸於自然。

我愛這樣的寧靜，愛這裡的田野，愛風中的白鷺鷥，牠們像一個個清純的仙子……簡直多得數不清，愛這天堂般恬靜的生活。因為，它們也讓故鄉的一切都變得清晰了。

車經南灣，仍陰雨綿綿，山巒蒙著白霧，好像沉浸在夢中，

海面靜寂。選擇在附近一間靠海的咖啡館用餐，點杯熱茶和美味的法式鬆餅、鹹派，緩解這一天來的疲勞。

在下榻墾丁海邊客棧的翌日，朦朦朧朧地看到遠方一葉汪洋中的小舟奮力駛進廣闊的大海。那一刻，讓我油然想起清代詩人查慎行的一首《舟夜書所見》：「月黑見漁燈，孤光一點螢。微微風簇浪，散作滿河星。」也懂得了每種生物都有其生命的意義，每位勞動的漁民都有自己的責任感與辛酸。

天色雖然迷濛，我望著那海中灰白的雨絲，那一簇閃爍不定的漁燈，恰似小小流螢⋯⋯用舊了的藍色舢舨反而發亮。我無法一一記錄每處風景的花木鳥獸或山川地理，但每一憶起走過恆春半島的幾處村落，從我的眼眸延伸開去，那萬水千山的深處，便漸趨清晰了。

只要在夜裡品茗一口熱茶，那些美好的景物便隨之生氣勃勃，散發著豐富的意涵。就像這場雨，滴滴答答地落下⋯⋯似一首逸緻的小詩，隨著風飄。聽著聽著，也帶我漸漸進入了夢鄉。

－2022.02.09

—刊臺灣《馬祖日報》副刊，2022.03.07，
及林明理畫作 1 幅，攝影 3 張。

攝影：林明理

95 思窪撒爾尋幽

　　一天，初次與思窪撒爾（Swasal）目光相遇，入口處，有座瞭望臺和太魯閣原民雕像的涼亭。仰望一棵高大壯碩、經林務局鑑定為「九重吹」的老樹，它凝視著前方純淨的世界，像巨人般的深情目光，引起我停駐留連。

　　我一邊貪婪地暢飲從秀姑巒溪第二大支流「豐坪溪」吹來的風，品味在其北岸的緩坡上一座靜謐的小村而感到陶醉；一邊凝神注視一對太魯閣勇士和吹口簧琴女族人的雕像。恍惚中，我聽到部落的風訴說著一段過去歲月中所留存下來的故事。

　　那是遠在五〇至六〇年代的 Swasal 部落，家家戶戶生活並不富裕、左鄰右舍幾乎無電視機可看。有一天，忽然有一店家

買了電視，立即引起族人好奇，且不惜攀爬上這棵樹，輪流偷看一部紅遍全臺的連續劇「保鏢」的演出。雖然時光荏苒，那段歲月遂成了當地太魯閣族居民難忘的記憶之一。

老樹常青，清風仍晝夜不停地吹拂。若細細聆聽，那棵「九重吹」老樹交織著大大小小的故事，把族人多年歡樂、悲戚的情感與思緒都連在一起，還能綻放出閃爍碧翠、密集的枝葉，籠罩晨間柔和的光芒。

風中，似乎還傳來口簧琴的樂音，所有花兒、溪水都跟著輕歌慢舞；迂迴的旋律恰似豐坪溪淙淙流淌，發出水晶般動人的音響。歌聲穿越時空，越過山巒和河流……也跟著族民去找尋一些古老而美好的記憶，並從中得到了安慰。

我走著走著，便循著歌聲引領。原來這座古村部落，又名「思窪撒爾」，深藏在花蓮縣卓溪鄉立山村；它擁有群山環繞、稻田與河谷，還有獨一無二的地景。

據說，其先民翻越中央山脈到立霧溪上游後，自稱為太魯閣（Truku），族語意為為防敵人偷襲的「瞭望臺之地」。日據時期，由頭目帶領遷徙到三笠山，教會也遠從天祥遷徙至立山村。村民因歷經颱風、山洪等破壞，致耕地減少；臺灣光復後，族人大多遷到古村部落下方與布農族共同生活，也重新建造了「思窪撒爾教堂」。

沿著古村部落外環道蜿蜒而上，可眺望到部落、縱谷平原，還有豐坪溪畔。住在高處這裡的族群有許多布農族，他們以柚子為主要農產；豐收季時，常可在鄉道上看見族人揹傳統的籐簍，採集鮮甜文旦柚的樸實景象，深具山城特色。

今夜，繁星灼灼，彷彿在祝福思窪撒爾族群之間和諧無間的友誼。我還真是有點詫異這裡的族民熱愛鄉土，珍惜生活的

樸實平靜；就連大年初二，路經古村部落時，四周環顧，也是一樣安靜，就像走進桃花源般美好。

我似乎記起英國大文豪莎士比亞有段話：「黑夜無論怎樣悠長，白晝總會到來的。」我想，這正是走過風雨的思窪撒爾讓我回想的象徵。　　　－2022.02.20

－刊臺灣《青年日報》副刊，2022.03.13，及攝影 2 張。

96.

林明理攝影及繪圖，此畫存藏於臺灣的「國圖」，
「當代名人手稿典藏系統」，臺北

96. 秋在金崙

　　金崙大橋位於太麻里鄉，近來被媒體譽為「最美的高架橋」，是南迴公路拓寬的一項重大工程。大橋的北端與下方金崙車站站場、太平洋以及中央山脈的大武山緊緊相鄰，每逢連假，遊客如織；卻很少人願意邁開腳步，真誠地駐足在橋畔欣賞山巒巍峨的身姿，或者探訪部落的模樣。那週遭深淺不一的綠與藍，宛如晨光的羽翼輕拂我的臉龐。

　　在大橋與山海、部落之間，我已然找到了搖動我的記憶的某樣東西。只一瞬間，我的想像力突然振翅飛起……於是，我讓思維馳騁，盡情游向大海的寂靜，游在鋪滿了黃金、流淌玫瑰色的海面。

　　我並非善感，但嚮往大海，總是常常這樣想著：它永遠在深邃的天空底下默默地等待著什麼。它好像有一雙澄澈而非謎樣的眼睛，從春天直到歲末冬寒，卻絲毫不在乎常年四處漂泊。它從不自視浪漫，也不向迢迢遠方逃避，而是選擇時而平靜、時而奔騰，眸子閃爍，然後沉默。

　　而一旁矗立的大橋，只有長長的身影，像個無畏的勇士，

堅守崗哨；它沒有忘記太陽、月亮、星星、路過的松鼠，或者
飛行的蟲鳥。它只想看看秋天搖擺的落葉和它的家鄉，看看部
落裡孩子的眼睛，如童話般無邪的笑著。因而，大橋讓我留下
了記憶，而這記憶永遠難以抹去。

　　步入金崙村，就像走過許多的歷史痕跡。登上高處，頭頂
的天空藍盈盈，秋天已成了多彩的詩國。純潔的百合花、排灣
族的彩繪牆、大武山生態教育館的記錄影片，還有一座紅色的
鋼造拱橋橫跨於山巒間的河流之上；在這週日的上午，從聖若
瑟天主堂傳來的讚頌詩歌……都變成幸福的所在。

　　我在部落的街巷裡穿梭，像隻隱形的魚兒在歌唱，如同生
命充滿驚奇和夢想。在這裡，我可以大聲而清楚地發問族人，
查詢每一個大頭目之家的去處，也可以聽到大自然與我相遇的
欣喜。是的，就是有這些回憶，莫名地感動了我，讓我親歷這
種種。

　　踏上歸程，從太麻里到知本之間，經過一個最美下坡路段
時，我停在有夏威夷之稱的「華源灣」歇息片刻。遠遠地，從
天穹最遙遠的邊沿，還可遠眺都蘭山和綠島。我想起《慢讀里
爾克》這本書裡，德國詩人里爾克（Rainer Maria Rilke）有句
意義深遠的話：「在重新見到童年之物時／我們學習重新看見
自己：／我們雖明白多年過去了，／此刻卻也感受到前進之路。」
我可以理解這個，因為，這個早晨像是參與一項大自然的邀請，
我把在那些已逝去的童年的美好帶回到這個海岸上來。

今夜，秋意已濃，我由衷感謝每一位工程人員的付出與辛勞。我願大橋的天空懸掛清明的雲彩，一隻飛鷹自由地徜徉於大武山的蒼穹！　　　　　　　　　　　　　　－2021.09.02

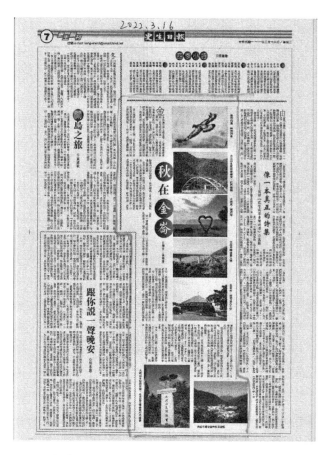

　　－刊臺灣《更生日報》副刊，2022.03.16，
　　　及畫作 1 幅，攝影作 6 張。

攝影：林明理

97. 漫遊鄉野札記

　　連假期間，當富里農會碾米廠附近變為粉紅波斯菊花海的時候，不但成為一道美麗的風景，還提供了新的裝置藝術景觀。我雖常在富里火車站公園前休憩、聽紅嘴黑鵯鳴啼，但是今年花海竟如此別出心裁，讓我產生春日的種種遐想……在遍

地花海的盡頭，黑猩猩家族的逼真造型感染了我，而以前我未曾站在那裡，看白鷺鷥冉冉飛過，鳥兒雀躍地歌唱。

車經卓溪鄉古風村的白端部落，恍惚中，時間緩慢移動，使人以為從古風天主堂傳來優美的讚頌，歌聲掠過穿著傳統服飾前來聚會所參加慶典的族人，掠過彩繪牆上的貓頭鷹和布農族勇士射箭的雕像……蔓延到周遭的田野、山巒和溪流。路上只有兩位修女並肩、神情輕鬆地走回天主堂。除了風的呼喚，一隻小黑狗好奇地跟著我，言語好像在這個與世無爭的小村是多餘的。

當我路經萬榮鄉紅葉部落，徐徐走進紅葉國小，除了鳥聲，還有孩童打球的聲音之外，什麼都聽不到。雖然是初訪，但我卻感到如此熟悉。幾乎不必費神思考，就能聽到風兒娓娓道來部落的故事了。

原來，早年居住在紅葉村的阿美族人，住在派出所山麓一帶；因歷經風災、洪水等因素，遂遷徙到現今的鶴岡。之後才有太魯閣等族人遷來此地定居；而村裡的太魯閣族屬賽德克亞族的托魯閣族人，多居住在瑞穗溫泉西側的紅葉溪左岸，即「紅葉部落」。

終於，黃昏來了。我站在部落的活動中心前，興致勃勃地看著周遭的彩繪牆、射箭廣場和勇士的雕像。這時，天空有山雀飛來，又飛往楓紅的樹林那端去了。一隻黑狗見我來，在街

巷中沉默地站著。直到我逛了一圈，驅車離開時，片片楓葉飄
落下來，周圍都可以看到寧靜的村人走動，還有幾個孩童天真
地笑著，在團聚的幸福時刻。

　　翌日清晨，車過瑞穗鄉舞鶴村的迦納納部落，它位於秀姑
巒溪及其支流紅葉溪匯合處。只見巷道的炮仗花下垂的橘黃色
花序，帶來了早春的氣息。風用溫柔的話語前來迎接我，並帶
著我走過綻放一簇簇白梅的迦南教會，天主堂、司令台和聚會
所附近的茶園……電線桿上有成群紅鳩，在風中歇息或飛著。

　　這裡的阿美族族人以拔仔社遷徙來者居多。我想起前年初
次在這片廣闊的茶園與一隻歇在電線桿上的老鷹邂逅。那是部
落裡苦楝花開得最美的一個三月天，入口標誌前，還有兩大棵
櫻花樹開得極為燦爛。

　　這次故地重遊，心情好極了。不禁想起了鄭振鐸譯印度詩
人泰戈爾在《生如夏花》詩選裡的一句：「花瓣似的山峰在飲
著日光，這山豈不像一朵花嗎？」是啊，徜徉在花蓮山巒的懷
抱，大自然會讓心靈沉澱下來，靜靜地享受恬適與飄渺。

　　　　　　　　　　　　　　　　　　　　　　－2022.2.28

－刊臺灣《青年日報》副刊，2022.03.21，及攝影作 3 張。

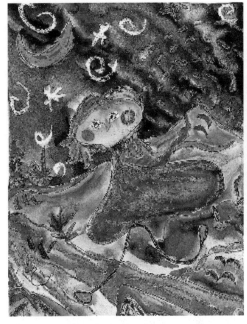

林明理繪畫（此畫作存
藏於臺灣的「國圖」）（北
京大學秦立彥教授電郵傳
來拍攝的北京故宮博物院
宮牆的樹）

98. 春節憶家鄉

　　家鄉，是世上最美的牽掛，也是最值得謳歌與懷念的。

　　對負笈異國他鄉的遊子或者我來說，那流年中故鄉的面
容，時時伴著我，走過風雨，在我的心上縈迴。尤其是在今年
春節山城的寒夜，友人立彥教授遠從北方傳來傍晚的月亮、校
園的梅花，北京故宮的紅牆，還有她家中一隅的波斯貓，信裡
盡是對家鄉滿滿的思念與翹盼，讓我不覺地跟著記起一些往事

了。

多少年，我常沉醉在故鄉那片純樸鄉野的夢裡。母親種菜、洗衣，年節前，手作蘿蔔糕、煮飯的背影，父親戴眼鏡專注於工作的神情，以及童年的逸事。這些難忘的畫面，合組成故鄉永遠充溢著令人懷念與永不褪色的印象，恰似一彎月亮，潤濕了多少客子的心窗。

當它在喚我的時候，晨光乍現在家前，連同炊煙裊裊上升的田野……我便聽到了窗外的雞鳴聲，還有風在碎石的小路上徒步。只這一瞬間，我也會在門前的小樹下哼著，跟著遍野的油菜花飛舞起來，而枝上的雀兒也唱出我心中的歌。

聽，故鄉的小溪又唱了。恍惚中，我張開臂膀，雀躍奔跑於金霞下那黃澄澄的一畝畝稻浪，隨牛背上的炊煙飄來。我愛蒼穹下的田野，愛那些熟悉的景色。我懷念街上的餅舖傳來熟悉的味道，那拐彎的路盡頭，校園裡的老刺桐樹開出鮮艷火紅的花朵。

今夜，一壺老白茶，沏著舊時光。浮光底下，多少尋尋覓覓的憧憬，恍然清醒。那無數的瞬間，織就成綿密的鄉愁。

在我的眼睛深處，我的故鄉是在濁水溪畔的小村，小時候，我時常看到白鷺鷥成群舞躍，伴著收割機的聲響，自由輕啄……全村的農作物都在田裡，土地永遠有著靜默的力量。

　　黃昏來了，有水牛在遠方放牧，農莊的房子、綠田，還有吱吱喳喳叫個不歇的麻雀。我曾在那裡歡笑，也曾在那裡夢想。年夜飯時，桌上都是母親栽種的菜香和自產的白米、白斬雞、紅燒魚等佳餚，融入一家人的歡聲笑語；每一憶及，讓我又重溫一次舊夢。

　　而今，來自遠方的友人也適時傳來幾張照片及問候，讓我的心也跟著在故鄉前面飛馳，輕輕地牽引我越過中央山脈，越過無數綠野平疇，越過將近一甲子時光，像隻自由歡快的灰鳥，盡情飛騰，還吹著高亢悠揚的口哨。

　　我的友人也是詩人，她的詩筆有奇氣，一滴墨便讓江流激盪起來，也讓我們的友誼升溫，讓我的歌聲穿越時空，來到了北京這一個古老又現代化的城市，用我粗獷的言語和深情，也向她致上真摯的問候。

　　我看見了歲月流逝中，北京城的繁華與沉默，也看到了友人的詩句，像迎向曙光的百合，洋溢著對未來的憧憬與希望。而時間過去了，我們都把對故鄉的愛留了下來。

　　讓記憶抵達過往吧，讓島國凝聚成祥和，年年都能透過風兒傳來我們魚雁往返的佳音。讓今年的春節諸事順遂，遠方的友人都安然自得，在我住宅後的群山環抱下，太平洋的水聲如琴，交錯於時間之流與月光之中。

－2022.01.26 作

－刊臺灣《青年日報》副刊，2022.03.24，及林明理畫作 1 幅。

*2022 年 1 月 26 日　週三　於 下午 9:54

明理博士好：

　　《念故鄉》畫中的小女孩真可愛，天真質樸，藍天和紅月亮也可愛。有一個鄉村的根是很幸福的，鄉土總給人踏實的歸屬感。您文中寫到的令堂大人做的飯，讓我垂涎！

　　春節快到了，送上真摯的祝福，祝福闔府順利安好，願能早日相見！

　　　立彥

林明理攝影

99. 卓溪部落吹古風

　　曾經在地圖搜查裡看到過這樣的記載，卓溪鄉是花蓮縣中佔地第二大，人口密度卻最低，鄉內居民以布農族為主。因此，很想到那裡去看看。今年二月的一個早晨，驅車往石平

（Sikihiki）部落時，大地似乎剛剛醒來，晨霧徘徊在前方的秀姑巒溪與海岸山脈和後面的中央山脈山林之間。

　　風的低鳴，鳥雀拍著翅膀的聲音，橫過了石平國小校牆、村裡的大街小巷，聲音時而昂揚，時而留戀低吟……這種令人想念的聲音，就像是聽到八部合音的頌讚，流傳不絕。

　　霎時，陽光穿透了雲層，在田野斑斕地發光，也照射在布農族搗米、射擊等傳統祭儀的彩繪校牆上。雖然村裡人口不多，族人多從鄰近的大肚、丹那、馬里旺等地遷移過來合併而建社，但始終保持著純樸的原鄉風貌。據說，部落裡有位少年在貧困中仍努力不懈，於美髮大賽中勇奪全臺第一名。這些點點滴滴串連在一起的勵志故事，比到各地尋幽更精采。

　　車繼續彎進了古風部落，但見一片廣闊的田野，綠到天的盡頭，有數十隻白鷺鷥飛翔或棲息於田埂中。這裡的族人原是居住在「瓦拉米步道」附近，因日據時期發生了「大分事件」，才遷移至此。而卓楓國小校牆彩繪各種布農族習俗，有著布農部落的與眾不同；村裡的學童個個都能唱出童謠，依舊溫暖人心。

　　恍惚中，跟著風的步履，走進了環山竹林步道、竹橋。那兒有野生鳳梨、樹豆和月桃等多種原生植物。思緒不禁跟著飛呀飛，終於回到了拉庫拉庫溪谷。那裡有澄碧的水，公鹿、黑熊、紅嘴黑鵯、貓頭鷹和不間斷的蛙鳴……而迴盪在山谷的布

農族歌聲，久久不去。

　　印象中，布農族崇尚自然，就像他們為了讓天神聽見對大自然的尊重所唱出的古調，是那麼純樸而感情真摯！儘管歲月過去了，部落的靜謐仍是初始景像。

　　太陽下山了，驅往休憩旅店的路上，只有車聲輾過黑夜的沉寂。翌日下午，路經卓樂部落（舊名「卓麓」）。一下車，便看到天主堂旁的老樹、扛山豬的勇士雕像，也有穿著傳統服飾，手牽手、圍成圓圈合唱的布農族雕像，還有高聳的「卓樂事件紀念碑」。我一邊走著，一邊向發出親切微笑的小女孩揮揮手，而陽光同樣映在她稚氣的臉龐上。

　　今夜，雨聲淅瀝，卓溪鄉的田野、莊稼和村落，都在夜晚的沉默中輕輕地掠過。凡是走過的部落，都會勾起我一串回憶。

　　能夠像這樣近距離感受這些擁有神音故鄉的族群，在風聲和雨聲、樹林的萬籟之聲混雜在一起，從距離山巒的遠方傳到潺潺的溪流。它的心影和歷史中布農族英勇的故事，就像一首永不被遺忘的抒情史詩，遠了，又近了……在我即將進入夢鄉的時候。

　　　　　　　　　　　　　　　　　　　　－2022.03.03 作

—臺灣《青年日報》副刊，2022.03.27，及攝影 2 張。

攝影：林明理

100. 瑞穗鄉旅思

　　冬盡，細雨如煙，染綠了兩旁的小葉橄欖樹，染綠了紅磚道旁怯怯的含羞草……而我正陶醉在旅遊的回憶之中。

　　那是連假的一個早晨，我來到了瑞穗牧場。記得有一次來到這裡時，正趕上放牧的乳牛在廣闊的草地吃草，柵欄外大片的油菜花都在風裡搖曳，唯獨那隻到處蹓躂的駝鳥，還有數十隻鳥兒齊飛的模樣，最能吸引我的目光。

　　我們在牧場流連了一小時後，車過瑞穗車站，一會兒便來到瑞祥部落，一個屬於秀姑巒阿美族的溫泉部落（Wnsing）。傳說，這裡有許多阿美族人係從瑞穗鄉奇美（Kiwit）部落遷移到瑞祥地區形成現在的部落，亦有「小奇美」之稱。

　　沿途的彩繪牆，畫著阿美族、賽德克族、撒奇萊雅族、噶

瑪蘭族等族群融合的笑臉，充滿諧趣，讓旅人放慢腳步，感到好奇。相傳日據時期，因移民到瑞祥村的日本人發展溫泉產業後，當地阿美族人便稱自己為「Onsing溫泉部落」，那個時代，居民也種植菸草，促使當地有傳統領域、溫泉、菸草的多層風貌，為其特色。

抵達瑞良村，屬阿美族的的法淖（Fanaw）部落時，才發現這部落裡也有融合少數的泰雅族、排灣族、卑南族等族群。我原以為族人應是自由且無慮的、有宗教信仰、各自族群和諧的歡樂；但此刻才明白，任何一個部落都有自己的一段辛酸史。

族人敘述道，春節或慶典是這裡最愉快的節日，因為它有著對過去歲月的回憶及未來的期許，也是對家園凝聚感情的最高點。

而族人認為結婚是整個部落的大事，也是讓遊子們回來團聚的最佳理由。在節慶或重要祭典晚會時，他們會點燃燭光，族民同歡高歌，十分溫馨感人。

活動中心前，有阿美族勇士撐了一艘小船的雕像，栩栩如生；還有個騎著小單車來回繞彎兒的孩童微微笑著。適巧眼前出現了一個熱鬧的婚禮舉辦後的寂靜，只有鳥聲在繫著幾隻老鷹風箏的菜園鳴叫。這一切彷彿時光倒流，空氣中透著園子裡蔬果的芬芳。

我想起宋朝詩人田畫的作品之一（築長堤）：「老夫七十嫗與齊，五尺就門生兩兒。夜來春雨深一犁，破曉徑去耕南陂。」恍惚中，我看到先民穿著傳統服飾，帶上魚簍、魚網或各式農

具在河邊捕魚或耕作。雖然這裡的居民多為上了年紀的長者，但我仍可以感受他們耕種或上山採黃藤的辛勞。

　　當風兒在空中傳來一首熟悉的歌謠，一群烏頭翁在友善耕作的族民那寧靜的一隅，帶來了回應的聲響時。我不禁自問：從部落中到底想學會什麼？我學會謙遜，學會永遠有勇氣、有力量向前走，哪怕是從中單純的欣賞鄉居生活所帶來的愜意，並從中懂得大自然的道理，是永遠也不會太遲的。

　　　　　　　　　　　－2022.2.23

　　　　－刊臺灣《青年日報》副刊，2022.04.03，及攝影 2 張。

攝影／林明理

101. 暮秋山海行

　　拂曉時分，從海面吹來的風，有點兒涼……穿透黑暗的天
光逐漸開了。與星辰一起掠過的，一輪上弦月出現在豐濱鄉村
落的深深懷念中，不只是由於它的靜美，也不只是由於海水已

泛著微光；畫面所橫著的點點白鷺鷥和剛出航的小漁船，確實是一大鼓舞，那是太平洋旭日初升的時候，我感到生氣蓬勃。

岸上的椰子樹、香蕉樹和房屋仍是一片灰黯的輪廓，但美是無處不在的，即使是在消隱的星辰之上，或是閃現然後飛離的烏頭翁。恍惚中，風吹過天空，停歇在我心靈深處……有個聲音在奇拉雅山的山腳之下隨著風聲轉啊轉。

我想起站在貓公部落（阿美族語 Fakong）河濱公園的河堤步道上，初次看見村落的模樣……想起了跨過豐濱一號橋，走一小段路，便可看見阿美族的聖山奇拉雅山〈Cilangasan〉。據說，數百年前，阿美族的祖先為了尋找居地來到貓公溪，看到整個山谷都是生命力強韌的貓公草（亦稱文殊蘭），遂以文殊蘭的阿美族語為地名。

黃昏的八角亭造型的貓公部落聚會所，是安靜的。部落依著貓公溪（八里溪灣）而立，河畔公園是在部落的旁邊，有圓型廣場、傳統屋、看台等。從貓公溪眺望聖山，簡直美極了。在它的光芒下，我沿著彩繪圖騰的橋畔，再繞行到部落裡的巷道，一路上看到有族人在編織輪傘草背墊，也有製作苧麻繩編織提袋。

豐濱教會等外牆，也是色彩豐富的。它描繪貓公部落有神聖的歌謠舞樂、豐富的手工技藝。他們依循先人的智慧，從建立部落開始，貓公部落豐年祭幾乎從未間斷；族人堅持理想，

以熱情展現勇士的力與美，攜手傳唱著祖先留下的優美歌謠。

　　我讀著它的故事，讀到它的豪壯，也讀到倚著海岸山脈、在奇拉雅山這座聖山山腳下部落的寂寞。那些耳邊飄忽著豐年祭的歌聲，那些駕著漁船、充滿力量在太平洋奮進的、為生存的族人身影，還有那些仰仗著聖山的守護下豪邁地展現自身強大生命力的年輕族群，都在這裡集合過，把故鄉作為自己人生的拚搏的動力來源，把故鄉當作母親。

　　當太陽又冉冉出現高空，曾經在貓公部落走訪的一切都像真的又去過一次似地存在著。我也想起路經「親不知子海上古道」，那是過去新社部落和磯崎部落往來聯絡的古道，可以明顯地感受到部落之間前人的交通不便，以及生活的艱辛。而如今，這裡的鄉景既是快樂又明朗的，甚至連大海都是一樣澄淨的藍色、閃爍躍動的光，言語無法表達我所看到的感動。

　　我抬起頭，聆聽山海……然後輕快前進。從太平洋吹來的風，默默無言地在歸途的小徑裡面藏身，而我所知道的貓公部落的名字，就寫在重溫那一夜回憶豐濱鄉的滿斗星空上。

　　　　　　　－2021.10.21 完稿

一刊臺灣《更生日報》
　副刊，2022.04.04，
　及攝影作 5 張。

攝影作及畫作：林明理（此
畫存藏於臺灣的「國圖」（當
代名人手稿典藏系統），臺
北）

102. 春之聲

又一個清涼的早晨，沿著知本產業道路往樂山方向前進，
我所翹盼的，正是白玉瀑布飛流而下，還不時濺起絲絲水花的
驚喜。

　　一隻白眉黃鶲鴿，在林道邊跳躍，像個小孩子似地，叫聲甜美響亮，又飛到深茂的林中，無拘無束。其實，這也像極了我此刻的心情，鳥雀啁啾漸濃，雀躍的心伴隨著風讓我越走越快。

　　健行的樂趣誘惑著我去追尋童年攀登山林的夢想，直到退休後的今天，我更願意與山林相約。山下是溫暖明媚的陽光，山裡卻是一陣陣清涼的氣息。

　　當我佇立在瀑布旁，乍一眺望，周遭只有水聲、蟲聲和紫嘯鶇的鳴唱聲。聽，牠就像個早起的華麗歌手，歌聲複雜多變，卻嘹亮親切……不只在我眼前，也在我心上駐足縈繞。偶爾，也會聽到大冠鷲「忽悠－忽悠」的叫聲，悠然飄過天空，給人以空靈、遺世獨立之感。

　　而石縫的樹蛙和溪底的蟹，要見其真面目，總是可遇而不可求，但也因此帶給我足夠的想像。在這清新的空氣與淡黃陽光中，有純粹的生命在林間成長著，這就是大自然最美妙的事。

　　當我繼續步行到另一個高點，最遠可看到對岸的海岸山脈最高峰都蘭山時，思緒也在空氣裡緩緩流動。恍惚中，藍色的風吹過……從成群的紫斑蝶吸吮咸豐草，到更遠處，忽見一隻白鶺鴒俏皮地跳著，用歌聲歡迎我。我感到自己也成了一隻鳥，默數自己的拍子，跳起華爾滋，而佈滿音符的森林和相愛

一家親的小動物便裝點大自然的壯麗與豐美了。

　　啊，在這靜謐的山中，風把菅芒花上的花絮吹向藍天，山扶桑波瀾般地隨風搖曳著，徜徉於自由和寧靜。只有一座白色「勇男橋」依然矗立著，在風中，留下一段歷史的記憶，也是勇者的象徵。

　　歸程，順路經過東遊季花海入口，停駐片刻。新栽的魯冰花，豔黃花串在一片為虎年裝置藝術的開闊之地盛開著，特別醒目。而陽光正好暖和，春天的味道就這麼悄然無聲地來了，並且給整座公園綠地披上了新裝。所以，我一拿起相機，就拍到一派生機盎然的新氣象。

　　這時，適巧幫忙一位遠從新竹開車到臺東參加同學會的家人拍張合照。我猜想，在他們心裡，這花海裡也擁有親子共遊的最好時刻吧。我深信，春天來了，花朵在你我眼底綻放，大地仍會充滿勃勃生機，未來仍充滿希望。

　　在這方淨土，我所希望的，是細細體味大自然，進而心懷感恩。雖然近三年來，疫情已成為切身的日常的考驗，但我仍能從健行中獲得愉快，進而探索自我心靈。最可喜的是，山林永遠在那兒等候著，就像故鄉在我的腦子裡，永遠使我懷念。

　　對於我來說，世上最美的風景，是仰望家鄉的月亮。最美的音樂，是深入山林的悅聲。　　　　　　　－2022.03.07

－刊臺灣《馬祖日報》副刊，
　2022.04.06，及攝影作 4 張，
　畫作 1 幅。

林明理：攝影

103. 重遊牡丹鄉

　　我想念牡丹水庫的雨，它是無法加以彩繪的。因為，任何
顏色都不足以畫出那溪流的碧藍、峰巒渾厚，或者雲彩倒映在
水中的靜美。兩旁草木繁茂，牡丹大橋上雕塑排灣族傳統的紋
飾，或狩獵生活的圖騰也十分精美質樸。

　　這一切，讓我忘不了多年前初次來到這個承載著歷史變遷與傳說的村落；它是一八七四年牡丹社事件的發生地，也是南排灣族傳統文化保存最完整的村落之一。

　　當我再度步上這老村，望著山谷中縹緲白霧升起，聆聽排灣族的生命故事，連枝上的鳥兒都緘默了……原古的歌聲像流水，徐徐緩緩，不經意地在我身後回響。

　　車過當年牡丹社及高士佛社原住民的石門古戰場前，已近黃昏，只見山勢巍峨，周遭沒有嬉戲、喧囂；不久，便來到「牡丹社事件紀念公園」。忽然，冬風徘徊不前，竟帶來了一片雨意，讓我的思維跟著飄舞起來。

　　我看到兩個並立的排灣族勇士雕像，目光溫柔地注視前方，忽然萌生一種莊嚴的感覺。就在那一時刻，恍惚中，百餘年前排灣族先人曾在此地遭遇的種種苦難，宛如這場細雨讓我銘記於心。

　　當我們穿越時空，走進臺灣這段歷史，彷彿能喚起每個人心中的人文自覺。是的，這歷史場景貼近我樸實深刻的感情，也是我流連駐足的原因。

　　接著，驅車繼續靠進牡丹水庫。挾著微光的雲朵在壩頂停留，八角梅和彩繪的橋梁讓周邊景物都恬然自足。一轉身，不

知哪裡飛來的白鷺鷥寂寞佇立在溪石，無畏強風吹襲，雨也開始灑落在周邊的山巒上。

撐起一把藍綠的小傘，我仍興致勃勃地漫步在雨中。忽而聽見了牡丹大橋畔有幾隻燕子響聲，抬起頭，牠們正在互相追逐、歌唱，像是要迎接我的到來。

據說，居住在水庫旁的安藤部落，多為排灣族。在他們最早的記憶中，當年水庫下方曾是一片美麗的稻田和清澈的溪流，是老族人最深的眷戀。如今，水庫跟廣闊的天宇相接，隨著時空更迭，已慢慢孕育出永恆的祥和之氣。而往高士佛部落指標前的轉角牆上，一朵彩繪的紫牡丹花和族人狩獵、撿田螺的圖騰，一派幸福靜謐，也活化了我的思緒。

臨睡時，我隔著稀微的街燈往外看，山巒蒙著一層煙霧，只有遠處幾聲犬吠，教我知道還在四重溪溫泉下榻的客棧裡。生於鄉下的我，自認為心裡流淌的是熱愛鄉村的激情，卻一直到花甲之年，才開始寫下對鄉野的深厚情愫。

我深信，不管站在島嶼何方，牡丹鄉都在旅人心中長存。從暮色中美麗的四重溪公園到各村落，從煙雨中的部落到牡丹水庫……它恰似一顆翠綠的寶石，水波蕩漾，夢一般觸動我的相思。

－2022.2.07

－刊臺灣《青年日報》副刊，
2022.04.10，及攝影 3 張。

攝影作：林明理

104. 太麻里海濱遐想

那是個怡人的早晨，我對日出的太麻里已經和鍾愛連在一起了，而一望無際的大海也開始吟唱。這時，我聽到華源海灣的野鳥穿林……有時傳到耳邊，有時與天空融成了一片和諧的音樂。

一波一波的浪花蕩漾在心頭，沙灘上浮動著一對排灣族父

子釣客的身影，小男孩所發的可愛笑聲，閃著光燦奪目的美；溫馨的親情令人歆羨。不遠處，有數艘竹筏和小漁船正載沉載浮……或許是浪潮有點兒大，驅使漁夫更加賣力，更珍惜能出海的日子。

接著太陽的位置上升了，我站在一棵開滿黃槿花的大樹下，周圍沒有房屋，卻有沙沙作響的木麻黃和行動餐車傳來陣陣手工研磨的咖啡香，使我歡悅。

約莫半小時，順路來到三和海濱公園，一群白鷺鷥迎著疾風飛過，撩撥著我無盡的想像……牠們自由地馳騁，潔白的姿影那麼動人，又那麼有力，在蔚藍的海面之上。

之後，我看到了水藍色海馬造型入口立碑，也看到討海人捕撈的辛勤付出和簡易漁港。走上觀景亭，望著濤濤的海水，岸邊的樹林、舟影點點……而遠方的綠島也緘默不語地望著我，並回以神秘而溫柔的微笑。

當陣陣海風吹來，吹過園區內風力發電的風車、表演舞台、親水池，也吹向蔓生的野雞冠花和咸豐草，直抵海平線泛起一層層金色的漣漪……彷彿一個充滿活力的世界展開在我面前。

走過魚貨拍賣場前的步道，林中的鳥更雀躍啼叫。從定置漁場一隅，沿著園區漫步到出口時，忽然看見南迴公路層巒疊

嶂的山巒下的三和村路邊，有位卑南族頭目帶領著族人正在舉行追思祭祖活動。他們穿著傳統服飾，頭頂花環，神情肅穆；那歌聲響亮動聽，彷彿天地間沒有一絲騷動，只有歌聲流向岸邊，但不久又重歸寧靜。

相傳，該處是原住民祖先最早登陸的地點，因而在鄰近的三和村斜坡上矗立著一塊「臺灣山地人祖先發祥地」的石碑。這登陸之地，卑南族人稱為「陸發安」或「巴拿巴拿樣」（Panapanayan）。每年清明節前，知本、建和兩社的頭目都會帶族人前來祭祖；而都蘭部落的阿美族人也在此豎立祭祀台，表達對祖先的追思。

就在這片刻瞬間，我內心充滿感動……那廣闊的太平洋和周遭安詳的天藍都──烙印腦海之中。我覺得，祭祖本身具有倫理價值，它不在於祈求庇護，而是時刻提醒自己不要忘本，更要慎終追遠。

每一想起太麻里海浪在歌唱，日出的溫暖，天空明淨澄潔，內心就充滿了力量，讓我不自覺地展開心靈的翅翼，向大海飛奔。而遠在天邊的戰火未熄，讓我遽然而覺，生活中能平安、自由是多麼可貴。由衷祝願和平的鐘聲早早遍地敲響，喚醒群星舞躍。

－2022.03.23.

－刊臺灣《青年日報》副刊，2022.04.17，及攝影 3 張。

攝影作、畫作「凝思」：林明理

105. 拉勞蘭部落遊蹤

拉勞蘭（Lalaulan），是一個詩情畫意的小米產業部落，頭頂淡藍的天穹，彷如一朵碩大潔白的野百合。它是排灣語，有「土地肥沃」之意，靜靜地藏身在太麻里鄉香蘭村。無論我從哪個角度回望，心中都不由得湧起一些溫暖。

這一天，晨光熹微。但見整潔的街道盡頭的光向前延伸，直抵廣闊的太平洋，而兩旁彩繪牆上仍訴說著部落的傳說與生活縮影。恍惚中，我聽到了風從周遭的山巒奔向寬闊的海面……它吹過這座靜謐的小村莊，像延續了百年的傳說，讓一代又一代的族人在這兒駐足，又像是連續久遠的夢。

風兒說，在日據時期原本居住在香蘭山山上的排灣族人輾轉遷移七次才搬到現今的拉勞蘭部落（又稱「新香蘭」）。他們

與被迫從舊香蘭部落遷到此地的阿美族人混居在一起，因而這部落也住著阿美族人聚居的沙撒拉克（Sasalah）部落，村裡老人都散發著和藹可親和幹練的性情。

阿美族人（Amis），這些開朗、樂觀的開拓者，百年來，他們的祖先知道如何生存在這個北以太麻里溪為界，東鄰大武來山，西為濱海的「香蘭村」，他們勤奮地建起了屋宇，在此地站穩腳跟、認真生活。

而排灣族人也在這裡落地生根後，辛勤耕種，讓拉勞蘭成為知名的有機小米部落。耆老們每一想起遷移多次的過往歲月，仍會百感交集，這些情感可能要比其他族人的艱辛更複雜。

很久以來，當地的排灣族人都知道這樣一個傳說，那就是大魚救回落海的頭目的故事。這故事富有幽默感且具有對大海的尊敬，也有祈求祖靈庇佑部落及族人的意義；所以，這裡的排灣族人有舉行海祭的風俗。在這裡，神話的故事不受到理智的約束，反而透過屋牆上一幅大鯨魚與頭目互動的畫作，加深了我鮮明、難忘的印象。

二〇一六年七月，尼伯特颱風重創香蘭村之後迄今，我所看到這部落所有族人的努力，並非微不足道的。從族人之間的生活感情和相處融洽，讓我不知不覺地感覺這部落總是帶有迎向光明的勇氣與色彩！

每年七月，在這裡會有阿美族和排灣族的豐年季；耆老、青年會和教會的牧師為了重塑部落的光輝，都會鼓勵族人返鄉與家人相聚，傳承特有的傳統歌謠和舞蹈。

這次歸來，認識了一位八十二歲「萊雅」（阿美族語）的

老人家，她親切地帶我到客廳看看舊照，還告訴我一些在這裡成長的故事，以及其孫子是北部的棒球教練……彷彿她在這裡成長，在這裡擁有甜蜜的記憶與世界。

今夜，院子裡馥郁的桂花香在風中飄散，頃刻間，拉勞蘭在時光深處呼喚我，以熟悉的面孔將我的思念織入盈盈月光……空氣裡也散發著小米結穗纍纍、金黃亮麗的清香。　　－2022.3.22.

－刊臺灣《青年日報》副刊，2022.4.24，及攝影作 1 張，畫作1幅。

二、詩歌評論

(*Poetry review*)

1. 布邁恪抒情詩印象

◎林明理

　　日前，美國華裔詩人非馬寄來一些漢譯的佳篇，一氣讀完，特別對布邁恪（1918-2008）的詩歌倍感親切。這位傑出的英國詩人學者，曾任教於加拿大英屬哥倫比亞大學，著有二十多本詩集、小說及劇本，其詩作也被翻譯成多種東方的語言。

　　布邁恪的詩，有一種對純真美的追求，多通過意象組合和象徵、隱喻，創造出優美的詩境。如這首：

在夏天的花園裡
嗡嗡的蜂鳴
淹蓋了一架過境飛機的隆隆聲

在某個神秘的角落
蜂蜜
滲出了琥珀色調甜汁

當花園張開手臂
迎接太陽的長矛

　　這是其中的一節，詩人把神秘的花園象徵化，賦予很大的感情容量，通過嗡嗡的蜂鳴，撥動他情感的絲弦，將情、象的有機組合後，又滲進其思想和某些哲思，讓感動流出了詩篇。且看在下一節中，也體現了詩人對詩歌冥想的熱愛：

花園在等待
用半閉的眼睛注視
一些未可預知的事情

一朵鮮花
在一個空壇上綻開

一股泉水
從一個牆角噴出

高大的栗樹俯下身去
用樹枝掃地

坐在紫丁香花下
我也半閉著眼等待
注視著花園

　　在這裡，情景齊到，詩人不熱衷於玄奧或晦澀的語言，反而借用夢幻、通感之妙，在欣賞一草一木的美好光明的事物之際，也讓讀者感受到花園具有生命感的活靈活現。

　　我特別喜歡布邁恪詩歌之因，是他擅於運用聲調、抒情的語氣和節奏的變化，把各種情景比喻得惟妙惟肖，且鄉土生活氣息很濃厚，震撼讀者心靈。如其中一節：

沙礫嘰哩咕嚕
在我腳底下
是被埋者在泥土深處
所發出的聲音

他們喁喁低語著
失落的遙遠的過去
喚起了
前世的幻影

自閉起的眼瞼後面
我見到了一幕幕恐怖的場面

人與獸間的
強掠與爭鬥

勉強地
我走進這世界
有如走進一面鏡子
在我身後

無路可遁

　　中國自唐宋以來就有許多精彩的詩作，有的詩人以悲憫之
情書寫鄉土和農村，有的詩人注重藝術上的昇華，寫得靈動而
真切感人。但更令人欣慰的是，布邁恪透過一顆敏感的心，以
獨具的意象打開了想像的空間，讓詩作延伸到對輪迴的思想與
人類生存的哲思。內裡通過聯想確切地表達出了詩人內心悲傷
的情緒，尾句說得特別深刻。

　　一首短詩，如能寫得優美而空闊，實屬不易。我記得非馬
寫過一首《花開》：

天空
竟是這般遼闊

驚喜的小花們
爭著

把每一片花瓣
都伸展到
極
限

畫面是如此清麗，充滿生機及喜悅之情。而布邁恪的這首短詩：

棲息枝上
最後的一朵玫瑰
一隻鳥
擺出飛向秋天的
姿勢

詩人不但把感情注入景物，而且也注入了秋天的詩意。這都是動態美的佳句。他在捕捉生活，也樂於在繁忙的教學研究之餘，讓自己的想像力飛動起來。

看，布邁恪又描繪了一幅構思新穎的畫面！詩句給人以清奇之感，又不失簡約含蓄，也是我最欣賞布邁恪借物抒情的短詩之作：

冬天的黑枝
戳刺鴿灰的天空

一陣羽毛降落

把大地罩白

花園在它的柩蓋下
沉沉睡去

　　詩人對美有深刻的理解，因而看世界的眼光特別精細。他靜默孤獨地站在花園，看著冬雪覆蓋大地的蕭條，也感嘆生命的河流流逝。我認為，善感的布邁恪，應該不是個做作、自負的學者；相反的，他情感豐富細膩，又有一顆赤誠的心，尤其重視優雅。

　　德國詩人里爾克說：「無一物逝去，萬物皆繼續存在。」又說：「一切藝術皆是：愛」是的，雖然布邁恪已去世，但能拜讀非馬翻譯其詩，是幸運的。因為，非馬始終被詩界作為詩藝家而加以推崇；同樣的，在非馬翻譯布邁恪詩歌的進程中，在他眼裡，並不在於其詩人學者的身份，更重要的是欣賞布邁恪那獨特抒寫的視角及語言具有「精彩絕倫」的質感。我熱切地希望非馬在晚年翻譯更多的佳詩，讓優秀的英詩助漢詩繁榮發展。

　　－2021.02.26.完稿

　　　　注：文中詩作源自非馬於 1999 年編譯出版的《讓盛宴開始 —— 我喜愛的英文詩》書中選錄。
　　－刊臺灣《秋水詩刊》，第 189 期，2021.10，頁 76-77。

秋水 詩刊　189　CHIU SHUI POETRY QUARTERLY

布邁恪抒情詩印象

⊙ 林明理

日前，美國華裔詩人非馬寄來一些選譯的佳篇，一氣讀完，特別對布邁恪（1918-2008）的詩歌倍感親切。這位傑出的英國詩人學者，曾任教於加拿大英屬哥倫比亞大學，著有二十多本詩集、小說及劇本，其詩作也被翻譯成多種東方的語言。

布邁恪的詩，有一種對純真美的追求，多通過意象組合和象徵、隱喻，創造出優美的詩境。如這首：「在夏天的花園裡／嗡唱的蜂鳴／淹蓋了一架遠道飛機的隆隆聲／／在某個神秘的角落／蜂蜜／濾出了琥珀色調甜汁／／當花園張開手臂／迎接太陽的長矛」

這是其中的一節，詩人把神秘的花園象徵化，賦予偌大的感情容量，通過嗡唱的蜂鳴，撥動他情感的絲弦，將情、象的有機組合後，又滲進其思想和某些哲思，讓感動流出了詩魂。且看在下一節中，也體現了詩人對詩歌冥想的熱愛：「花園在等待／用羊閉的眼睛注視／一些未可預知的事情／／一朵鮮花／在一個空壇上綻開／／一股泉水／從一個牆角噴出／／高大的栗樹留下身去／用榭枝掃地／／坐在紫丁香花下／我也半閉著眼等待／注視著花園」，在這裡，情景齊到，詩人不熱衷於玄奧或晦澀的語言，反而借用夢幻、通感之妙，在欣賞一草一木的美好光明的事物之際，也讓讀者感受到花園具有生命感的活躍活現。

我特別喜歡布邁恪詩歌之因，是他擅於運用聲調、抒情的語氣和節奏的變化，把各種情景比喻得惟妙惟肖，且鄉土生活氣息很濃厚，震撼讀者心靈。如其中一節：「沙錘嘰哩咕嚕／在我腳底下／是被埋在泥土深處／所發出的聲音／／他們嗚嗚低語著／失落的遙遠的過去／喚起了／前世的幻影／／自閉起的眼瞼背後／我見到了一幕幕恐怖的場面／人與獸間的／強掠與爭鬥／／勉強地／我走進這世界／和走進一面鏡子／在我身後／無路可逃」中國自唐宋以來就有許多精彩的詩作，有的詩人以悲憫之情書寫鄉土和農村，有的詩人注重藝術上的昇華，寫得靈動而真切感人。但更令人欣慰的是，布邁恪透過一顆敏感的心，以獨具的意象打開了想像的空間，讓詩作延伸到輪迴的思想與人類生存的哲思。內裡通過聯想確切地表達出了詩人內心悲憫的情緒，尾句說得特別深刻。

一首短詩，如能寫得優美而空闊，實屬不易。我記得非馬寫過一首〈花開〉：

2. 試析佛洛斯特抒情詩四首

◎林明理

摘要：佛洛斯特詩歌已為學者廣泛關注，他們多將「抒情性」歸納為佛洛斯特詩歌的突出特點。筆者從非馬的譯作（注1）中試圖對每一篇詩歌所設想的意境談談自己的聯想之見。

關鍵詞：佛洛斯特美國詩人抒情性

一、其人其詩

佛洛斯特 Robert Frost(1874-1963)生於美國舊金山，是二十世紀備受愛戴和尊榮的詩人之一；其詩歌特徵源於兒時便開始對寫詩的熱愛。他一生歷經許多艱辛和痛苦，十一歲喪父、之後隨母親遷居新英格蘭，家庭雖貧窮，但他勤奮筆耕，十六歲便開始學寫詩，那塊與他結下不解之緣的土地，更孕育了伴隨他一生的歡欣、孤獨、悲哀和寫作的想像力。日後他創作詩歌時，那些人物或動植物，巡更人、母親、小牛、馬兒、鳥兒、凋零的玫瑰或大自然和英格蘭北方的農民……甚至無生命的

農舍、牧場等，從某種角度都可看出是被詩人賦予了生命、愛與情感的遐思。

　　他在年輕時當過工人、瓦匠、教師和記者等，後來考入哈佛大學，卻因貧困而輟學，歸於務農。在他的理念中，寫詩是他全部人生的結晶，在他最艱辛的階段上結出奇蹟似的碩果。當他在出版第二部詩集後，詩人的名字已開始在美國流傳，並在各地巡迴朗誦自己的詩歌。成名後的佛洛斯特受聘於多所大學，經常疲於奔波。晚年的他，回到他的農莊，繼續品味田園的純樸與孤獨。其詩質樸、清新，極具藝術感染力；一生共出了十多本詩集，也獲得四次普立茲獎，這是美國文學史上獲得此殊榮的第一人，享年八十九歲。

二、名作賞析

　　所謂抒情性，廣泛地說，是指作者表現個人美好情感的一類文學活動，並充滿詩意的效果。筆者以為，佛洛斯特詩歌最大的特點是語言質樸，但折射出哲人般的光芒；詩句意象清新雋永，亦深藏著細膩的情感。這既是佛洛斯特對藝術的追求，也是其詩歌迷人的所在。我們不妨來閱讀這首小詩〈牧場〉，便可體會其詩歌的扣人心弦和崇高：

　　我正要去清理牧場的泉水；
　　只去耙耙葉子

（等著看水清，也許）
我不會待太久——你也來吧。

我正要去捉小牛
站在母親的身邊。那麼幼小
她用舌頭舔牠都會使牠站不穩。
我不會待太久——你也來吧。

　　當佛洛斯特開始轉向詩歌創作道路時，新英格蘭鄉野間常見的景物遂成他寫作的最愛，且每首詩的意象都是獨一無二的。此詩內含著詩人的溫暖情懷，寫得十分自然貼切，感人至深，也鐫刻著詩人浪漫的精神。而另一首小詩〈小鳥〉，卻有著難得的喜劇性的詩性表現，詩人與小鳥間的互動也體現出他呵護小動物稚嫩心靈的細膩情懷：

我曾希望一隻鳥飛開，
別儘在我屋旁磨他的聲帶；

在門口對牠大拍其手
當我到了忍無可忍的時候。

錯處必多少在我。
鳥的音調沒有罪過。

而想讓歌聲靜止

當然也有點謬誤。

　　這是一首淋漓盡致的幽默詩，詩人雖然創作了不少抒情詩，但在其幽默的語言中，依然保存著一顆溫柔的童心且寓意深長，留給讀者更多的想像空間及心中懷著對此詩至純至深至厚的回味。眾所周知，佛洛斯特之所以擁有強烈的藝術感染力，除了他對詩歌的執著追求體現出美感的意象以及保持清新的高潔情懷外，他因為中年喪妻、老年喪子，以致其詩歌裡常隱含著一種孤獨美的形象塑造和靈魂開掘，且把所有的經歷化作創作的思路，也因而定下舒緩抒情的基調。比如這首〈夜的知心〉，充滿感傷和悲涼。因為詩人的快樂和幸福來得十分不易，此詩也映襯了其內心的寂寞與孤獨：

> 我曾是夜的知心。
> 我曾往雨裡去 —— 又從雨中來。
> 我曾把最遠的街燈走盡。
>
> 我曾下顧最悲慘的市巷。
> 我曾走過巡更人的身邊
> 而低垂我眼，不願開腔。
>
> 我曾站定且踩息足音
> 當遠處一聲斷呼
> 從另一條街傳過屋頂，

但不是叫我回去或説再見；
而更遠處高入雲霄，
一座夜光的鐘頂著天

宣稱這時辰既不幻也不真。
我曾是夜的知心。

　　如果說，佛洛斯特對詩歌的萌動改變了他一生命運的軌跡，是可能的。因為，在他通往詩歌殿堂幸福的路程卻充滿孤獨、坎坷和辛酸；但也意外地獲得其詩歌至今依然常青不衰的盛名。詩人也創作了許多流傳的自然詩篇，我們最為熟悉的可以這首〈雪夕停馬林邊〉為例：

(美) 佛洛斯特(Robert Frost，1874-1963)

這是誰的樹林我想我知詳。
但他的住家在村上；
他不會看到我停在這裡
對著他覆雪的樹林張望。

我的馬兒定必覺得蹺蹊
在四無農舍的地方停蹄
介於樹林與結凍的湖泊
一年裡最陰沉的暮夕。

它搖一搖韁鈴
問是否有什麼不對勁。
回答它的只有微風
與絨毛般雪花的低吟。

這樹林可愛，深邃且幽暗。
但我有約待踐，
在我睡前還有許多路要趕，
在我睡前還有許多路要趕。
在我睡前還有許多路要趕。

詩人不加絲毫掩飾地描寫了一幅在空曠而恬靜的雪夜裡的景象，且為人們終日為紛擾的世事所惑，難以靜下來發現大自然的美麗與靜謐而心生感慨。呂進說：「詩是心靈性很強的藝術，它的審美視點是內視點，而不是外視點。」（注2）因為佛洛斯特早年在美國繁華的城市中漂泊，晚年才回到他的農莊，終於能癡情地享受著自然的美景。此詩把西方美學意象跳躍性的編織與融入大自然一起體現出的「音樂性」相結合，也是他以真情為美的審美表現。

三、結語

總而言之，佛洛斯特是一顆永不凋謝的明星，其詩歌中大量使用的比喻與其抒情語言是分不開的。他說過：「詩始於普通的隱喻，巧妙的隱喻和高雅的隱喻，適於我們所擁有的最深

刻的思想。」閱讀其詩，一面可對於其一生總是努力以赴與其悲傷一面有了深刻理解，一面也加深對非馬英譯其詩歌的能力肯定。讓後學對探討佛洛斯特詩歌的傳承因而有了歷史的關聯性，也讓筆者理解到，佛洛斯特成為二十世紀地位高、影響大的詩人，確實是值得推崇與繼續研究的。

注 1.非馬編譯《讓盛宴開始--我喜愛的英文詩》，Let the Feast Begin,英漢對照，書林出版有限公司，1999 年。

注 2.呂進著，《呂進詩學雋語》，臺北，秀威，2012 年版，頁 21。

－2021.04.08 完稿

150 ● 笠詩刊第343期　　　　　　　　　　　　　　　專欄・評論・翻譯・隨筆 ● 151

試析佛洛斯特抒情詩四首
◎林明理

摘要：佛洛斯特詩歌已為學者廣泛關注，他們多將「抒情性」歸納為佛洛斯特詩歌的突出特點。筆者從非馬的譯作（注1）中試圖對每一篇詩歌所設想的意境談談自己的聯想之見。

關鍵詞：佛洛斯特 美國詩人 抒情性

一、其人其詩

佛洛斯特 Robert Frost (1874-1963) 生於美國舊金山，是二十世紀受愛戴和尊崇的詩人之一；其詩歌特徵源於兒時便開始對寫詩的熱愛。他一生歷經許多艱辛和痛苦，十一歲喪父，之後靠母親遷居新英格蘭，家境雖貧窮，但他憑著勤奮，十六歲便開始學寫詩，那裡與他結下不解之緣的土地，更孕育了他筆下一生的歡欣、孤寂、悲哀和寫作的悲憫力。日後他的詩歌時，那些人物和動植物，諸如人、母親、小牛、馬兒、鳥兒、凋零的玫瑰或大自然和英格蘭北方的農民……甚至新生命的孕育、牧場等，從其靈魂底處可看出是萬詩人賦予了生命、愛與情感的思想。

他在年輕時當過工人、記者、教師和記者等，後來考入哈佛大學，卻因貧困而輟學，歸於務農。在他的理念中，寫詩是他全部人生的結晶，在他最艱辛的階段後終能出奇讚賞的結果，當他在出版第二部詩集後，詩人將名字已開始在美國深得人心，並在各地寫這部詩喚回自己的詩歌。成名後的佛洛斯特受聘於許多所大學，探究彼此的奔波。晚年的他，回到他的農莊，繼續品味田園的歲幽寂與孤寂。其詩質樸、清新，極具藝術親和力；一生共出了十多本詩集，也獲頒四次普立茲獎，這些美國文學史上獲得此殊榮的第一人，享年八十九歲。

二、名作賞析

所謂抒情性、廣泛地說，是指作者表現個人美好情感的一種文學活動，並充滿詩意的效果。筆者以為，佛洛斯特詩歌最大的特點是語言質樸，但卻射出如星般的光芒；詩句意象清新雋永，亦深藏著細膩的情感。這既是佛洛斯特對藝術的追求，也是其詩歌迷人的所在。我們不妨來閱讀首小詩〈牧場〉，便可體會其詩歌的扣人心弦和崇高。

我正要去清理牧場的泉水，　　　　我正要去捉小牛
只是把葉子……　　　　　　　　站在母親的身邊，那麼的小
（等著看水清，也許）　　　　　牠用舌頭舐她都會使牠站不穩。
我不會待太久——你也來吧。　　我不會待太久——你也來吧。

當佛洛斯特開始轉向詩歌創作初期時，新英格蘭鄉野間家宅的景物成他寫作的底蘊，且每首詩的意象都是獨一無二的。這篇內含著誘人的溫暖情境，為讀十分自然貼切；讓人沉浸，也讓讀者對人流連的精神。另外一首小詩〈小鳥〉，保有著極富的喜劇性的詩性美感，詩人與小鳥間的互動也藉現出他可圖小動物他纖心靈的細膩情懷。

我曾希望一隻鳥兒飛開，　　　　錯處必多少在我，
別讓在我屋旁終日的歌聲；　　　鳥的音調沒有錯過。

在門口對牠大喊其手　　　　　　而想讓歌聲靜止
當我到了忍無可忍的時候。　　　當然也有點蹊蹺。

這是一首林滿慈愛的幽默詩，詩人雖然創作了不少抒情詩，但在其幽默的語言中，依然保存著一顆溫柔的童心且感意深長，帶給……

綠蒂著，普普出版，
2020 年 5 月

3. 智慧與詩意的塑像──析綠蒂 《十八‧八十》

◎林明理

　　世界上最寬闊的是海洋，比海洋更寬闊的是天空，比天空更寬闊的是人的心靈。
　　──Victor Hugo 雨果（法國）名言

　　綠蒂（1942-）是海峽兩岸極負盛譽的詩苑奇葩，也是《秋水詩刊》發行人兼主編、臺灣「中國文藝協會」理事長等職的

學者作家。他在新書《十八‧八十》自序裡曾說:「詩的溫暖讓我安度雪原冰山的冷酷,詩的安寧讓我無懼穿越死亡的幽谷。」作品真實反映了他談吐優雅、詩情清純又有智慧的哲理思考。這部著作也有附錄二十六首被譯成英法語言的詩作及創作年表,詩人選擇在邁入古稀之年舉辦新書發表會,對詩界來說自有一種不凡的意義。

美國著名美學家蘇珊‧朗格說:「語言已經能夠間接地卻是強烈地喚起我們的感覺、想像以及其他心理機制。」(注 1)據我所知,綠蒂的思想是比較博愛、仁慈的。正因他精湛的詩藝,激起我們的審美感情,才能獲得長久的聲望;人們不會忘記他對推展世界詩人大會及兩岸文藝交流的貢獻,更不會忽略他用藝術之筆對詩界的影響。細讀此書,發現詩人晚年之作比以前更能揭示自己內在的真實及追求恬適、寧靜深沉的禪意,因而呈現出一種深度的美感內涵。如他在詩裡寫的〈形狀〉,就已描寫出詩人聽得自己的心音,更多展現的是詩裡的哲思與美感:

枝椏因秋
長成風的形狀

煤塊黑亮
為燃燒出火焰的顏色

海鷗鼓噪

因駛進港灣的氣笛

殘荷垂落的手勢
凋萎了一池夏天

江南濛濛煙雨
浸漫出古鎮的幽遠

窗子不需要風景
落地的陽光已是最華麗的裝飾

形色是具相
也是無相

詩在遠處靜靜地禪坐
坐成一方孤寂

　　我們以此來考察綠蒂的詩風，就會發現，它既有清新、抒情的音色，又有浪漫主義的色彩。具體說，他在詩歌創作時，多獨處，探索內在，且有著自己獨立不依的追求；此詩生成於智慧的自然而然的結果，源自他內心最深處裡真正無以祈求得來的一種空靈的寂靜。所以，讀來是那樣的深情，有一種時空隔絕的古典美感。在這本集子中也有不少的旅遊感思，讓我看到了一個孤獨的詩人在這些美景中，也將佛慧滲入其中。如（詩意種植在雙河溶洞）：

腳程年邁
征服不了你的峻奇
文字蜿蜒
道不盡你雄偉壯麗
風以一個手勢
來翻閱宇宙最始初的年輪
詩以意象
來詮釋這山中之中
洞中之中的神秘奧義

朝下成長的鐘乳石林
一滴凝結了千年的冰冷
非雨非淚
提醒我剎那間遠距的鄉愁
千年與一時只是時光的錯位
仰望峽谷地縫的天光
俯思暗河流動的清澈

面臨億萬年的預言
生命的長度過於短暫
不見無常的凋萎
亦不見流言飛濺
行旅匆匆的步履
欲將美好的詩心封印窖藏
誤植瞬間為永恆

　　此詩是綠蒂回眸生命中引人注目的風景，也喚醒了人們腦
海中對參觀貴州省綏陽縣境內盛名的沉積洞穴以及多種古脊
椎動物化石的形象記憶。正因為詩人把它們投射到藝術上去的
緣故，所以那些壯麗的景觀彷彿在我們眼前呈現。這種絕妙的
投射，再加上詩人思念的期待及物我同一的深刻體會，也可以
看出其詩藝創作是一種視覺語言外，還帶有文化內涵及審美觀
念，使意境臻於高格的一種藝術表現，尤以對生命的流逝的感
知超乎常人。其詩風從早期的清麗脫俗，到晚年的沉思凝練，
已無可避免地讓讀者通過他的記憶去追尋其精神家園。如這首
〈一本書〉，正是經典之作，在詩行當中穿梭著詩人抒情的陳
述，從年輕時期對寫作的悉心投入到詩人擁有「閃耀的純淨性」
文風，都是詩人一生嚮往身心自由的生命律動，也暗含著詩人
身為知識分子的沉思：

　　　我如封面沾滿灰塵的詩集
　　　擱淺在不起眼的二手書店
　　　打開能見到盎然的綠色花蒂
　　　也見到微波興浪的小舟
　　　細讀才理解憂傷的隱喻
　　　才發現雲朵的旅行

　　　一本書
　　　只寫一首詩
　　　只寫一件事

只寫一個人

一本書
陳舊得讀不出書頁邊的指紋
卻因愛而厚重
而沉寂
綿延如山脈

　　綠蒂詩歌的固有品格是促成其在國際詩壇中達成被尊重的意識與純淨美的感受，還值得指出的是，謙遜而不卑不亢也是詩人內在的特質。記得法國浪漫主義文學的代表人物雨果曾寫過這樣一句話：「心靈中的詩啟發人的高尚情感。」而此詩也是詩人一生寫作切身的體會，借以說明「含蓄婉約」才是詩歌藝術的高格，也映現出真正的詩人對寫詩完全是一種出自「愛」的自覺且不求名利的生活方式。

　　德國詩人里爾克（1875-1926）也同樣寫下這樣的一段發人省思的話：「沒有一本書，就如同讚許一樣困難，能夠給人帶來什麼決定性的影響，如果那人，遇上這本書的那個人不是在完全未刻意安排的情況下，準備好接受一個較為深入的吸收與受孕的話：如果觸發他沉思的時辰原本也就尚未到來的話。」（注2）我始終這麼認為，綠蒂除了思想上具有崇尚自然的智慧外，也在詩歌創作與推展上取得了顯著的成就。縱然他的一生不是一帆風順的，但他仍勇於剖露了自己真摯的情懷。他借助於大自然的力量，把藝術的觸角及自然界的山川秀色、四季

的晨昏與雲霧等獨特的形象納入詩中，也抒發了對家鄉的愛。他像是一座富有詩意的山，擁有寬闊的胸懷；因此能創作出富有生命力的語言，意象煩瑣而感人至深。

注 1.童慶炳著，《中國古代心理詩學與美學》，萬卷樓出版，1994 年 8 月，頁 92。

注 2.里爾克著，《慢讀里爾克》，商周出版，2015 年 9 月，頁 63-64。

－2021.04.15 完稿（寫於作者六十歲生日）

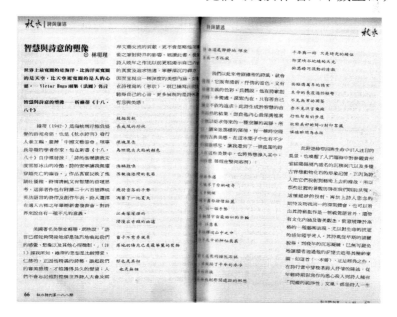

－刊臺灣《秋水詩刊》第 188 期，2021.07，頁 66-68。

4. 夜讀拉加蘭姆《蜜蜂—生命如時》

◎林明理

　　拉加蘭姆〈Dr. M.Rajaram〉是文才橫溢的詩人、學者。他在印度政府擔任重要職務三十餘年，曾完成了《蒂魯古拉爾》的英文翻譯，贏得了印度前印度總統阿布杜・卡蘭博士的讚賞。在他的學術研究中顯見的是他的獨到見解和深刻思考，而過去出版的十二本書籍也深受肯定。他的詩歌大多是謳歌生命中的喜悅與心靈的體悟、純潔的友誼與愛的禮讚。而在他筆下的許多人物所蘊含的無比豐富的內涵是說不盡的，如泰瑞莎修女、母親、印度總統阿布杜・卡藍、甘地等等。

　　這是部生命之書。作者常滿懷激情和信心，抱著美好和樂觀的人生態度，遂而寫下了七十一首詩的著作；無論是其思想內容還是宗教信仰都帶有愉快明朗的色彩。正如俄國批評家別林斯基所說：「詩歌的本質正就在這一點上：給予無實體的概念以生動的、感性的、美麗的形象。」此詩集中這方面的作品以寫《生命如時》等為佳，詩人在最純粹的形式中，還隱隱說明他的詩歌具有一定正義性，在某種程度上具有仁愛和愛護蒂魯古拉爾這片祖國大地的思想。詩人唱道：

時針轉動從未間斷
無人知曉
時間何時會停止
無論是朝或暮
財產誠可貴
健康價更高
尊嚴無可計
一去不復返
今日我們孤單行走
意志撐起艱苦
就像沒有未來
時間將要停止一般

我覺得此詩在音節上是最滿意的試驗，節奏整齊、音韻也和諧。寓意是要人們把握一生的歲月，富貴如浮雲，健康勝於財富。因為生命是時間的弄人，所以英國哲學家斯賓賽 Herbert Spencer 說過，我們應力求把所有的時間用去做最有益的事。時間的無聲的腳步，往往不等我們抓住最美麗的時刻就匆匆溜過了。只有美德是隨著時間而變得更有價值。在這裡，詩人還善於把哲理融於形象，或把抽象的觀念借助形象展示出來。這就增加了此詩的思辨性。

不過，他最有功力的作品還是寫歌詠的。也寫英雄和歷史人物，並且有些精緻的愛情詩和生活的哲思。如歌詠阿布杜‧

卡蘭·印度總統一首，最能代表這一特點：

> 愛民的總統啊！
> 您是印度之子
> 您征服了年輕的心
> 無庸置疑
> 您是太空科技的先鋒
> 使往事流言不再
> 您讓印度茁壯
> 印度人引頸期盼
> 您看見印度的未來
> 讓印度整裝就緒
> 您的「激發心靈」之書
> 為眾人注入科學精神
> 您跨越國家邊界
> 是我們所需要的才能
> 您是自由、平等與友愛的象徵
> 您僅守道德價值
> 激發學子對未來的夢想
> 支持並珍惜我們的文化
> 您帶來簡潔、神聖與理想的生活
> 鼓勵了年輕的心

　　中國名詩人艾青曾說：「最偉大的詩人，永遠是他所生命的時代的最忠實的代言人；最高的藝術品，永遠是產生它的時

代的情感、風尚、趣味等等之最真實的記錄。」而此詩是詩人
對他心中所尊崇的總統的寫實生活深刻和睿智的揭示,形象和
詩意的抒發。其詩情如火,讓世人瞭解到,阿布杜‧卡蘭總統
為人民的光明奉獻,深刻的哲理寓於鮮明的藝術形象之中,思
想境界又是何等地高尚啊!

　　因而,我們可以說,抒真情,說真話,是作者的詩生命,
每首詩都自成一種境界。且看〈給泰瑞莎修女〉就是詩人誠摯
情懷的抒發:

　　啊!偉大聖潔的修女
　　您是如何度過難關?
　　我們讚揚您的慈悲
　　您的美德與大愛
　　我們將重現您的身分
　　謹遵從對您的記憶
　　我們崇敬您的善良與情愛
　　沐浴在您的祝福中
　　「願您的大愛永恆不朽!」

　　這確實是詩人發自內心深處的聲音。詩是主客體事物的有
機融合物,是必須經過詩人的心靈感悟才能化為藝術語言。這
位諾貝爾和平獎得主 Teresa 一生以行動來實現她對世界的愛,
而她設立的「垂死之家」是許多印度種姓制度最底層、貧困的
人的避風港。詩,是藝術。此詩洋溢著作者對 Teresa 修女有切
身的感受,其頌揚就更熱列、更真切了。因此,它喚起了讀者

感情上的強烈共鳴。

2015 年第三十五屆世界詩人大會在花蓮舉辦，大會前，巧遇了拉加

蘭姆〈Dr. M.Rajaram〉和 Prof. Ernesto Kahan，這使我感到分外驚喜，也獲得這本讓人耳目一新的譯詩集。我不僅讀到了他精彩的詩句，也在會場上聽到了他精闢的演講。我深信，拉加蘭姆的詩探索，可謂付出了心血，並使自己生命的律動綻放出詩情的花朵。他同時獲得了歲月感悟，也對國際詩壇做出了有益的貢獻。

左起：林明理博士、Prof. Ernesto Kahan、Dr. M.Rajaram，合影於 2015 年.11 月 6 日，花蓮。

— 67 —　大海洋詩雜誌

林明理●夜讀拉加蘭姆《蜜蜂—生命如時》

左起：林明理博士、Prof. Ernesto Kahan、Dr. M. Rajaram 合影於2015年11月8日花蓮。

— 69 —　大海洋詩雜誌

丁方教授和他的油畫

2009年，作者和丁方教授於佛光山美術別素展中存其油畫的合影。

—刊臺灣《大海洋詩雜誌》，第 103 期，2021.07，頁 67-69。

5. 淺析瑞典詩人川斯綽莫的詩世界

◎林明理

　　二〇一一年諾貝爾文學獎得主的瑞典詩人川斯綽莫（特朗斯特羅姆 Tomas Transtroemer）（1931－2015）一生著有詩集十餘卷，作品已被譯成六十多種文字，不僅造就了「為藝術而藝術」的創作風格，而且深深影響了象徵主義與超現實主義的創作方法，因而獲得了多項國際的文學類獎項及很高的聲譽。詩人非馬在英譯川斯綽莫的詩歌創作中引出的人生感慨與強烈情感，恰恰點明川斯綽莫的想像力往往帶著某種邏輯的創造力量，甚而不懈地創造一個令人激賞而奇幻的詩世界。

　　誠然，寫詩最需要的是真實情感及意境，尤以形象思維為重。英國詩人柯勒律治（Samuel Taylor Coleridge，1772-1834）就明確指出，「詩」是最佳語言的最佳安排。其實，川斯綽莫的詩歌大多是由開頭的「象徵」和其後的「聯想」相輔相成而得。在具體的詩作中，他也喜歡使用大膽的比喻，往往與自由的節奏情景交融，而音樂在其創作中也起了很重要的角色。

　　比如他寫過一首兼具思想藝術雙美的詩歌〈徐緩的音

樂〉，語言精煉清醇，頗有神秘主義之風：

大廈今天不開放。太陽從窗玻璃擠入
照暖了桌子的上端
堅固得可負載別人命運的桌子。

今天我們來到戶外，在寬闊的長坡上。
有人穿暗色的衣服。你要是站在陽光裡
閉上眼睛，

你會感到像被慢慢地吹送向前。

我太少來海邊。可現在我來了，
在有寧靜背部的石子中間。
那些石子慢慢倒退著走出海。

　　這首詩不僅帶有一種撲朔迷離的神秘色彩，且反映出詩人想要探索自己的內心深處與外在世界的關係。詩句形象地概括出在那年代裡詩人逐漸關注把大自然的力量同處於一種超然狀態交融在一起，像是經受大海的撫慰，他找到了想表達心靈之感的藝術世界，並竭力運用了隱喻、象徵和幻覺來體驗現實世界，也體現了自己偏愛清靜又深情善感，給人一種高境界之美。除了寫詩，川斯緯莫也在瑞典國家勞工部做工作方面的心理學家，同時也是一位業餘音樂家；其晚年詩集內容大多與死

亡和社會體驗相關，曾被喻為「歐洲詩壇最傑出的象徵主義和超現實主義大詩人。」

再看這首《軌道》，顯然，詩人的描景記事，已構成了一個超越時空又異常恬靜的藝術境界，如詩中這樣以感情注入物象的繪畫美的句子：

清晨兩點：月光。火車停在
野外。遠處小鎮的燈光
在地平線上冷冷地閃爍。

如同一個人深深走進他的夢
他將永不會記得他到過那裡
當他再度回到他的房間。

或者當一個人深深走入病中
他的日子全成了幾粒閃爍的火花，一群，
微弱冷漠在地平線上。

火車完全靜止不動。
兩點鐘：皎潔的月光，幾顆星星。

眾所周知，川斯綽莫是目前第七位獲得諾貝爾文學獎的瑞典人，也擁有「神秘主義大師」稱譽。在他優秀的詩篇中，經常描繪些夢幻般的意識，其感情總是與具體可感的藝術形象融

為一體；只要把時間放慢，細細品味，便能慢慢瞭解他想解析內在自我與歲月滄桑變遷的不勝感喟，這些作品都含有深意。詩人先說，深夜靜寂，如冷鑄的時間分分秒秒的流逝，驀然，有一個人潛入夢，詩人把病中的聯想濃縮成令人感傷的藝術畫面，這種娓娓而言的傾訴是很有創見的，沒有真切的體驗，是寫不出這樣奇特的詩句的。

　　雖然川斯綽莫是位心理學家，也有些詩作是以自己獨特的抒情方式去描繪生命的悲苦或對故友親人的思念，但他總能從寫作之中擁有自己的藝術發現。再如這首〈哀歌〉，說它內裡寓含著對自己或是一個親友或傑出的文學家的悼念，或許是可能的：

　　他放下筆。
　　他躺在那裡不動。
　　他躺在那空無一物的空間裡不動。
　　他放下筆。

　　這麼多憋不住又寫不出來的東西！
　　他的身體因某些在遠處發生的事而僵硬
　　雖然那奇異的旅行袋搏動如心臟。

　　外頭，晚春。
　　來自枝葉間的一聲呼嘯──是人還是鳥？
　　而開花的櫻桃樹迎擁重卡車歸來。

幾個星期過去。
夜緩緩來臨。
飛蛾停落在窗玻璃上：
來自世界的蒼白的小訊息。

　　在一九九〇川斯綽莫正值五十九歲那年，他因中風而影響到語言能力，但此詩仍以深沉舒緩的筆調把內心感情吐出，直到享壽八十三歲，他都繼續從心靈中綻放出奇異意象的詩花，共發表兩百餘首詩，被譽為「二十世紀最後一位詩歌巨匠」。僅從這一點看，就不難看出此詩已超出了純粹的完美主義，不能簡單地歸結為只是用了「象徵化」，而應看作是詩人通過感覺的變異，使自己與境中的景物更融合無間，才賦予病中的生活以醇厚之味。我認為，詩人在八十歲獲得諾貝爾獎是名至實歸的殊榮，其所追求的詩美創造，始終保留著一顆童心，心靈純淨，感情自然是真摯的，這點尤為可貴。難怪德國電台評論其詩「充滿了味道、顏色、振動和雜音」，而我卻為他獨具的思維方式及多層次地展現出來的藝術表現方式，深刻地印在我的心田裡。德國詩人里爾克（RainerMariaRilke1875-1926）曾說：「天才總為他的時代帶來驚駭」。（注2）川斯綽莫不僅將詩歌在心理孕育結成了各有其妙的真珠，且不隨時間改變，又在二十一世紀的今日閃出了奪目的光彩！

注1.本文譯詩選自美國詩人非馬的部落格《川斯綽莫詩選21首》。
注2.摘自《慢讀里爾克》，里爾克著，商周出版，臺北市，2015年
　　9月初版，頁202。

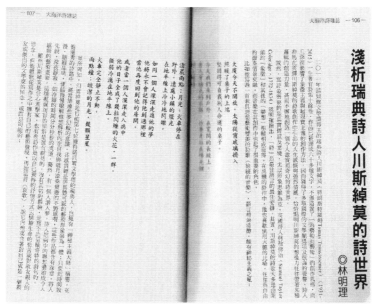

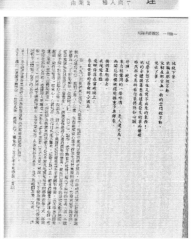

－2021.06.18 完稿

－刊臺灣《大海洋詩雜誌》，第 104 期，2022.01，頁 106-108。

6. 試析康拉德‧艾肯的詩《先林的晨歌》

◎林明理

摘要：本文對美國詩人康拉德‧艾肯在詩歌創作上的文學成就及其詩作《先林的晨歌》進行了研究，試析其中的內涵與以真情為詩美的審美趣味。

關鍵詞：康拉德‧艾肯托馬斯‧艾略特象徵主義

一、其人其詩

曾獲普立茲獎的美國詩人康拉德‧艾肯（Conrad Potter Aiken，1889-1973），一生出版過詩歌、小說、戲劇等，主要以詩歌聞名。他與曾獲諾貝爾文學獎的美國詩人托馬斯‧艾略特（Thomas Stearns Eliot，1888-1965）交情甚篤，同為哈佛大學校友及文學史上具有崇高地位、象徵主義詩歌的代表人物之一。

眾所周知，象徵主義者最重視感覺與想像，並強調詩歌應具有音樂性、暗示性及有質感的形象美。而他們兩人的詩歌魅

力有著某種共同的特徵，那就是艾略特主張詩歌要靠「直覺」
（intuition）來表現內心，而不應直接抒發和表現個人的情緒
及個性；他的詩歌理論在文學史上，迄今依然保有其價值性。
同樣的，艾肯詩歌也表現在象徵的廣泛運用與擅用比喻的特質
上，且強調色彩及音樂性，因而開拓詩藝更廣闊的空間。也正
因為他們兩人在象徵主義和衍變而來的當代詩歌藝術之間有
一種連結，形成了一座溝通思想與經典文學的橋梁，才能夠使
我們進而認識到現代詩藝傳承的某種規律，也得以去探討艾肯
詩歌的藝術美以及其可貴的詩作。

二、詩歌賞析

　　這首詩《先林的晨歌》是艾肯在其著作《先林傳記》裡的
一部分，由美國詩人非馬翻譯而成（注 1）。在《先林傳記》
中，非馬認為，艾肯也同艾略特一樣，喜歡用一連串物件來營
造氣氛。本文則嘗試用心靈去感悟艾肯如何以心靈進行詩美的
創造，去編織綺麗的意象。詩人寫道：

　　這是清晨，先林說，而在清晨／當光從百葉窗隙露水般滴
入，／我起身，面向朝陽，／做我祖先們學著做的事。／屋頂
上紫靄裡的星星／在鬱金色的迷霧中蒼白欲絕，／而我自己在
一個疾傾的星球上／站在鏡前打我的領結。／／

　　藤葉輕叩我窗，／露滴對著園石歌唱，／知更鳥在櫻桃樹
上啁啾／重複著三個清晰的音調。／／

這是清晨。我站在鏡前／再一次打我的領結。／當遠處波浪在淺玫瑰色的微曦裡／沖擊著白沙的岸灘。／我站在鏡前梳我的頭髮：／好小好白呀我的臉！──／綠色的地球穿刺氣團／沐浴於太空的烈焰。／有屋懸在星上／有星懸在海底…／而遠處一個寂殼裡的太陽／為我斑飾四壁…／／

這是清晨，先林說，而在清晨／我不該在光中稍息以懷神祇？／我屹立於一個不穩的星球上／他廣漠且孤獨如雲／我將獻這一刻於我鏡前／給他一人，為他我將梳我的頭髮／接受這卑微的奉獻，靜默的雲！我將想起你當我步下階梯。／／

藤葉輕叩我窗，／蝸跡在石上閃耀，／露滴自櫻桃樹上墜降／重複著兩個清晰的音調。／／

這是清晨，我從寂靜的床上醒來，／光輝地我自無星的睡海裡起身。／四壁依然包圍著我一如黃昏，／我還是我，依然保有同樣的姓名。／／

地球同我旋轉，但不曾移動分毫，／星星在珊瑚色的空中懨懨欲滅。／在嘯鳴的虛空裡我站立鏡前，／漠然地，打我的領結。／／

有馬在遠處的山崗嘶叫／抖索著長而白的馬鬃，／而山在玫瑰白的迷濛中閃動，／它們的肩被雨淋黑…／／

　　這是清晨。我站在鏡前／再一次讓我的靈魂驚奇；／藍色的空氣在我天花板上馳過，／眾多的太陽在我地板底下…／／

　　這是清晨，先林說，我從黑暗中起身／乘長風離去向我不知的何處，／我的錶已上好發條，鑰匙在我口袋裡，／而天空陰暗當我步下階梯。／陰影在窗間，雲在天上，／神在星際：而我將離去／／想他正如我可能想起破曉／且哼我知道的一個曲調…／／

　　藤葉輕叩我窗，／露滴對著園石歌唱，／知更鳥在櫻桃樹上啁啾／重複著三個清晰的音調。

　　此詩塑造了一些突破傳統審美觀念的形象，詩裡的「先林」，其精神意義常被人加以臆想，也指望能從他的作品中找出其神秘的意涵。其實，「先林」並非一個人，而是艾肯追求「絕對音樂」(Absolute music)，又稱為「抽象音樂」的一種純粹的喜悅。它也泛指一群喜愛觀察大自然的性格總和，並將物象特徵以一種精練的語言呈現出。或許艾肯也相信詩歌的本質在於透過創作與精神世界進行直接溝通，所以他持之超脫物外，拋棄空間的限制，像所有偉大的詩人那樣，以直接想像加入比喻新奇的方式創作而得此詩。

　　首先，詩裡細緻而不加絲毫矯情地描繪了一個清晨的景像，並典型地反映了艾肯美學觀念的一個特徵，它包含的是一種跳脫的現實，讓詩歌化為品味與美學的化身。更重要的顛覆

性則是，他在構思作品時，會注入個人的某種特殊意義，讓他的作品看來更為靈巧、音韻優美又帶有冷漠超然的書卷氣質。

此詩雖然繼承了象徵主義多注重詩歌的音樂性，在創作中不僅透過抽象的思維來表現，也運用飽含情感和詩意的方式去描述，因此根本不必去刻意揣摩領略外界的詩歌世界，就已獲得國際間廣泛迴響。

三、結語

康拉德•艾肯一生留下許多部詩集，他在詩歌藝術上的探索和貢獻，已被譽為美國當代最重要的文學家之一，其詩作中所抒發的細膩情感和對美好理想的追求，激起了無數讀者感情的共鳴；透過此詩的翻譯，不但把艾肯的詩描繪得飛動起來，而且朗讀的音樂性更具濃厚的感情色彩。誠如學者呂進所述：「詩的節奏是宇宙中的自然節奏的詩化。」（注2）此詩音韻輕巧，富濃厚鄉村風情，反映詩人豐富的想像，有喜悅，也有傷感，神秘而浪漫；聚散之美，在於隨緣自在，淡泊優雅。

由上所述，可見艾肯詩歌的基調與音韻、色彩，都是隨著詩人的想像與心緒的變化而變化的。而通過超感官知覺（extrasensory perception）的出現，不論是充滿淡雅清麗的境界也好，還是動中孕靜的想像也好，恰是一幅流動的山水畫，都能牽動著我們的心，讓靈魂驚奇。這也鮮明地體現了詩人艾肯的審美趣味及注重表達詩人自我個性和真情的藝術特徵。

注1. 本文譯作《先林的晨歌》出自非馬編譯的《讓盛宴開始——我
　　喜爱的英文詩》（英漢對照），書林，臺北，1999 年 6 月。

注2. 呂進著，《呂進詩學雋語》，秀威，臺北，2012 年 11 月初版，
　　頁 69。

　　　　　　　　　　　　　　　　　　－2021.07.04.完稿

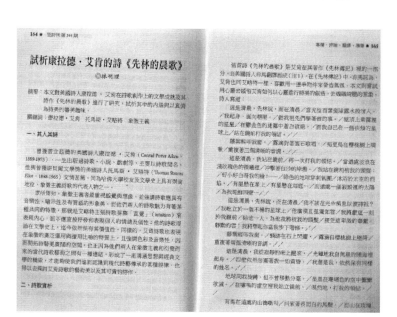

　　　　　　　　　　　　　　－刊臺灣《笠詩刊》，第 344 期，
　　　　　　　　　　　　　　　2021.08，頁 164-167。

7. 試析巴爾蒙特詩二首

◎林明理

一、其人其詩

　　追溯俄羅斯詩人康斯坦丁・巴爾蒙特（Бальмонт Константин Дмитриевич，1867-1942）詩歌的美感所自，很容易發現的一點就是都有一個樂感（musicality）和節奏在裡面。諸如象徵主義（Symbolism）詩人普遍認同「藝術乃充滿著神秘氣氛」或側重暗示、朦朧之美等說法，都可以在巴爾蒙特的詩作中找到他成為象徵主義領袖人物之一的主要思想；而此一思想也體現了其個人主義並執著於太陽的崇拜。他自稱為「太陽的歌手」，詩風清麗典雅、意境深遠，追求「由音樂性中表現情感」。

　　出身於貴族家庭的巴爾蒙特，十九歲入莫斯科大學法律系就讀，但轉學至另一個俄羅斯城市雅羅斯拉夫爾（Yaroslavl）大學並順利畢業。他在二十三歲起開始陸續出版詩集；著有《在北方的天空下》(Под северным небом，1894)、《寂靜》(Тишина，

1898)、《在無窮之中》(В безбрежности，1895)等多部，三十五至四十八歲間在國外廣覽文學，五十三歲時移居法國，直到七十五歲時懷著苦悶、淒涼地在巴黎逝世。

　　儘管其一生得到過許多名家的讚譽或零星的非議，但我發現他不僅以其一生不凡的創作印證對生活真諦的思考，而且契合其本身曾表述「我來到這個世界，為的是看太陽」的精神實質；而探究其詩，最能進一步瞭解其詩歌充滿了複雜而又神秘的心靈活動。本文試就其中兩首詩歌，略抒己見。

二、詩歌賞析

　　〈雨〉是巴爾蒙特在三十四歲（1901）時發表的詩作，詩人採用的喻體，或許是生活中的體驗蘊含想像而成。如這首詩開頭就十分引人注目：

　　　　牆角鼠輩吱吱唧唧，
　　　　小屋靜滯睡夢裡。
　　　　雨下著——屋簷水珠
　　　　沿著壁緣流滴。

　　　　雨下著，遲鈍、乏力，
　　　　鐘擺叩敲。

我不能分辨鐘聲
和疲憊心靈的撞擊。

融入睡意朦朧的
沉重寂靜,
我失憶失覺
落入夜的昏黑。

黑,如掘墓人,
在我體內翻攪,
壁中蛀蟲
反覆:「吱咯,吱咯」。

彷若句點,
如一切發端的起源,
以小小榔錘
敲擊、敲擊、敲擊。

曲調的原素
在寂靜中交織,
平靜無慍不斷對我
重複:「去死啊!」

而我嚥住氣,
如捻熄之燭的殘肢,

奇異的悲傷中
聆聽預言之音。

輕輕，輕輕
有人向我低語。
水珠從漆黑的屋簷
沿著壁緣流滴。

　　此詩巧妙地將詩的起承轉合安排了輔音同音，也有運用復沓，保持著一種渾然天成的優美，且營造出一詠三嘆的氛圍。據俄羅斯民間迷信，如果聽到蛀蟲嚙木的聲音，即預言死亡將至；我們雖然無法洞察詩人創作的靈思，但就其節奏的快感至少有一部分是像他自己在《詩即魔法》一書中寫道，「詩即有節奏的語言表達出來的內在音樂。」而由形象大於思想的眼光來看，此詩每字音的長短高低都恰到好處，而詩人以詩撫慰其精神寂寞或抒寫生活中的傷感，應已交代得十分生動了。

　　類似這樣優秀的詩作是舉不勝舉的。當一九一七年十一月俄國發生十月革命事起，巴爾蒙特對布爾雪維克黨（Bolsheviks）人於十月革命中奪權的作風不以為然，遂而移民法國，從此不歸。接著這首是他在六十二歲（1929）寫出的詩作《此地和彼處》，心境與早期詩歌創作時截然不同。他在詩裡寫道：

此地是喧囂的巴黎，反覆的琴
奏鳴著似新卻眾人皆知的老調。

而彼處江河之緣是勿忘草，
密林中有久久渴望的珍寶。

此地是話語和榮光的漩渦與聲響，
駕御靈魂的卻是一隻蝙蝠。

彼處芬芳花蕾間有沼澤草，
無邊的田野，深沉的寂靜。

此地是錙銖必較的理性，
才見深谷，他便低語：「填平它」。

彼處是曼陀羅之毒與蠱惑；
沼澤裡嗚咽不祥的大麻鳥。

此地對撒旦與上帝恭謹冷漠，
人們導引通向塵世星辰之路。

懇求你，至上者，為我開路，
好讓我至少死後到達渴望的彼處。

　　詩人像是遊走在真實與虛幻之間，隔著時空距離將現實生活中的困頓看透，他在一個佛教式的冥想中，以彼處是一株勿忘草的小比喻道出了他離鄉背井到巴黎卻對俄羅斯懷念的深情，又表彰了他身為詩人承擔世界所賦予的重擔，卻仍在與世無爭的孤獨中堅持安享平靜的生活，直到生命的終點。這種感傷與渴望到達彼岸的願望是真摯的和感性的。因此，《此地和彼處》所表現的絕不是一般人所想像的「詩人寂寥的悲嘆」，也不是像北宋文學家范仲淹《蘇幕遮》裡寫的：「山映斜陽天接水。芳草無情，更在斜陽外。」那種借酒澆愁、懷念家園的深情；而是自喻為「太陽的歌手」的巴爾蒙特奇特、敏銳而新穎的靈感，又再次書寫出一首以奇致勝的好詩。其絕妙的比喻之中，雖有凝聚著憂傷，卻沒有婉轉的絕望，反而恰似空山的野百合，孤傲挺立且隱隱地發出聖潔的光芒。

三、結語

　　無論是巴爾蒙特以時空距離審美生命的本質或於生活的寂寞中，他始終讓心之所向保持純粹。就詩歌的本質而言，這是極為珍貴，而非昂貴的。因為，再沒有比能真正欣賞一首好詩，更幸福的事了。而我在探索的過程中最美好的，莫過於閱讀到巴爾蒙特詩歌中帶有深情的回憶以及打動人心的一種自由的精神，深深地根植於詩歌之中，樂趣與敬慕之情由此生成。

　　德國詩人里爾克（1875-1926）曾寫下這樣的一段文字：「天才總為他的時代帶來驚駭。」（注2）我深信，巴爾蒙特的詩歌

流傳到二十一世紀的今日,終於在後世得到了復活,如星輝
耀。他的精神也必然永遠追隨太陽的光華而互古永存!這樣一
種分析,有助於以其他研究的方式去探析巴爾蒙特詩歌的深層
結構,期能接近詩歌的本來面貌。

注1. 本文詩作兩首源於普希金等著,歐茵西譯注,《浪漫與沉思俄
　　國詩歌欣賞》,臺北,聯經出版,2001 年 9 月初版,頁 177-181。
注2. 里爾克 Rainer Maria Rilke 著,唐際明譯,《慢讀里爾克》臺北,
　　商周出版,2015 年 9 月初版,頁 202。

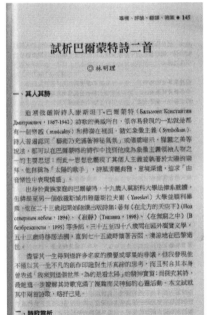

－刊臺灣《笠詩刊》,第
　345 期,2021.10,頁
　145-148。

8. Quiet and indifferent poetry

—An alternative reading of Qin Liyan's poems

◎Taiwan Lin Mingli

Abstract: In her poetic creation, Qin Liyan adopts an artistic perspective on new poetry with a calm objective attitude to reflect on the worldly life; it not only inherits the aesthetic essence of the new poetry, but also possesses a profound ideological nature, and has created an eye-catching poetry scenery in northern China.

Keywords: Qin Liyan, new poetry, aesthetics, synaesthesia

8. 清靜淡泊的詩音

──秦立彥詩歌的另類讀法

◎台灣林明理

摘要：秦立彥在詩歌創作中，以虛靜的觀照和宏偉深邃的

目光對新詩採取一種藝術視角來省思塵世浮生；既繼承了新詩通感的美學本質，又具有深刻的思想性，成為中國北方詩歌中一道引人注目的亮麗風景。

關鍵詞：秦立彥新詩美學通感

一、其人其詩

一本出自谷羽編選的《當代女詩人詩讀本》，讓我有幸閱讀了秦立彥（1973-）的心靈詩影。她來自黑龍江省巴彥縣，美國聖地牙哥加州大學文學博士，現任北京大學文學院副教授。對閱讀其詩而言，品評其詩的情感同品評其詩的意象同樣重要，雖然其中寄托了不少詩人的孤寂與回憶，但寫得很輕靈，也有生活氣息。她在詩歌創作中，融入東方虛靜美學，讓心回歸單純與寧靜。她用宏偉深邃的目光對新詩採取一種藝術視角來省思塵世浮生，既繼承了新詩通感藝術的表現傳統，又具有深刻的思想性，成為中國北方詩歌中一道引人注目的亮麗風景。

二、詩作賞讀

秦立彥的詩不僅有簡潔靈巧的特點，又學習了法國詩人波德萊爾（1821-1867）和美國愛倫•坡（1809-1849）等的一些象徵的手法。她往往用有質感的形象和暗示之筆來朦朧地揭示其弦外之音。如這首小詩〈寂寞〉：

寂寞如一條蛇，
昂著它美麗的頭，
閃著它灼灼的斑紋，
又纏上身來。

呂進曾說：「抒情詩的內容是像風飄過琴弦一樣，震動詩人心靈的瞬間體驗，」（注2）這段話也恰恰說明了，僅管是小詩，但只要稱之為好詩，就能讓讀者同想像的聯繫更豐富。細緻探究此詩，從表面看來，似乎是詩人詠嘆生命的謳歌，但它又昇華了現實，讓思念之苦的意象疊加；而「閃」就是「自覺地審視體驗」透射出哲思之光，讓全詩從撲朔迷離的愁緒中，從而獲得了某種新生的力量。

隨著詩人生活閱歷的豐富和喜歡親近大自然的體驗，詩人不僅突破了個人自由的心理空間，也把每一首詩當作是自己心靈的活的雕塑。當秦立彥寫下〈鳥巢〉一詩，就已體現了她在美國學成歸國後，開始投入教學的良苦用心；詩裡含有無限深意，在她眼中的北國，都染上了迷人的鄉土色彩，而這也是她負笈遠方最思念的景物，哪怕是一棵棵雪中之樹或充滿新生的小鳥，都讓詩人的眼睛漾出迷濛，而結尾一節引發出詩人的翹首期盼，更耐人尋味：

冬天的樹高舉著一個個鳥巢，
彷彿獻給天空的禮物。

太陽的眼睛看到了每一個巢中，
而春天的葉子即將降臨，
千萬枚葉子將把那些鳥巢遮住。

另一首〈懷古〉中，詩人設想自己與古代詩人時空對飲，讓想像力像生出了翅膀的馬，任意馳騁：

在唐人懷古的地方，
我懷念著唐人，
他們當時似乎並沒有想到，
唐朝之後還會有宋元明清。

在赤壁的江邊，
依然聳峙著亂石，
第一杯酒獻給三國的英雄，
第二杯酒獻給蘇軾。

懷古的人終於也成了古人，
一代代積累起來的是懷古的詩。

的確，此詩一開頭就讓我想起，創造出一種古今交融的手法和歷史人物的穿插，雖然描繪了詩空截然不同的兩幅畫面，但語加蘊藉，詩裡也寓含她對中國傑出的文學家及英雄的悼念，這誠然也是一首對民族命運的關注，更是詩人奏響的一曲愛國之音，內涵也很深邃。最後的這首〈春夜〉，描繪出中國大陸北方春節年夜時，迎來爆竹一聲除舊歲的期盼，以及由點

燃到爆炸於夜空的炫目場景：

> 春夜的黑暗也是稀薄的，
> 一樹樹的花，
> 燒著紅的火把，黃的火把，
> 把周圍照徹。
>
> 整個世界都睡了，
> 只有花睜著灼灼的眼睛，
> 因為珍惜每一寸光陰，
> 因為經過了一年的等待，
> 才迎來這樣的良辰。

　　此詩給人們帶來了生活意趣和快樂，也反映出詩人深深掛念的，其實是祖國同胞的文化和那片廣大土地上默默耕耘的勞動者。詩人的感情真摯而自然，同樣在迎春的空曠的境界中，雖然她的詩少有那種大氣凜然、慷慨悲壯的抒情，但在其精緻的詩句背後，卻藏有清靜淡泊的詩音，自有其獨立存在的價值。

三、結語

　　綜上所述，我認為秦立彥的詩歌風格形成的主客觀原因，歸根於她求學過程的刻苦經歷及自幼喜好文學、博聞強識，可說是形成她的藝術風格的基礎。但更重要的還是由於她受到歐美比較文學的薰陶，深耕有成，且懂得用她的全生命去歌唱，無論是回憶或者希望，痛苦或歡笑，都可以看出她的真情所

在。她經常用另類眼光看世界，且詩歌裡永遠愛戀著她的故土的一草一木……倘佯在理性的思辯與文學的浪漫情懷中，讓心靈與自然相通。僅從這一點看，也顯示出她的思想純淨，彷若因詩而獲得了靈魂的新生。

注 1..本文譯作出自谷羽編選的《當代女詩人詩讀本》，漢俄對照中國詩歌系列，天津大學出版社，2020 年 2 月第 1 版，頁 214-220。

注 2.呂進著，《呂進詩學雋語》，曾心、鍾小族主編，秀威，臺北，2012 年 11 月一版，頁 215。

（作者：林明理（1961-），雲林縣人，曾任屏東師院講師，現任台灣「中國文藝協會」理事。）

－2021.08.25 完稿

－刊臺灣《秋水詩刊》，第 190 期，2022.01，頁 69-71。

9. 淺析鄭烱明詩三首

◎林明理

一、其人其詩

　　一九四八年出生於高雄，被譽為醫師詩人的鄭烱明，曾任臺灣筆會理事長等職，著作有《蕃薯之歌》、《凝視》詩集等，並創辦《文學台灣》等雜誌，不但深刻影響現代詩發展，也備受南臺灣文壇尊重；其人格行事極具溫文儒雅之風，詩作不僅是他生命的歌吟，言出肺腑的自然流露，而且深契其精神實質。

　　他曾說，「詩是現實的折射／詩是想像的光影」（注1），顯然，詩，是他由心靈的延伸與立在感情上的，以及藝術形式的綜合表現；在臺灣詩壇上，的確具有鮮明的風格，值得探析。

二、詩作賞析

　　多年來，鄭烱明著力於把藝術觸角伸向自己心靈的隱密感悟。他有時是苦吟的詩人，對著地球暖化造成乾涸的河床而無奈興嘆；有時又如一個深思的哲人，將感受細膩生動地表現於詩句中。在他許多不同情景下或孤獨的時候所創作的詩篇，有

的帶有特定感情色彩的景物抒情，有的又體現出一種深層、俊逸的風格。

例如二〇一四年八月，鄭烱明與友人探訪長崎遠藤周作文學館（Endo Shusaku Bungakukan）後有感而作了一首〈沉默〉，詩人運用一組組的意象創造了一幅「融情景於長崎」的獨特意境，將海面、夕陽之丘、潛入心靈的感受交融在一起，其中情象流動的跳躍性，使人如置身其中：

在長崎外海的夕陽之丘
靜靜地眺望廣闊的海

八月的陽光非常刺眼
我站在文學館的露台
耳邊響起沉默之碑的詩句：
「人是這麼悲哀
主啊，海卻是如此的藍」

十七世紀時
這裡的住民為了信仰
遭受精神與肉體的折磨、迫害
不是現在的你我所能想像的

如果沉默是一種反抗
在聖潔與背德

在信仰與反盼
在絕望與寬恕之間
生命的意義究竟是什麼？

走進《沉默》的舞台
沐浴在藍色花窗玻璃的光影之中
我聽見遠藤周作的靈魂
正緩緩地傾訴著

　　《沉默》是遠藤周作在一九六六年出版的經典小說，內容是依部分史實及其哲學思想所著作，書寫一名傳教士被派到十七世紀的日本所遭遇的感人故事，也引起人們的思考，體驗神的愛。祂儘管沉默，卻讓我們知道，真愛是無私的、捨己的。此書被稱為「二十世紀最好的小說之一」，故事的原型地，就是長崎，而遠藤的寫作精神永久烙印在文人的心中。

　　這座文學館，也是長崎市的博物館，面臨東海，彷彿是神為遠藤留下的淨土般純淨。他的大作《沉默》，後來被改編為電影、歌劇，以及啟發了音樂家的創作，也讓詩人鄭烱明參觀這座文學館後有感而詩，他借助於全感官的觸動，把心中最真誠的感動坦露出來，也使人感受到一種崇高的樸素之美。

　　在鄭烱明優秀的詩作中，其心琴上彈出來的詩音，有別於其他詩人把激憤的豪情、赤裸裸的諷喻之情融入情景和詩語之中，他的詩，大多是以優美、抒情的語言去闡發人生的哲理，

以臻藝術的極致「真情」。再看他的這首近作〈令人讚嘆的語言〉：

> 孤獨的時候
> 我翻開一本詩集
> 靜靜地閱讀
> 沉浸在美妙的世界
>
> 詩人的喜悅、悲傷與哀愁
> 透過獨特的語言
> 滋潤我龜裂的心
>
> 我是一棵逐漸枯萎的樹
> 不只需要陽光
> 更需要水
> 可以讓我重生的水
>
> 噢，令人讚嘆的語言
> 如水汨汨流入我的軀體
> 洗滌我一身的污穢

　　顯然，此詩是詩人情緒的直寫，也有了詩的內在節奏，以表達一種跳躍、轉折的情思。雖然詩的基調是抒情而明朗的，但卻深沉且含蓄，昭示出宗教哲理性的思考。其實，人生精髓在把握當下。每回際遇，每遇見一個難以忘懷的景物都是一種

幸福。此詩末段裡，難以遮掩的詩性光芒，也給讀者多層次的審美感受，可以說，鄭烱明是一個以詩為生命的苦吟者，也有哲人般的智慧。

〈生之歌〉是詩人前幾年寫下的佳篇，也體現了詩人對生死的思考與豁達：

> 告別的時刻沒有遺憾
> 因為我的詩所散發的愛和真實
> 所追求的生命的尊嚴
> 抵抗時代的不公不義
> 永不懈怠
> 我努力吟唱的生之歌
> 希望能撫慰那孤獨的
> 暗夜哭泣的靈魂

詩人的本職是醫師，但他的詩作或評論也寫得深刻而有特點。值得注意的是，此詩並非在簡單地回顧一生，而是穿插了詩人發出正義的呼喊，與此同時，做了對繆斯傾心歌詠的讚頌，從而盡情抒懷，也顯示出了此詩的美學特徵；內裡包含了詩人的人生體驗，給人印象深刻。

三、結語

類似以上的佳作，不再一一列舉。從晚年期鄭烱明寫作風

格來看，他可說是一名努力不懈的詩人，或如其自喻：「我努力吟唱的生之歌／希望能撫慰那孤獨的／暗夜哭泣的靈魂」雖然他的詩，多半不是霸氣豪邁或哀怨傷感的意境，卻有著內在強度的激情，既深深地植根於現實，又不斷地將自我感情投射進去；因而其詩歌語言有著「深沉而真摯」的愛福爾摩沙這片鄉土的偉大情操，也具音樂性，這或許是鄭烱明與音樂有著縝密的關係使然。

誠然，一首詩的意義，就是作者在這首詩裡傳達給讀者的那部分經驗（注 2）。在這些詩句中，我們看到詩人正直純潔的人性，毋寧說他是為心靈深處的夢想，讓夢想揚起，讓詩歌更有語言質感、更有力度的目標迎向天際。深夜，細讀其詩，那長崎外海的夕陽，那襯著想像中藍色花窗玻璃外的一片湛藍，讓我也似乎聽到了詩人心頭的記憶如落日餘暉般依依；而詩人的悲憫精神與對文壇的奉獻，在其寬容的胸襟中，也帶給我奮進的力量。因此，筆者認為，衡定鄭烱明詩歌美學的廣度，實值得進一步進行適當的探究。

注 1.摘自《文學台灣》第 106 期，2018 年 4 月夏季號，高雄，文學台灣雜誌社，頁 98。
注 2.摘自《英詩十三味》，朱乃長編譯，臺北，書林出版，2009 年初版，頁 56。

— 寫於 2021.10.31 臺東

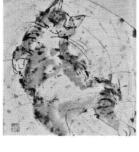

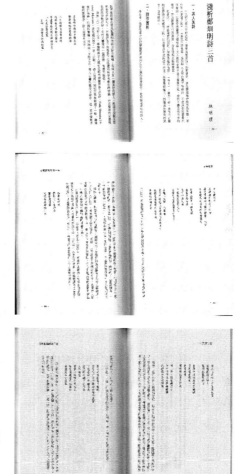

— 刊臺灣《文學臺
灣》季刊，第 121
期，2022.01，頁
86-92。

10. 非馬抒情詩的審美體驗

◎林明理

一、其人其詩

　　非馬（1936-），原名馬為義，詩人、翻譯家，著作頗多；風格清逸簡約，又不失幽默風趣，歷來受到許多詩評家的高度矚目，在國際詩壇上具有較高的地位。年逾八十五的他，最近出版一本新書《非馬漢英雙語詩選》，其中，詩人浪漫的一面卻很少有人展開評述。本文試從書中收錄的抒情詩的審美體驗和藝術手法作一種闡述性分析。

二、詩作賞析

　　人們大多認同《非馬漢英雙語詩選》抒情詩整體表現著一種和諧美感的基調。例如這首〈晨起〉體現出來詩人善於韻腳協調，靈活地呈現詩意內涵與心靈交通的關係，而避免平鋪直敘：

　　拉開窗簾

　　驚喜發現
　　陽光漫天燦爛
　　後院他手植的那棵楓樹
　　仍一身青綠

　　世界
　　仍好好地
　　站在那裡

　　一般來說，詩的結構，首重音律起承轉合的作用，以及真摯的情感流淌。此詩不僅體現在於簡煉詩句中，音律上儘可能地追求完美以外，應是詩人在芝加哥清晨的詠景抒懷，在真情實感層面也注入撫今思昔的因素，藉以排遣愁緒，激勵向上。非馬在美國獲得博士後研究，除了在科學專業知識方面認真工作直至退休之外，還著手於翻譯歐美等詩作及創作不懈，培養成優良的學風及淡泊的文風。再如這首〈冬夜〉，也表達出審美風格上的獨特要求：

　　用火鉗
　　輕輕
　　把
　　覆滿灰燼的
　　熱情
　　敲醒

暖暖的火舌
開始霹靂嘩啦
舔起
凝凍的黑暗

便有白霧
升自眼底
如春天陽光下
牛奶的
香味

　　此詩多重情節交織的畫面，或許是詩人內心世界的「自我寫真」，畫面上似乎鼓蕩起冬夜嚴寒心情的轉換與期待，而其深意就落在最後一段，渴望自我價值在現實世界中能勇於面對苦難；詩的情感基調是欣喜的，夾雜著淡淡的愁情。而〈心結〉一詩，大概是非馬抒情詩裡描寫最為幽微也最為感人的詩作之一：

心有千千結
花花綠綠
在夢中
輕輕一扯
便蝴蝶滿天飛

我心頭的結只有一個

卻深深紮進肉裡
你嘴角一牽
就痛

　　詩人以純真的情懷去回憶一段年少的過往，出現愛情感悟
的經典話語。於是，讀者在其浪漫的故事之外看到的，是一份
保持節操不染塵濁的真摯情感，然後馳思，最後想像到回眸的
一幕，就顯得溫暖而眷戀，也領略到詩人為愛憂傷與歡喜的隱
逸之意。另一首詩〈有一句話〉，恍若渾然天成，將詩人對愛
情的「凝視」與遺憾融入思考，也是一次相遇的震撼體驗的真
情告白：

有一句話
想對花說
卻遲遲沒有出口

在我窗前
她用盛開的生命
為我帶來春天

今天早晨
感激溫潤的我
終於鼓足勇氣
對含露脈脈的她說
妳真……

斜側裡卻閃出一把利剪
把她同我的話
一齊攔腰剪斷

　　從美學角度來講，此詩的經驗的真相和涵義使得愛情變得
更生動而清晰。曾經有句名言：「真正的愛情，所走的道路永
遠是崎嶇多阻。」（注）詩人以其本身的愛情激發了他創作的
靈感，也創造自己的藝術。〈心〉是一首令人莞爾的詩作，有
詩人蘊藏於心的純真，也有詩人在風雨與心的遨翔的關係中延
伸的奇趣：

接近現實的東西
不一定可靠

根據風風雨雨的報導
今天早上
外頭是一片
蕭殺蕭條

但在我心的晴空上
一個久久不墜下去的
微笑
一直在那裡
燦爛燃燒

　　這是超脫現實之後，心靈所獲得的和諧，也蘊含了《易傳》的哲學、美學觀點「立象以盡意」的思想。雖然有人認為，理想是最接近現實的東西，但詩人或許認為，愈是受到現實的制約，力量就愈受到限制。然而超脫現實，也不一定意味著天馬行空、無根無蒂，就像此詩裡，詩人在不羈的時空中仍能因一個微笑，而追慕久遠。又如〈乾旱的午後〉，恰恰與非馬幽默而多情的詩風有密切關係：

　　　　風來
　　　　便有了雨的傳說
　　　　雨來
　　　　便有了風的傳說

　　　　你不來的這些
　　　　乾旱日子
　　　　我便努力為自己
　　　　製造
　　　　風風雨雨的
　　　　傳說

　　此詩表現詩人在寂寞的風雨之中仍時時堅守努力以赴的體悟。事實上，非馬對於詩的語言和形象極為重視，他的詩歌鮮少直觀山水形象與抽象，而是更崇尚簡練渾融的語言，鋪陳成詩。這本新書收集了從年輕到晚年的非馬一生中精選的詩歌

及親自翻譯，而構成一部完整的雙語詩歌結集。以上為觀察其抒情詩提供一個微觀視角，以表達出詩人走過歲月的努力與艱辛、情感與思想的互動。

三、結語

總體上來講，由非馬對各城市及景觀的書寫的考察可知，毋庸置疑，他心目中思念的故鄉，總是帶有太多的情感成份的；特別是抒情詩，對年輕時代求學階段的情感想像也起到了推波助瀾的作用，又隱約讓讀者覺得他的關注重心在於愛情的純粹和昇華。我認為，每個人在這個世界上多多少少都會得到一個難忘的回憶。塵世中，有多少聚散離合？又有多少感動的時刻？夜讀非馬的抒情詩，也獲致情感上的感動和精神上的放鬆，實值得進一步探究。

注：摘自李道海編譯，《莎士比亞的智慧》，台北，成陽出版，2001 年初版，頁 257。

－2021.11.06 寫於臺東

非馬抒情詩的審美體驗

◎林明理

一、其人其詩

非馬（1936-），原名馬為義，詩人、翻譯家，著作頗多；風格清逸纖約，又不失幽默風趣，歷來受到許多詩評家的高度矚目，在國際詩壇上具有較高的地位。年逾八十五的他，最近出版一本新書《非馬漢英雙語詩選》，其中，詩人浪漫的一面卻很少有人展開評述。本文試從書中收錄的抒情詩的審美體驗和藝術手法作一種闡述性分析。

二、詩作賞析

人們大多認同《非馬漢英雙語詩選》抒情詩整體表現著一種和諧美感的基調，例如這首《晨起》體現出來詩人善於謳歌協調，靈活地呈現詩意內涵與心靈交感的關係，而避免平鋪直敘：

拉開窗簾

驚喜發現

陽光燦爛

後院他手植的那棵楓樹

仍一身青綠

世界

仍好好地

站在那裡

一般來說，詩的結構，首重音律起承轉合的作用，以及真摯的情感流淌。此詩不僅體現於錘鍊詩句中，音律上儘可能地追求完美以外，應是詩人在芝加哥清晨的詠景抒懷，在真情實感裡頭也注入撫今思昔的因素，藉以緋繹愁緒，激勵向上。非馬在美國獲得博士後研究，除了在科學專業知識方面認真工作直至退休之外，還著手於翻譯歐美等詩作及創作不輟，培養成優良的學風及淡泊的文風。再如這首《冬夜》，也表達出審美風格上的獨特要求：

Feb. 2022

－刊美國《新大陸》詩雙月刊，第 188 期，2022.02，頁 31-32。

林明理油畫
（由臺灣的「國圖」
存藏於臺北）

11. 夜讀胡爾泰《落羽松下的沉思》

　　曾任教於臺灣師大的文學博士胡其德（筆名胡爾泰，
1951-），是臺灣文壇上少數的學者詩人。在初冬一個涼爽的午
後，很榮幸地收到他寄贈的新詩集，也想起了一些生趣盎然的
事。其詩大多具有浪漫情味，也有知識份子憂患之想，更與他
豪邁的才氣、優雅的氣度結合。

　　正如詩人在〈雲中書〉中將懷友之情寫得清新脫俗，都是
直接而無矯情的，還有的是意象的轉化、通感手法的運用，都
增添了此詩的力度：

　　　　美人住在雲端
　　　　一個雲深不知處的地方
　　　　當她梳起秀髮
　　　　雲瀑就從天飛奔而下
　　　　越過山巒直到靈魂的窗臺
　　　　當雲朵冉冉飄過
　　　　美人的笑容就從回憶的池中展開

　　　　春蠶吐的絲
　　　　搭起的相思橋
　　　　連接了前山和後山
　　　　青鳥是殷勤的天使
　　　　傳遞雲端的消息
　　　　銀鈴的笑聲曾經跌落蓮花池

　　　　我的思念是池邊的草
　　　　滋長於春雨的霏霏
　　　　青色的浪漫
　　　　是一帖不凋的狂草
　　　　漫過光陰的原野
　　　　一直到

　　天之涯雲之端

　　詩人在教學期間，曾遊學法、德、荷蘭三國，長達三年，先後兩次獲得教育部文藝創作獎，平日除了教學與研究之餘，也喜歡徜徉於山水之間，寄情於詩，是一位具有獨特風格的詩人。此詩裡的畫面美，是時空藝術的綜合，也有著詩人內心的獨白，情感真摯，因而能使人激起豐富的聯想。這是他在詩美上的探索，也很具神韻。他在許多詩篇中關於植物和大自然的描繪，都給人一種絢麗多姿的意象美。比如這首〈鳶尾花〉，詩的基調是抒情而明朗的，更是別出心裁：

　　　寶藍羽毛的鳶鳥呀
　　　挾著春天的尾巴
　　　飛到了埤塘邊
　　　給綠色的花梗叢
　　　添了幾道彩虹

　　　伊人戴著呢帽
　　　來到小橋
　　　看著綠池中的垂瓣
　　　搖出扇形的光
　　　彩虹的影子跌落
　　　鳶尾花在水中綻放

　　　鳶尾花呀

　　也在我思念的土壤綻放
　　在櫻花未謝
　　流蘇飛著粉白的
　　暮春三月

　　在這兒，詩人把池畔的一次際遇譜寫成詩——讓想像的翅膀在夢幻與現實中飛行，並描繪出對詩美的嚮往與追求；讀起來音韻優美，充滿了聽覺上的動感。值得一提的是，二〇一七年四月下旬，詩人因急性胰臟炎住院，他忽然有感而思，遂寫下一首〈病房手記〉，在最末一句裡，詩人仍幽默地說：「我只知道在草坪上看雲比在病床上舒坦多了」。這是一首頗有思想深度的詩，也是詩人勇於戰勝病魔後的故事。誠如他在〈落羽松下的沉思〉最末段的詩裡寫道：

　　千縷的思緒拉長了樹影
　　延伸到夜的邊界
　　夢的國度
　　我隱約聽到
　　枯澀的枝幹迸出的
　　翠綠的葉音

　　這是詩人壯心不已的力作，也寫出了詩人對愛與生存的勇氣、生命中濃郁的回憶及關懷鄉土之情，都已烙印在讀者的心中；而我也由衷地希望他在古稀之年以後繼續寫出更多的優美詩篇。

－2021.11.10 完稿

　－刊臺灣《金門日報》副刊，2021.11.20，
　　及林明理畫作 1 幅。

12. 禪道意蘊的詩思－讀李昌憲 《驚動的眼睛》

一、前言

　　高雄詩人李昌憲最近出版了一本詩集《驚動的眼睛》，選題甚好。我讀後欣喜地發現，他近幾年的成就不單靠禪道意蘊的詩思，也得力於文字的凝聚和簡練。本文就其中選錄的詩作略抒己見。

二、詩作賞析

　　李昌憲的各類作品大抵以詩歌為主，但是並沒有時下詩集最容易出現的枯燥無味的毛病，相反的，總是題旨鮮明、比喻生動自然，蘊藏著深邃內蘊，其重要的主因，是他描摹的畫面栩栩如生，從而反映返回祖厝農村生活的淳樸，到 M 型社會的轉變，從底層社會的疼痛、緬懷逝世的親友，到毒害臺灣的食安問題、農民的悲情等無奈，詩裡含有真摯的感情，富於文學色彩；同時也因為詩人思想富於生活的綠色，隨時隨地都能將生活用形象化的比喻來表達，使讀者恍然有所領悟。

　　現在我們讀一下這首〈白色母親節〉，在詩人眼中，母親一直活在其心底，反映的是詩人思念的心境，格調是悲傷的；但從藝術上看，通感的手法運用十分成功：

　　　　今年母親節
　　　　跟以前一樣訂桌
　　　　卻把整桌放在大廳
　　　　加上六個紅圓一個發粿
　　　　妳百日祭的敬品

　　　　妳的子孫們都回來
　　　　跟以前一樣聚會
　　　　妳不再切母親節蛋糕

看著牆上的照片
追思復追思

母愛的海洋
在心中劇烈翻湧
我恭敬用朱墨抄寫的心經
子孫們手摺許多的蓮花座
隨著思念化入火光中
虛空而永恆追思的
白色母親節

　　這都是昌憲一生中最難忘的一刻，他對慈母懷念的深情，從飛動哀傷的畫面中，使人看到了詩人感性的一面，給人一種感同身受的力感。由此詩人又談起生命的短促，以及我們要珍惜相聚時的原因。再看這首〈時間沒有腳〉：

時間
沒有腳
越走越快

生命
剩下的
越來越少

參加同學會

　　唉！人數
　　一年一年少

　　時　間
　　在生命邊緣
　　舞蹈

　　生　命
　　在時間邊緣
　　掙扎

　　詩人採用的喻體，已把自己對生命的感悟以每一節三行的
短句排列，以表達一種跳躍、轉折的畫面與情緒，並對生命的
短促展示其感觸及哲思。接著這首〈回家〉，其基調就和前詩
不同，採用象徵手法能夠言近而意遠，形成一種更具典型意義
而富於哲思的藝術效果：

　　點亮一盞燈
　　營造空間的一種氛圍
　　開啟一扇窗
　　接入陽台的一片綠意
　　沖泡一壺茶
　　沉澱心情與啟迪心靈
　　聊生活趣事
　　笑聲釋放生活的皺紋

　　躺在雙人床
　　休息是最溫和的補藥

　　此詩借助於具體的美學視角，流露出對「家庭」很深的愛，
也表現了對禪道意蘊的展現與昇華，喚起了人們感情上的共
鳴。如〈抄經〉中寫道：

　　朱墨吞吐新鮮血液
　　筆優雅步履白紙
　　恭敬抄寫心經

　　經文裡二十一個
　　無
　　無所不在的佈滿
　　心的宇宙

　　今生是否能夠妙悟
　　無
　　喚醒
　　我

　　把人生抄入
　　空格
　　靈魂在虛空中
　　呼叫

六十六載人生匆匆過
已知有一天終將被遺忘
現在開始學習
放下

心的宇宙遍佈
空
無

　　此詩內裡包含著對母親的思念，寫家人及身邊的生活及其最真切的感受。但不同於寫至親的人的那些場景和細節，其中，詩人也寄托了不少禪思的智慧，以臻於清靜寂定的心境。而〈驟雨〉這首詩，詩中優美的核心意象，通過六行特殊的形式恰切地體現出來一種獨特的藝術形式，含有無限深意：

驟雨把所有行人
眼睛收集在百貨公司

透明的精品展示櫥窗
誘惑出慾望

嘆氣夾雜雷聲
淚珠瞬間滂沱

詩句看似少了點語言的形象，卻多了禪道韻味的哲理與形象的有機融合，讀來津津有味。詩人也體現了對網路社會、弱勢族群的生活體驗，及其內心複雜之情進一步昇華並詩化了。

三、結　語

曾有一陣子詩人很擅長抒寫當地高雄加工區等許多有關環境保護及底層社會、鄉土文化等多元化的問題，多有進展；而這些問題同正確地理解李昌憲詩歌的藝術特徵是聯繫在一起的。他是位社會觀察家、詩人，並擅於篆刻、攝影等嗜好，勤奮而親切，給予讀者深刻的印象。

此書由詩人林鷺為序，共收集八十二首詩。值得注意的是，生長在高雄的李昌憲，最新的《驚動的眼睛》這部詩集，有許多首具有了獨特的禪道意蘊，可以說，是他主張以親友為主體，以其禪思寫作的一次藝術實踐。

詩裡最為人稱道的是，內裡閃爍出詩人單純的詩心，很有興味。他的起步是扎實的，幸運的，詩壇之路也走得對；尤以要從大自然中提煉詩思，詩情是很重要的。就像詩人在此書的〈黑潮怒吼〉詩裡的最後兩行說的那樣：「讓台灣重新發光／希望在自己心上。」很少有詩人能把自己的感受生動地傳達出來，但李昌憲的詩辦到了。

審悲是指對人生的各種各樣的苦難的描寫與評判（註）。

此書裡包括對別離、死亡、悲傷、憤慨等一切引起痛感的描寫，也有攜友同遊、品嚐美食的回憶及樂趣；它的生動令人注目，它的新奇，賦予生活以醇厚之味，讓人玩味不盡。它的禪思，亦飽含情感，就成了詩美的重要課題。

　　總之，《驚動的眼睛》看似寫社會面的無奈，實際上寫的是詩人的日常生活。詩是通過虛實之間，大量採用了對比和反諷手法，使得他所表現的意義呈現為其沉思和樸質見底的本色。因此，此書所表現的絕非一般詩人所分析的「英雄式的悲嘆」，但我以為，他的精神層面傾心盡力促進關懷社會的變革，是用來反襯人生的短暫的。其品格的肯定、及其孝心，都是值得肯定及鼓勵的；從而使這部新書在臺灣文壇詩歌交流上放出光彩！

　　註.童慶柄著，《中國古代心理詩學與美學》，萬卷樓出版，1994 年初版，頁 195。

　　　　　　　　　　　　　　　　　　－2021.11.19 寫於臺東

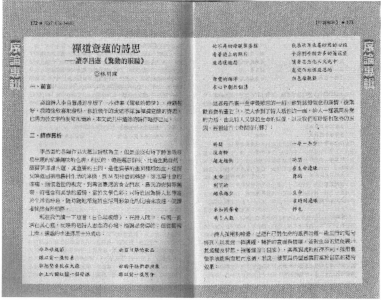

─刊臺灣《笠詩刊》，第 346 期，2021.12，頁 172-176。

林明理畫作（由臺灣的
「國圖」存藏於臺北）

13. 讀秦立彥譯《華茲華斯抒情詩選》

◎林明理

　　畢業於劍橋大學的英國浪漫主義詩人威廉・華茲華斯
（William Wordsworth，1770-1850）一生有許多優美的抒情詩，
流傳一百七十餘年而不衰。他的詩激盪著時代的旋律，與雪

萊、拜倫等齊名，也是湖畔詩人的代表，在英國文學史上占據了顯赫的地位。詩，是他生活的藝術折射，也飽含著最純真的感情；基調儒雅而細膩，節奏輕盈，能開啟心胸與思想，讓人重新獲得心靈力量。

而秦立彥將其抒情佳篇集中出版，這無疑是對華茲華斯詩創作的新貢獻。此書最突出之點，是譯者本身也是學者、詩人，因此，她在翻譯上特別注重韻腳，以體現原作詩美的意象和意境，能做到這一點是難能可貴的。比如書裡的〈一篇少作〉一首：

> 整個大自然如靜止的車輪般平和，
> 幾頭母牛俯臥於沾滿露珠的青草；
> 我在經過的時候，只隱約看到
> 一匹馬站立著，將傍晚的牧草嚼嚙；
> 地面黑沉沉的；彷彿睡眠悄悄漫過
> 谷地，山巒，沒有星星的高天。
> 現在，在這萬物的一片空白裡，
> 一種家中感到的，家所創造的和諧，
> 彷彿治癒了悲傷，而它一直從感官
> 獲得新的養料；只有此時，當回憶
> 寂然無聲，我才得到安寧。朋友們，
> 請你們克制試圖減輕我痛苦的焦心：
> 就由我一個人吧；不要讓我感覺
> 那多事的觸碰，那會讓我再度消沉。

　　讀後頗感有滋味，內裡包含了詩人藝術思維的多向化和愁思。由於他的母親在他八歲時去世，之後他那當律師的父親就把他送到附近的小鎮霍克斯黑德（Hawkshead）讀書，所以他的詩裡時常蘊聚著對霍克斯黑德鄉景的愛，甚至在劍橋唸書期間還會在夏季返回這鄉間漫步、遐思。

　　再如〈歌〉，最能代表詩人以情為動力，借物抒懷的特點，也證實了詩的永恆力量：

　　　　她住在人跡罕至的幽徑間，
　　　　鴿泉邊的去處，
　　　　沒有人為這位少女讚歎，
　　　　愛她的人屈指可數。

　　　　一朵紫羅蘭，在生滿蒼苔的石旁，
　　　　半被遮住了容色，
　　　　──星一般美麗，當天上
　　　　只有一顆明星閃爍。

　　　　她一生無聞，也少有人知，
　　　　露西的生命何時走盡；
　　　　但是，啊，她如今在墳墓裡，
　　　　這於我是多麼不同。

　　此詩唱出了年輕詩人對露西熾熱的思念之情，也寫出了在視覺和含蓄的藝術表達中所造成的形式美。華茲華斯的詩，有別於法國象徵派詩歌的先驅波特萊爾（1821-1867）重視音樂性和韻律感，他擅於把具體景物概括昇華為一種不同尋常的藝術境界。他是個心思細膩、對大自然及親友都充滿憐惜與溫柔的人。如人們稱讚的這首〈麻雀的巢〉：

> 看，五枚泛青的鳥蛋閃著光！
> 我很少見過比這更美的景象；
> 這單純的場景，比它更歡樂，
> 更令人愉快的，不會很多。
> 我吃了一驚，彷彿看見
> 那家和隱蔽的床榻，
> 是麻雀居住在裡面，
> 就在我父親的房子旁邊；
> 妹妹埃米琳和我，晴天雨天，
> 都一起去看它。
>
> 她看著那鳥巢，彷彿害怕它，
> 滿心期待，又不敢靠近它；
> 她有如此的心，當時她只是
> 人們中一個言語絮絮的孩子。
> 我後來歲月中的福澤，
> 在我童年時就與我同在，
> 她給了我眼睛，給了我耳朵，

謙卑的關懷，細膩的畏怯，
一顆心，從中湧出甜蜜的淚波，
還有愛，沉思，歡快。

從中可看出，華茲華斯也是個情感充沛的詩人，善感而擁有寧靜樸素的心。詩裡讓我覺著大自然一切活潑生靈，都是鮮明的。詩中浸透了詩人對他的家鄉親友的由衷讚美，而這份浪漫的愛與沉思恰恰是詩人在未來歲月中要為幸福而前進的決心所帶給讀者的感動。

閱讀友人寄來這本譯書，已是遠方大雪紛飛的十二月，卻給人一種值得回味的親切感受。她在另寄的一本今年出版的書裡寫下這樣的一段詩句：

如果打開一本新書
發現它是自己喜愛的
那有多麼幸福
彷彿忽然認識了一個新的人
越過幾個世界的距離
來到他的靈魂旁邊
聽見那裡發出的低語

這裡有著詩人內心的獨白，而我正為她除了翻譯研究以外，仍執著地追求詩美的新探索，而感到欣喜，也祝願她在今後的創作與教學中取得更大豐收！

－2021.12.01寫於臺東

　一刊臺灣《金門日報》副刊，2021.12.19，
　　及林明理畫作 1 幅。

李昌憲著，戴茉莉譯，
春暉出版，2021.12

14. 李昌憲《生態詩選》賞析

◎林明理

一、 前言

　　生於臺南，成長於高雄的詩人李昌憲長期以來從事詩歌創作與篆刻等工作，最近出版了專著《生態詩選》。此書以自選生態中英譯四十三首為出發，內容以知性、感性、寫實與反諷為原則，將整個著作由高雄環境變遷，延伸到整個地球生態浩劫為其關注的思路，從中正視人類因發展經濟而犧牲環境下對

地球的影響，並闡揚發送唯有人類與動植物和平共處，以臻於地球新境的反思。

　　書寫的內容豐富而深入，從高雄愛河、後勁溪的整治、到遇見高山的臺灣藍鵲、一葉蘭，紅樹林等；從關心企鵝、臺灣山羌、黑鮪魚、候鳥、北極熊，到塑膠垃圾、病毒、颱風、野火、融冰等生態浩劫。在我看來，他所關切的不是科學和物質文明，而是生態的延續和愛，不是人類的智慧和能力，而是自省的品格。這都給了讀者極大的啟迪，當然，也是提供了對生態詩研究的一部成功範例。

二、詩作賞析

　　昌憲在此書自序裡曾說：「我的生活中有詩；詩中有生活。」（註）見證其所描寫的詩創作大多崇尚在自然和山水的關係中體悟玄理、追求自然，這也是詩人追慕的人格理想。如〈紅樹林〉所述：

　　　　被大雨淋得溼透
　　　　紅樹林打開大海的門
　　　　指引每一條溪流
　　　　回大海的懷抱

　　詩人在雨中觀賞一大片紅樹林中，宛如海上森林隧道，在通往河流出海口，把潮溝妝點得十分美麗時，發現自己以形象

的審美體悟禪趣。從這些詩歌來看，禪學不是李昌憲生態詩的點綴，而是其詩歌表現的一貫體現。再如〈繁殖季節〉：

> 雛鳥喊餓給紅樹林聽
> 母鳥為愛子出巢尋找
> 魚蝦螃蟹的施捨
> 從春天一直熱鬧到夏天

詩句純真自然，毫無矯揉做作，使人彷若能看到滿滿的生機的紅樹林，一幅天水相連、充滿愛與和諧的畫。除了反思家鄉生態變遷或美麗的緣由，李昌憲在此書裡的另一個重要內容是描述地球暖化之苦，表達寫作關切的決心。如這首〈北極熊〉：

> 北極熊不知為何
> 狩獵面積逐漸暖化
> 永凍的極地冰原崩解
>
> 溶化面積不斷擴大
> 找食物越來越難
> 小熊嗚嗚嗚的叫
> 和著冰河水嗚咽
>
> 冰山崩落的巨響
> 北極熊母子聽見了

人類，視若不見

北極熊溺斃了
捲起幾片浮冰
人類，視若不見

　　當地球生態已出現浩劫之際，李昌憲唯一可以表達他的焦慮之處便是「詩歌」，他將其所思所得記錄下來，多次表達了詩人的憂心忡忡，如〈塑膠袋〉云：

隨手把塑膠袋丟棄
漂流入大海
被魚類吃下肚

直到被人類捕殺
剖開魚肚
得到見證

永不消化的食物

　　此詩有種反諷卻深刻雋永的意味，其主要表現，不在於隨意丟棄塑膠袋的危機，而是表現在「意在言外」的意味；讓人在幾近逼真的意象之外，還可以感受到詩人心中對海洋生態關切的濃郁的情感。從語言來看，李昌憲的詩簡潔凝煉，更耐讀。詩句坦誠、樸實無華，沒有那麼多繁瑣的道理或晦澀的贅字，

讀來更為親切自然。值得讚許的是，在此部詩集的最後，有首〈地球新境〉的第三段裡寫道：

> 一片森林涵養數條活水
> 一條活水孕育數億生靈
> 所有生命歡樂徜徉其間
> 動物擁有繁殖的棲地
> 植物擁有季節的容貌
> 人類與動植物和平共處
> 當理想目標在每個人心中
> 新境才得以復活實現

這八行詩句，讓李昌憲此詩集豐富的內涵、禪的風格和藝術手法統一起來，就構成了此生態詩集具有強烈感染力的一個原因。我們也可以看到詩人長期以來在詩歌領域的努力和超越。

三、結語

記得一九九六年諾貝爾文學獎得主的波蘭女詩人辛波絲卡（Wisława Szymborska，1923-2012）曾在一首〈微笑〉詩裡的最後一小段寫道：

> 高興春天到了，所以才動動臉。
> 然而人類天生憂傷。

就順其自然吧。
那也不是什麼壞事。

　　這幾句感人的抒情詩句，不僅充分展現了這位偉大的女詩人在喜歡多層次的思考之餘，也有一顆純真的心，讓人感受到一些幽默、俏皮的口吻。其實每個成功的詩人在心的年輪上，無論是走過悲苦歲月的堅韌，或者擁有短暫而甜美的欣喜之情，總會在詩集裡默默地忠實地記錄著，並真摯地對待自己的人生。

　　今年春節前夕，欣然收到昌憲的新詩集，令人稱許。原因之一是，此詩集的誕生，顯示了詩人的內心深處始終不棄禪道，力求獨立思考和內心的平靜的原則。此外，他也堅守自我人格尊嚴，不攀比，不隨波逐流，過自己簡單而寧靜的生活。喜歡昌憲的詩的人，都知道，他的詩筆力精到，內容從不荒誕或離奇古怪，但讀之卻能讓人時而微笑、眉舞，時而跟著低頭沉思，更可貴的是其生態意識與省思中寄託一腔憂思，更多的是對大自然的珍惜。這簡短評論，或許也正道出了多數喜愛他的詩歌的心聲吧！

註　1.李昌憲著，戴茉莉譯，《生態詩選》，春暉出版，2021年版，頁 10。

註　2.辛波絲卡著，陳黎，張芬齡譯，《辛波絲卡詩集》，寶瓶文化，2013 年版，頁 117。

－2022.01.20

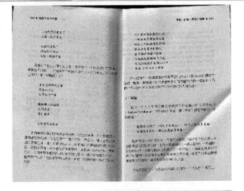

—刊臺灣《笠詩刊》，第 347 期，
2022.02，頁 140-144。

林明理畫作（此畫存藏於臺灣的「國圖」
「當代名人手稿典藏系統」）

15. 夜讀巴爾蒙特的詩

◎圖文：林明理

夜深了，我探頭窗外，向書房前方的院子草地以及更遠的
星空望望，但覺周遭的一切靜寂之中確有一種難以言喻的美所
環繞。

我想起昨日谷羽教授寄來春節的問候以及其譯著巴爾蒙

特詩選《太陽的芳香》，欣然拜讀後，頗感新穎不俗。詩集裡某些描述的詩句，或昆蟲鳥獸，或野花異草，或黃昏光影交疊的動態等等，時而輕靈、時而華麗，像星星綴滿蒼穹，像划向遠方的小船，讓我不禁遐想……而此時周圍正是這種景象。

　　如果追溯俄羅斯詩人巴爾蒙特（1867-1942）詩歌的美感所在，很容易發現的一點就是節奏和韻律都是和詩相吻合的。如小詩〈自然生靈〉，這裡面的韻味是無窮的：

　　　我鍾愛什麼？
　　　白天鵝
　　　信天翁
　　　火烈鳥
　　　花斑蜻蜓
　　　小金魚
　　　天堂鳥

　　這的確是一首能激起我們審美感情的小詩，韻律非常工整。

　　詩人以純真的語言，襯托出喜歡自然優雅的靜，也喚醒讀者對大自然的嚮往。另一首〈寄情花草〉：

　　　蘆葦
　　　林中青草

　　路邊草
　　野櫻花

　　顯然，詩的基調是明朗而抒情的，又有藝術畫面和諧、統
一的美感。

　　出身於貴族家庭的巴爾蒙特，大學畢業後，陸續出版詩
集，自喻為「太陽的歌手」。雖然他在許多以奇致勝的作品裡，
很少會講些大道理，但他始終讓心之所向保持純粹，這是最為
難得的。如人們稱讚的〈太陽禮讚〉：

　　我來到這世界……
　　我們將像太陽！……
　　太陽頌
　　太陽的芳香
　　我用幻想追蹤……
　　生存的教誨
　　金色的種子

　　這首詩不僅照亮了詩人的胸襟，也使人感受到一種崇高而
樸素的美感，樂趣與敬仰之情由此生成。

　　而這首〈憶阿姆斯特丹黃昏鐘聲〉，詩人以純真的眼睛看
到了異國的美的傾慕，讀後令人難忘：

詩行緩緩移動
哦，阿姆斯特丹多寧靜，
那裡悠揚迴旋的鐘聲，
古老的鐘聲彼此回應！
我在這裡，不在那座城，
何苦離開，行跡匆匆，
哦，阿姆斯特丹多寧靜，
多麼嚮往你教堂的鐘聲，
嚮往你些微疲憊的鐘聲，
嚮往你似被遺忘的鐘聲，
運河邊曾留下我的身影，
條條運河袒露著心胸，
河水被落日餘暉染紅，
溫婉可愛，夕照紅彤彤，
水面的波光粼粼閃映，
運河水似乎睡意朦朧，
一座座橋樑籠罩陰影，
所有窗戶與樓房拱頂，
還有那些鐘樓的頂層，
似乎沉湎於縹緲夢境，
彷彿有一個病弱幽靈，
不忍發出一絲責備聲，
他因思念而呻吟不停，
應和那永恆的鐘聲長鳴
此地彼處有吟唱的歌聲……

哦，阿姆斯特丹多寧靜！
哦，阿姆斯特丹多寧靜！

詩裡吟詠自然，帶有深情的回憶以及許多優美的畫境，也道出了他離鄉背井到異國卻對俄羅斯的思念。

莎士比亞（1564-1616）是個偉大的詩人，也是英國文學史上最傑出的戲劇家，他寫過這樣的一段文字：「太陽，它容忍污濁的浮雲遮蔽它的莊嚴的寶相，然而當它一旦穿破醜惡的阻障，大放光明的時候，人們因為仰望已久，將要格外對它驚奇讚嘆。」雖然巴爾蒙特早年因俄國發生十月革命的影響，移民法國，從此不歸，直到七十五歲時，淒涼地在巴黎逝世；但終其一生，仍成為象徵主義領袖人物之一，詩風清新、意境深遠，也有以詩抒寫生活中的傷感。

我深信，巴爾蒙特用心靈進行詩美的創造，詩的意境清澄透明，恰似一泓清泉，有獨具的藝術概括力。他追尋自由與寬容的精神，在詩歌裡是顯而易見的；其內心之光，燦如列星，驅散黑暗，故而被後世尊為「太陽的歌手」。

－2022.01.09 作

－刊臺灣《金門日報》
副刊，2022.02.16，
及林明理畫作 1 幅。

今天，我將此文刊出轉給谷羽老師後，他在 2022 年 2 月 16 日週三於上午 10:01，電郵回覆如下：

林老師：您好，

來信、詩歌評論和繪畫作品均已收到，特別開心。由衷感謝！

告訴您個好消息。1999 年出版《俄羅斯名詩 300 首》之後，我又編選翻譯了《俄羅斯情詩 300 首》，原本指望在灕江出版社出版，因為當時這家出版社的總編劉碩良先生要了這部書稿，不料一拖六七年沒語音信。後來我從這部書稿中精選出 99 首情詩，書名改為《九十九朵玫瑰》，先後寄給幾家出版社，都遭受冷落。去年我把稿子寄給人民文學出版社，編輯柏英居然喜歡這部書稿，她是北京外國語大學俄語學院研究生畢業，經過她的努力爭取，竟列入了 2022 年該社的出版選題，令人驚喜的是，她和社領導溝通，書名該為《俄羅斯三百年情詩薈萃》，這樣，多年前翻譯的情詩 300 首又派上了用場。這本書稿大致已經成型，目前的篇目是 104 位詩人，487 首情詩。我想最後定稿為 108 位詩人，499 首情詩，還缺一篇有點分量的序言。3 月底交稿，估計不成問題。

以後我會陸續挑選幾組最好的情詩寄給您賞析評論。

這個月天津日報發表了我的一篇隨筆，寄給你過目指點。

順祝安康如意！

谷羽 2022，2，16

《當代詩讀本（二）》，谷羽選，
天津大學出版社，2020.02 第 1 版。

16. 試析吉狄馬加的詩

◎林明理

一、其人其詩

　　來自四川昭覺縣的彝族吉狄馬加（1961-），詩歌中關於思
念家鄉的書寫非常細膩，在收到谷羽編選的《當代詩讀本（二）》
這本集子裡，更多的中俄譯詩陸續出現在我的閱讀視野中；而

畢業於西南民族學院的吉狄馬加的故鄉境內江河縱橫，以及外界想像中彝族的勇敢形象凸顯，立即引起我的注目。他的詩歌有獨具魅力的視域，出版詩集《初戀的歌》、《時間》、《黑色狂想曲》等詩文四十餘種，大多抒寫他對環境的感應，以情投景，或是以景顯情，是他血液裡流淌的詩行，文字樸素、清新，情感深邃，寓意高遠；因而備受學者的關注和重視。

二、詩作選讀

　　法國詩人波德萊爾（Charles Pierre Baudelaire，1821-1867）曾說：「醜惡經過藝術的表現化而為美，帶有韻律和節奏的痛苦使精神充滿了一種平靜的快樂，這是藝術的奇妙的特權之一。」（注2）正是因為詩歌也有這種不可忽視的美麗與力量，讓有為的詩人產生了不可遏止的探索與激情，並把自己的心靈閃光，投射到獨特韻味的物象上。而吉狄馬加筆下最出色的作品多是寫思念故鄉的，如寫〈感謝一條河流〉，詩裡就有獨特韻味兒：

　　　　當我想念你的時候
　　　　就會想起那一條河流
　　　　就會想起河流之上的那一片天空
　　　　這如夢的讓人心碎的相遇啊
　　　　為了這一漫長的瞬間
　　　　我相信，我那饑渴的靈魂
　　　　已經穿越了所有的世紀

此時我才明白，我是屬於你的
正如你也屬於我
為了這個季節，我們都等了很久
這是上帝的意志，這是命運的安排？
為什麼歡樂和痛苦又都一併到來
我知道那命定的關於河流的情結
會讓我的一生充滿了甜蜜和隱痛

在千百年裡，火把節是彝族人民最熱鬧的節日。我可以想像，他們喜歡吃著蕎麵粑粑，闔家歡度佳節的喜樂。但是這座古老的城及其中所蘊含的深層的文化，在吉狄馬加描繪的思念的景物中，展現出他不凡的審美感物，也反應了身為彝族人對故鄉的想望，以及對其民族的自豪感。詩裡，有他滾熱的眼淚，也有他甜蜜的感懷，還揭示了他對母親之河的深情厚愛。

再如〈沙洛河〉，對海外華人來說，涼山彝族自治州是陌生的、神秘的。但詩人把他的詩歌情感鑲崁在鄉土上，而這條感情線，往往是從回憶的時光寫起，再慢慢進入到相思之苦，寫得溫馨而動人：

躺在這塊土地上
我悄悄地睡去
（你這溫柔的
　屬於我的故土
　最動人的謠曲啊
　我是在你的夢裡睡著的）

躺在這塊土地上
我甜甜地醒來
　（你這自由的
　屬於我的民族
　最崇高的血液啊
　我是在你的輕喚中醒來的）

　　據悉，涼山的水能資源豐富，此詩就是鄉土詩的一個很好的例證，特別是通過吉狄馬加表達出涼山的古與今、崇高與樸素，詩裡都讓人感到親切，也不乏對光明的渴望與追求。吉狄馬加除了寫鄉情外，也寫精緻的愛情詩。如〈盼－給 q.y〉即是一首很別緻的小詩：

如果在這裡哭
那眼淚就一定
是遠方的細雨
如果在這裡笑
那笑聲就一定
是遠方的陽光
一個世上最為冷酷的謎
一個人間最為善良的夢
無論你微笑
還是哭泣
都會有一個人默默地愛著你

　　某種意義上說，吉狄馬加的愛情詩既溫暖又多情。此詩不

僅象徵意味很濃，情感豐富，節奏明朗而又口語化。沒有自身
經歷的體驗與感性的性格，是寫不出這樣真切感悟的。最後的
這首〈島〉，包含了多樣的信息，直抒情懷：

> 島啊，總有一天我會走完
> 這漫長的人生旅程
> 最後抵達你的港灣
> 島啊，你在時間和生命之外
> 那裡屬於另一個未知的空間
> 島啊，你是永遠的召喚
> 我無法拒絕你
> 就像無法拒絕我的愛
>
> 島啊，你看見了嗎
> 我正朝著你的方位走來
> 我那生命的小舟
> 飄搖在茫茫的大海

　　此詩內裡仍充滿對祖國的熱望，也多了點願意為祖國的土
地獻身，把持著那種與鄉土相守相愛的崇高感。或許很多人對
他以情注入其中的詩歌感到節奏感強，清新雋永，也給人以多
重的思考；但即使在他成為中國當代少數民族代表性的詩人之
一，且被選為全國人大四川地區代表，他仍表現出謙虛的紳士
風度，並對詩歌聖殿存敬畏的心，這是很難得的品格。

三、結　語

　　記得吉狄馬加曾說：「所有的好詩都是來自靈魂。」對他來說，大自然的山水常有著各種的意象及聯想，而真摯的情感是創作中的一個最重要的藝術原則。他就像夜空裡輝映明月的一顆燦星。我深信，無論是詩人的成就或特殊的政治地位，他已擁有時人推崇與社會影響力；而這些殊榮不僅歸根於其深厚的文學素養，更養成了他熱愛鄉土、改善環境的知能。他是現代文學的典範，靈魂純淨，勇於逐夢，因而贏得學界及國際詩壇的一致肯定。

　　注 1.本文譯作出自谷羽編選的《當代詩讀本・二》，漢俄對照中國詩歌系列，天津大學出版社，2020 年 2 月，第 1 版，頁 2-14。

　　注 2.童慶炳著，中國古代心理詩學與美學》，萬卷樓，臺北，1994 年初版，頁 212。

－2021.08.26.完稿

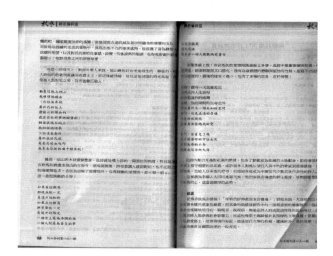

－刊臺灣《秋水詩刊》，第 191 期，2022.04，頁 67-69。

*2022 年 2 月 22 日週二於下午 6:22

林明理老師，您好！

來信和附件云已收到，謝謝！

已經把詩評、雜誌作品和影本寄給吉狄馬加先生。

稍後寄給您一組我喜歡的俄羅斯情詩。

順祝安康如意！

谷羽 2022，2，22

17. 夜讀《出版人瑣記》

今夜，月光迷濛，星子隱遁在後山的靜謐裡。我忽然想起一位遠方的朋友，遂而重讀了他的一本贈書。

如果說，今年八十三歲的彭正雄著作的《出版人瑣記》是極其一生最重要的作品之一，這樣的說法並不過分。因為，彭老勤奮向上的背影，是我寫作的動力，也是學習的楷模。

除了讚佩其創立屆滿一甲子的「文史哲出版社」所賦予此書具有深刻的意義外，我想從中揀一件至今讓我難以忘懷的故事，

來寫寫他如何走過烽火邊緣，成為一位傑出的出版家，榮獲教育評鑑中心大學院系所評鑑委員（二〇〇六年）、臺灣出版協會副理事長、中國文藝獎章等殊榮，以及他通過回憶而獲得對本身生存與使命感的再認識。

誠如彭老自己在書中稱，他曾在金門服役時，適逢「六一七、六一九砲戰」，因參與此戰，造成聽力受損等後遺症，卻欣慰於自己能留下此一光榮印記。此段故事讀來自然親切、如臨其境，也不難看出他試圖從寫作中表現潛力。

作為出版家，彭老一直關注臺灣出版業變遷，並借此書進行表達及闡釋了平版印刷、書籍印製的專業知識與兩岸出版交流等主題，使其論述更具有象徵意義，內容豐富、文字平實貼切。

此書所界定的重要概念，其內涵就是出版的經驗；而透過他的文字裡，都清晰地浮現彭先生從年輕到晚年一生勤勉自學與勇毅的精神。因而，可以說，這本書是他作品和勤學有成有機組成的一部分；而其編輯手法的運用，走過歲月的艱辛，也為他成為出版家奠定成功的基石。

對我來說，彭先生長久以來，把出版優秀的著作當作人生第一要務，為人恭謹樸素。此書流露了作者的幽默與出版同樣的才華和智慧，我也為彭先生為人謙遜的態度與孜孜不倦的精神而深感佩服。

　　所以閱讀一本書，實際上是要喚起讀者心中的情，或是感動；而讀一本好書，就是能讓人增長知識，如同音樂，能給人帶來愉悅的聲音。

－2022.05.24.完稿

－刊《中華日報》副
刊 A8，2022.07.01。

中華副刊 A8

責任編輯 孫秀緣

夜讀《出版人瑣記》

文/圖片提供 林明理

今夜，月光迷濛，星子隱遁在後山的靜謐裡。我忽然想起一位遠方的朋友，遂而重讀了他的一本贈書。

如果說，今年八十三歲的彭正雄著作的《出版人瑣記》是極其一生最重要的作品之一，這樣的說法並不過分。因為，彭老勤奮向上的背影，是我寫作的動力，也是學習的楷模。

除了讚佩其創立屆滿一甲子的「文史哲出版社」所賦予此書具有深刻的意義外，我想從中揀一件至今讓我難以忘懷的故事，來寫寫他如何走過烽火邊緣，成為一位傑出的出版家。榮獲教育部鑑大學院系所評鑑委員（二〇〇六年）、臺灣出版協會副理事長、中國文藝獎章等殊榮，以及他通過回憶而獲得到本身生存與使命感的再認識。

誠如彭老自己在書中稱，他曾在金門服役時，適逢「六一七、六一九砲戰」，因參與此戰，造成聽力受損等後遺症，卻欣慰於自己能留下此一光榮印記。此段故事讀來自然親切、如臨其境，也不難看出他試圖從寫作中表現潛力。

作為出版家，彭老一直關注臺灣出版業變遷，並借此書進行表達及闡釋了平版印刷、書籍印製的專業知識與兩岸出版交流等主題，使其論述更具有象徵意義、內容豐富、文字平實貼切。

此書所界定的重要概念，其內涵就是出版的經驗；而透過他的文字裡，都清晰地浮現彭先生從年輕到晚年一生勤勉自學與勇毅的精神。因而，可以說，這本書是他作品和勤學有成有機組成的一部分；而其編輯手法的運用，走過歲月的艱辛，也為他成為出版家奠定成功的基石。

對我來說，彭先生生長久以來，把出版優秀的著作當作人生第一要務，為人恭謹樸素。此書流露了作者的幽默與出版同樣的才華和智慧，我也為彭先生為人謙遜的態度與孜孜不倦的精神而深感佩服。

所以閱讀一本書，實際上是要喚起識者心中的情，或是感動；而讀一本好書，就是能讓人增長知識，如同音樂，能給人帶來愉悅的聲音。

Appendix: 附錄

附錄 1. 義大利 Giovanni Campisi 喬凡尼編著《Galaxy》《銀河》
收錄林明理英譯詩 4 首（1.義大利聖母大殿，
2.當你變老，3.冬之歌，4.一則警訊）

Dr. Lin Ming-Li

　　Dr. Lin Ming-Li was born in 1961 in Yunlin, Taiwan. She holds a Master's Degree in Law and lectured at Pingtung Normal College. A poetry critic, she is currently serving as a director of the Chinese Literature and Art Association, the Chinese New Poetry Society, and Beijing's International Association of Chinese Poetry. On the 4th of May, 2013, she won the Creative Poetry Prize in the 54th Chinese Literature and Arts Awards. On the 21st of October 2013, she received a Doctor of Literature degree from America's World Culture and Art Institute. Her review articles have been quoted in theses by many graduate students. Over a thousand of her works, including poems, paintings, essays, and criticisms have appeared in many newspapers and academic journals at home and abroad. She has published 23 literary books.

1. The Temple of Virgin Mary in Italy

*Dr. Lin Ming-Li

The bell rings
    And a bevy of doves alight on the eaves
    The sky is limpidity itself
This is the temple of angels and saints
    Upon my stepping into it
The fine sunshine trickles and sprinkles
    As if to give light for me
To enjoy this moment of tranquility

* The Temple of Virgin Mary (Italian: Basilica di Santa Maria Maggiore) is located in Rome, Italy, and it is the first church that is named after Virgin Mary. （Translator: Professor Zhang Zhizhong）

（英譯者：天津師範大學張智中教授）

1. 義大利聖母大殿

*林明理

鐘聲響了
群鴿飛落簷上
天空一片澄澈
這是天使與聖者的殿堂
我才剛踏進一會兒
陽光便細碎地灑落
像是給我光亮
享受片刻寧靜的時光

聖母大殿（義大利語：Basilica di Santa Maria Maggiore）
位於義大利羅馬，是世界上第一個以聖母命名的教堂。
（英譯者：天津師範大學張智中教授）　　－2017.08.27

2.When you grow old

*Dr. Lin Ming-Li

Whether you believe it or not

I am sure
When you grow old
I will still look at the moonlight
Pass on blessings and
Ask for a kiss
Yes, our acquaintance
Is unusual —
I often think of the poems I have read
And hidden in the dark blue sky
It makes me laugh
    It also makes me worry
And you are the reason

（Translator：Dr. William Marr）（美國詩人非馬，
馬為義博士）

2. 當你變老

*林明理

不管你信不信
我篤定
當你變老

我仍會看著月光
傳遞祝福及
索取一個吻
是的，我們的相知
是非比尋常的——
我常想起曾經讀過的詩
並珍藏在黝藍的星空
它讓我歡笑
也讓我憂愁
而你就是原因

（美國詩人非馬，馬為義博士）

－2018.01.20

3. Winter song

*Dr. Lin Mingli

Moonlight shines on the grassy mountaintop
Snow covers stones and streams
At this moment, the sky over the Dolomites
sheds pure light

Making my heart exceedingly peaceful

    * Dolomites, a mountain range in NE Italy, was listed as one of the World Natural Heritage Sites in 2009. （Translator：Dr. William Marr）

 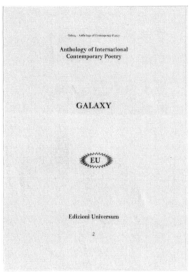

3. 冬之歌

*林明理

月光漫過草的山巔
積雪覆蓋石頭和溪流

此刻，星空覆蓋的多洛米蒂
散發純淨的光
讓我內心無比地平和

*義大利北邊多洛米蒂（The Dolomites）在 2009 年被列入
世界　自然遺產。　　　　　　　　　　－2017.09.06

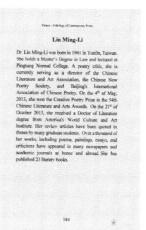

　　義大利詩人、出版家 Giovanni Campisi 喬凡尼編
著，義大利出版詩集《GALAXY》《銀河》，2021.08，
頁 144-148，收錄林明理英譯詩四首，及英文簡介。

4. A warning Sign

*Dr. Lin Mingli

On the world map
I see the future
The stars are still there
Except the icebergs are melting away
And the area of the land is shrinking
When the creatures are facing hunger
When the homes are being destroyed
Where to find the road of return
How to avoid extinction of all races
And so
With the beating pulse of the earth
My Heart keeps surging forth

（Translator：Dr.WilliamMarr）

4. 一則警訊

*林明理

在世界地圖上
我看到未來
繁星依舊
一座座冰山消融
陸地面積縮小了
當生物面臨飢餓
家園被毀時
哪裡有歸路有尋
哪裡才能避免不滅絕
就這樣
隨著大地脈搏的跳動
心跟著澎湃洶湧

－2017.06.13

附錄 2. 南開大學谷羽教授編選，《當代女詩人詩讀本》

收錄林明理中俄譯詩 5 首（1.這一夏夜 2.當你變老 3.你的微笑是我的微風 4.我將獨行 5.如風往事）及簡介

（1）這一夏夜

*林明理

微風吹拂
穿過溪流
和山崗
而我興高采烈地
跟著奔跑
還輕吻了月

－2017.06.23

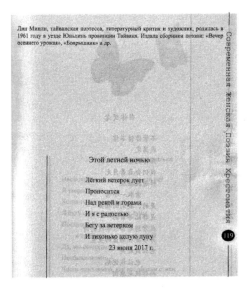

（2）當你變老

*林明理

不管你信不信
我篤定
當你變老
我仍會看著月光
傳遞祝福及
索取一個吻
是的，我們的相知
是非比尋常的——
我常想起曾經讀過的詩
並珍藏在黝藍的星空
它讓我歡笑
也讓我憂愁
而你就是原因

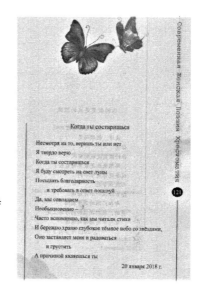

－2018.01.20

（3）你的微笑是我的微風

*林明理

今年嚴冬我們遙望遠方
談詩，相顧而笑
你說
你的微笑是我的微風
那想來就是最真的自然了
我要說你是唯一的而我正費思
想你恰似一小片海域
卻和廣闊的海洋相隔
是的，我們在溫和的沙灘上走
空氣中有海藻的味道

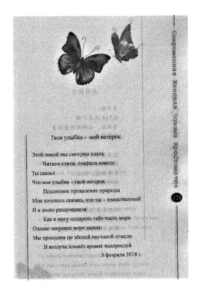

－2018.02.05

（4）.我將獨行

*林明理

多少次
我們走過這小徑
月寂寂。山脈諦聽著海音
夜鷺緩踱

大海看似平靜
肥沃的田野睡在星輝中
總是相視、無語
細碎的足聲踏響整個天際

今日，我將獨行——
依然走在這條舊路
你已遠去，而我心悠悠
重逢是未來歲月的憂愁

－2018.03.18

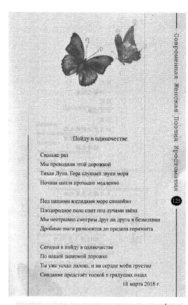

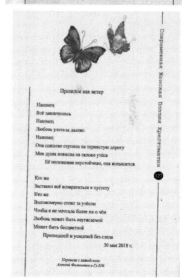

（5）.如風往事

*林明理

終究
一切都已結束
終究
讓愛遠飆
終究
獨自步上荊棘之路
我的靈魂懸在崖壁
邊游邊躲

是誰
讓一切返回虛無
是誰
兀自矗立懸崖之後
不再夢寐以求什麼
愛，可以反覆難測
也可以歸於平淡
來去無蹤

－2018.05.30.

当代女诗人诗读本
118

林明理，台湾诗人、文学评论家、
画家。1961 年出生于台湾省云林
县。出版诗集有《秋收的黄昏》《山
楂树》等。

这一夏夜

微风吹拂
甬过溪流
和山间
而夜空高亮烈地
跟着舞蹈
还轻响了月
2017 年 6 月 23 日

Лин Минли, тайваньская поэтесса, литературный критик и художник, родилась в
1961 году в уезде Юньлинь провинции Тайвань. Издала сборники стихов: «Вечер
осеннего урожая», «Боярышник» и пр.

Этой летней ночью

Лёгкий ветерок дует
Проносится
Над рекой и горами
И я с радостью
Бегу за ветерком
И тихонько целую луну
23 июня 2017 г.

119

林明理，台灣詩人，文學評論家
兼畫家，1961年出生于台灣省雲林
縣，出版詩集有《秋收的黃昏》《山
楂樹》等。

当代女诗人诗读本

118

这一夏夜

微风吹拂
穿过溪流
和山冈
而我竟為高兴然地
跟着奔跑
还轻吻了月

2017年6月23日

当代女诗人诗读本

120

告信变老

不管你信不信
我笃定
告诉变老
我们会看着月光
传递祝福度
索取一个吻
是的，我们的相知
是非比寻常的
我常想起曾经诵过的诗
并珍藏在摇篮的星空
它让我欢笑
也让我忧愁
而你就是原因

2018年1月20日

Когда ты состаришься

Несмотря на то, веришь ты или нет
Я твердо верю
Когда ты состаришься
Я буду смотреть на свет луны
Посылать благодарность
и требовать в ответ поцелуй
Да, мы совпадаем
Необыкновенно -
Часто вспоминаю, как мы читали стихи
И бережно храню глубокое тёмное небо со звёздами,
Оно заставляет меня и радоваться
и грустить
А причиной являешься ты

20 января 2018 г.

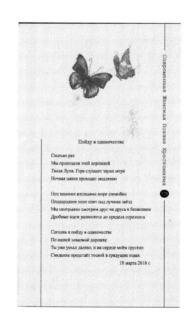

　　—谷羽編選，《當代女詩人詩讀本》，中國，天津大學出版社，2020.02 第 1 版，收錄林明理中俄譯詩 5 首，1.（這一夏夜），2.（當你變老），3.（你的微笑是我的微風），4.（我將獨行），5.（如風往事），頁 118-126。

附錄3. 北京大學秦立彥教授短評：
林明理博士《山楂樹》與《諦聽》

1. 林明理著：《諦聽》，2018 年。

從《山楂樹》到《諦聽》，作者的畫作更加空靈清透，構圖變得更簡單，藍色更多地出現。《諦聽》詩畫結合，相得益彰。

詩作總體調子偏暖，明亮，平和，追求美好與智慧，沒有現代詩中常見的諷刺、黑暗、悲觀，顯出清澈而堅定的信念。其中很難得的是寫給朋友的詩作，能看出作者非常看重友情，是克服了當代典型孤獨心態的人，因為作者相信"在孤獨之中仍有真正的友誼"（124 頁）。其中《致摯友非馬》（106 頁）真摯動人，給人留下深刻印象。

另一組主題鮮明的詩畫作品涉及生態與環保。林明理博士所畫的動物可愛，浪漫而秀雅。若干首寫動物的詩中，動物常處在生態的危險之中，作者對它們表達了深刻的悲憫。比如《企鵝的悲歌》（44）尖銳地寫出了企鵝的困境。《弗羅里達山獅》（190 頁）從山獅視角來寫，充滿荒野的氣氛，有戲劇性和張

力。第 80 幅所繪的金雕自由自在，展翅翱翔；詩作《金雕》（220頁）從金雕和鷹獵人的兩個角度去寫，兩個角度都有開闊的視野，是一篇傑作。《大熊貓》（224 頁）一詩中，熊貓"彷彿夢見了奇異的珍寶"，從中見出作者對動物的溫情。

　　作者在世界各地的旅行，催生了豐富的詩畫作品。畫作《塞哥維亞舊城》（第 76 幅）、《巨石陣》（第 77 幅）、《科隆大教堂》（第 79 幅）中，天空中都有一枚紅月亮，是整體藍調的作品中一點醒目的紅。《塞哥維亞舊城》的繪畫如夢似幻；其詩中的比喻"一座孤獨的城堡/恰似/隨風蕩漾的船"(212 頁)，恰切而生動。類似的精妙比喻，再如寫愛情的《夜思》（168 頁）開篇的比喻："是的，我想的，是你/——褐色眼睛/使我無力地，像只雷鳥/在覆雪中靜止不動"。

　　林明理博士注重詩歌的音樂性，其詩作常有如歌的氣質。我尤其喜歡《安義的春天》（252 頁）開篇和結尾的歌一般的句子："金花開了/老村醒著/遠方的雲呵/你思念的是什麼"。

2. 林明理著：《山楂樹》，2011 年。

　　作者有細膩的目光，尤其是詩中的自然意象相當美麗。我一邊閱讀，一邊做筆記，錄下了許多新奇的句子，常常是比喻或擬人的修辭。

　　一隻小鳥"正叼走最後一顆晨星"（16）

　　"遊魚也永不疲乏地

簇擁向我"（22）

"一絲凜然的荷影
夜的帷幕裡的光點"（22）

"阿公背我
為我淌汗
而我滿心歡喜
因為金星繡滿了我紅搖籃"

"松針的氣味總是
穿牆破隙
刺亂我的衫袖"（28）

"就像秋葉搖搖欲墜
又怎抵擋得住急驟的風"（30）

"群峰之中
唯我是黑暗的光明"（62）

"落葉在我腳底輕微地喧嚷"（64）

大冠鷲"似飛似飄地
朝塔林投去"（67）

"夜，溜過原野
踮著她的貓步似的足"（71）

"雲彩是點點孤帆"（96）

"鏽般的天空一片死寂"（102）

"怎忍冬風
把露宿的疏葉一一吹走"（106）

"小船兒點點
如碎銀一般"（108）

"往事是光陰的綠苔，
散雲是浮世的飄蓬"

"即使這秋風也在顫嗦"（120）

"三月的傍晚，我撐著
顛簸的夕陽靠岸"

"群花叢草
向月亮投遞訊息"

"我在暮色中網住一隻鳥"（134）

"我是拒絕失去密度的雲"（146）

"青煙升了——
一縷縷同爐煙似的"

"貓頭鷹以歌，獨釣空濛"（185）

"電光是雷聲
展開了詛咒"

"可曾將一切痛苦
一針一針地縫合"（196）

"看靈魂如飛魚在光中潛躍"

"我浮蕩的孤帆是單調的言語
發光的月
是我碎成幾塊的江心"

"無視於我的心在到處摸索
直到被銳利的月牙劃破"（212）

"在被淚雨淋濕的記憶中
黎明是多麼緩慢"（212）

"一行白鷺
飛起，如幻夢"（214）

暮鴉"像縷縷飄泊的飛煙"（219）

願林明理博士在詩畫領域繼續耕作，使世人得
享其更多成果！

秦立彥
2021 年 12 月 17 日

*北京大學秦立彥教授於 2021 年 12 月 17 日週五於下午
6:53 電郵
明理博士：

多謝您的畫和非馬博士的翻譯！您寫出了北國的精魂，與
您發過來的花朵對照，能讀到也能嗅到南國與北國的不同氣
息。

我從學校圖書館借到了您的兩本詩作《山楂樹》和《諦
聽》，已拜讀完畢，寫了短評，請見附件。謝謝帶給我閱讀詩
歌與欣賞繪畫的愉悅！

祝一切順利，安好，

立彥

****

2021 年 12 月 27 日週一於上午 9:27

明理博士：

多謝來信！看到你寫的遊記，感受到一種輕鬆自如的心態，和臺灣多樣的草木與人文景觀。你的勤奮令我欽佩。台東人口不是那麼密集的話，疫情就不會擴散得嚴重。北京比較緊張是因為冬季奧運會快開始了，北京今年仍然鼓勵大家在北京過年，不要流動。我去年就沒有回山東看父母。我父母跟我弟弟住在一起，在山東棗莊。

附件中是我拍的北京冬天光禿禿的樹，和樹上站著的鳥。現在學校裡的湖已經結冰，再過一段時間，冰上就全都是滑冰的人，很神奇的。

這是我昨天寫的一首詩，《蜜蜂》。

祝平安，詩畫生活快樂！

立彥

蜜 蜂

蜜蜂總能找到花朵，
它們也在等待著它。

它被花朵所吸引，
彷彿一個鑒賞家，
偏愛明麗的色彩，
綢緞的質地。

當它在一朵花中勞動的時候，
那朵花就是它的整個世界。

它從花那裡採擷的，
是花送給它的。
它飛走的時候，
花的希望生出了雙翅。

它是花的臣僕，
雖然它對此一無所知。

****

2021 年 12 月 28 日週二於上午 9:11

明理博士：

您好。您關於棕熊的詩和畫都好，我很喜歡您畫中的乾淨而天真的藍，和棕熊驚喜的面孔，可愛的身體，廣大的自然世界。從詩中就能看到她體驗到自由後多麼快樂。

我家鄉在黑龍江，更朝北的地方。上大學後我就來了北京。後來我弟弟大學畢業在山東棗莊工作，父母就跟隨他去了山東。所以現在過年我都會去山東，不過僅限於棗莊。在黑龍江還有一些同學親戚，但不怎麼回去了，更不敢冬天回去，已經覺得無法承受那兒的寒冷了。

台東真是個好地方，尤其太平洋那麼近。我在美國讀書的時候，在太平洋的東岸，常常在海邊眺望，覺得太平洋和一般的海真的不一樣，更浩大，更藍。

祝您散步愉快，願您常常去太平洋邊！

立彥

****

2021 年 12 月 30 日週四於下午 7:34

明理博士：

您好！從您拍攝的加路蘭海岸照片和美好的文字，我能體會到太平洋的廣闊。尤其是我在美國的時候，只能看到太平洋的日落，無法看到日出，而加路蘭的日出那樣輝煌。大海確實對人的靈魂有撫慰作用，在大海的浩瀚面前，人的憂煩都顯得渺小無謂。記得在美國，坐在海邊，我常常忘記了時間和自己，會一直坐到日落；礁石上有許多笨笨的海豹，嗷嗷有聲。

今年認識了您，是我的一大收穫。祝您筆耕不輟，明年又是碩果累累的一年！

後天就是元旦，願您闔家幸福，諸事如意！

立彥

後 記 postscript

　　這本書是我在 2021 年至 2022 年 4 月的文學作品，在此特別感謝《青年日報》副刊江素燕主編、《中華日報》李謙易主編的鼓勵，還有《更生日報》、《金門日報》、《馬祖日報》、《人間福報》等副刊，以及《秋水詩刊》、《大海洋詩雜誌》、《笠詩刊》、《文學台灣》等海內外刊物主編的支持。

　　此外，也感謝臺灣的「國圖」特藏組，杜立中先生、莊惠茹博士將我捐贈的手稿、作品及畫作編輯整理，存藏於「當代名人手稿典藏系統」的辛勞。

　　最後還要感謝文史哲出版社創辦人、傑出一甲子的出版家彭正雄先生、總經理彭雅雲女士以及讀者；因為有您們，我才更加努力以赴。

林明理寫於臺東市 2022 年 04 月 30 日深夜